J'AI VU CINQ PRÉSIDENTS FAIRE NAUFRAGE

DU MÊME AUTEUR

LE BONHEUR D'ÊTRE FRANÇAIS,
Grasset, 1982 (prix Albert-Londres).
DIMANCHE 16 MARS, 20 HEURES,
Belfond, 1985.
L'ARPEGGIONE,
roman, Flammarion, 1987.
CHRONIQUE D'UN SEPTENNAT,
Stock, 1988.
LA GUERRE DE MITTERRAND : LA DERNIÈRE ILLUSION,
avec Josette Alia, Olivier Orban, 1991.
LES AMANTS DE MAASTRICHT,
Robert Laffont, 1992.
RENDEZ-VOUS POLITIQUES,
L'Archipel, 1993.
JACQUES-ÉDOUARD, CHARLES, PHILIPPE ET LES AUTRES,
Albin Michel, 1994.
CENT JOURS À L'HÔPITAL,
Plon, 1994.
JOURNAL INTIME DE JACQUES CHIRAC, T. 1,
Albin Michel, 1995.
JOURNAL INTIME DE JACQUES CHIRAC, T. 2,
Albin Michel, 1996.
EXIL À L'ÉLYSÉE, JOURNAL INTIME DE JACQUES CHIRAC, T. 3,
Albin Michel, 1997.
LE SUICIDE, JOURNAL INTIME DE JACQUES CHIRAC, T. 4,
Albin Michel, 1998.
BÉRÉNICE,
roman, Grasset, 2000.
LES DE GAULLE, UNE FAMILLE FRANÇAISE,
NiL, 2000.
LETTRE À UN PETIT GARÇON,
Plon, 2002.
TIGRES ET TIGRESSES,
Plon, 2006.
DE GAULLE-MALRAUX, UNE HISTOIRE D'AMOUR,
NiL, 2008.
CARNETS INTIMES DE NICOLAS SARKOZY,
NiL, 2009.
LE PAPE, LA FEMME ET L'ÉLÉPHANT,
Flammarion, 2011.
50 COUPLES D'EXCEPTION,
avec Blanche de Richemont, Les Éditions du Palais, 2013.
« TOUT EST FICHU ! » LES COUPS DE BLUES DU GÉNÉRAL,
Albin Michel, 2014.
LE TOMBEUR DU GÉNÉRAL,
Allary éditions, 2016.
VICTOR HUGO AMOUREUX,
Éditions Rabelais, 2016.

CHRISTINE CLERC

J'AI VU CINQ PRÉSIDENTS FAIRE NAUFRAGE

Vingt ans pour être élu, deux ans pour échouer

Robert Laffont

ISBN 978-2-221-19245-0

Au prochain président

Introduction

La malédiction des deux ans

Je me souviens de la voix joyeuse de Jacques Chirac lançant, le 4 novembre 1994, sa troisième campagne présidentielle. C'était à Lille, ville natale du général de Gaulle, et le champion du combat contre la « fracture sociale » avait choisi de prendre la parole au centre hospitalier. Je l'y accompagnai, prévoyant qu'en ce lieu il tiendrait un discours compassionnel. Mais je ne pensais pas qu'il irait si loin. En l'entendant marteler : « La réduction des dépenses de santé est absurde ! C'est une question de choix de société ! » Je fus sidérée.

Je me souviens du visage et de la voix pathétiques du même Jacques Chirac, devenu président : « J'ai voulu ressaisir l'énergie nationale... confiait-il, redonner à la nation une force qui s'échappait... » C'était en mai 1997, deux ans et dix jours après son arrivée à l'Élysée. Le chômage n'avait cessé d'augmenter, la majorité de se diviser. Comment la remobiliser derrière son Premier ministre Alain Juppé ? Celui-ci avait reçu une mission impossible : mettre en œuvre un plan de réduction des dépenses publiques à l'opposé du projet sur lequel Chirac avait été élu. C'est ainsi que le président de la République avait décidé de dissoudre l'Assemblée. Une majorité de gauche allait être élue. Un nouveau Premier ministre, le socialiste Lionel Jospin, nommé pour cinq ans. Le pouvoir allait changer de rive.

Je me souviens d'un beau soir d'été en Arles. Les socialistes avaient ressorti des placards les affiches de 1981 : « Avec toutes les forces de la France », collées sur les murs gris des arènes. Une foule nombreuse se pressait dans les gradins et au-dehors. Pas pour la corrida de l'année. Mais afin d'assister au spectacle équestre que devait présider François Mitterrand. Le président arriva en compagnie de quelques élus et amis auxquels j'emboîtai le pas. Des clameurs s'élevèrent. On crut d'abord qu'il s'agissait d'acclamations. Mais bientôt, ce fut un tel ouragan de cris, de huées et de sifflets que l'orchestre attaquant « Toreador, en garde... » en fut étouffé. Quarante minutes plus tard, alors que les lipizzans de l'École espagnole de Vienne bouclaient leurs cercles impeccables et que l'écuyer en chef venait s'incliner avec son étalon blanc, je me retournai vers la tribune présidentielle et m'aperçus qu'elle était vide : le président de la République et son escorte avaient filé. C'était le 26 août 1983, deux ans et trois mois après l'entrée triomphale de Mitterrand à l'Élysée. Le nombre de demandeurs d'emploi, que le candidat avait imputé à son prédécesseur Valéry Giscard d'Estaing – « ce Prince du chômage » – venait de passer le cap des deux millions.

Y aurait-il une « malédiction » des deux ans à l'Élysée ?

Ou simplement, ce cap marquerait-il la limite au-delà de laquelle il n'est plus possible de se mentir – et de mentir aux Français – sur la situation du pays ? Chaque fois, pour nos cinq derniers présidents, l'alarme a sonné. Sous la forme d'une défaite à des élections dites « intermédiaires » qui annonçait la fracture de la majorité présidentielle, de chiffres du chômage et des déficits qui allaient contraindre à un changement de cap... d'une image ou d'un fait divers ridicule, qui signait l'abaissement de la fonction et la fin de l'autorité du chef de l'État.

Comment j'ai suivi les présidents

C'est au milieu des années 1970, sous le règne de Valéry Giscard d'Estaing, que j'ai commencé à suivre le président, ses ministres, ses adversaires et futurs successeurs dans leurs tournées d'éternelle «reconquête» à travers la France et leurs voyages à l'étranger, où ils sont si fiers et heureux.

Jeune mère de deux enfants, mariée à un interne en médecine, j'ai d'abord été traductrice de romans policiers américains tout en suivant des cours à Science Po, puis à l'École du Louvre. En 1968, je suis descendue dans la rue : pas aux côtés des étudiants insurgés derrière Dany Cohn-Bendit[1] mais pour scander «de Gaulle n'est pas seul !», le 30 mai, sur les Champs-Élysées. Peut-être par esprit de contradiction, parce que mon père ne l'aimait guère, je me suis prise d'affection autant que d'admiration pour le vieux général qui a tant fait pour la France. Au pouvoir, lui ne s'est jamais «servi». En témoignent la simplicité de sa maison de Colombey-les-Deux-Églises et le petit compteur électrique installé à l'Élysée pour mesurer sa consommation personnelle et qui a disparu avec lui.

En 1969, l'année où de Gaulle quitte l'Élysée, un ami me propose d'entrer à *L'Express*. Je n'aime pas l'acharnement de Jean-Jacques Servan-Schreiber contre un chef d'État de soixante-dix-huit ans que son *newsmagazine* qualifie de «vieillard obèse», mais j'admire Françoise Giroud, son regard, sa plume et sa formidable exigence professionnelle. Sous sa direction, je deviens enquêtrice de terrain et découvre la France. Mon premier grand reportage, «Comment vit-on avec 1 000 francs par mois ?», m'amène surtout à rencontrer des femmes : ouvrières d'usines textiles dans le Nord et les Vosges, employées de la Sécurité sociale, vendeuses à Paris et à Lyon, cultivatrices en

1. Dont je ferai la connaissance plus tard et auquel je consacrerai un livre, *Le Tombeur du Général*, Allary Éditions, 2016.

Dordogne, salariées d'abattoirs de poulets en Bretagne... Je ne les oublierai jamais.

L'année suivante, l'équipe des rédacteurs en chef de *L'Express*, en tête de laquelle Claude Imbert et Jacques Duquesne, démissionne pour cause d'incompatibilité avec JJSS : élu député en Lorraine, celui-ci entend désormais faire du journal l'instrument de sa carrière politique. Une nouvelle aventure commence avec *Le Point*. J'y suis engagée comme journaliste sociale : d'abord envoyée en reportage sur le lieu de grandes grèves comme celles du Joint Français et de Lip, je suis bientôt chargée aussi du secteur agricole. C'est ainsi que je rencontrerai un jeune et impétueux ministre nommé Jacques Chirac. Claude Imbert, qui a déjà parrainé les débuts dans le journalisme politique de Michèle Cotta et Catherine Nay, a l'idée de me «lancer» dans le monde des chefs d'entreprise, encore très fermé à la communication. Mais peut-être, songe Imbert, un brin machiste, l'arrivée d'une jeune femme les divertira-t-elle et les amènera-t-elle à se confier, comme les hommes politiques se confient à mes consœurs? Il m'attribue une page intitulée «Leaders». De grands patrons, comme Antoine Riboud, François Dalle ou Ambroise Roux, m'invitent à déjeuner ou à les accompagner dans leurs usines. Moins pour parler de compétitivité que pour parler d'eux, de leur enfance de chef, de leurs goûts artistiques et littéraires, de leurs convictions et de leurs rêves. Sous les atours de la puissance, je décèle les fragilités des hommes de pouvoir.

C'est cela qui m'attire dans le monde politique. Après l'avoir abordé sous différents angles, j'y fais, si j'ose dire, mes débuts en 1980, appelée par Louis Pauwels qui vient de créer *Le Figaro Magazine*. «Attention! me disent mes amis du *Point*, le *Fig Mag*, c'est l'extrême droite! Vous risquez de vous y brûler!» Jamais, pourtant, sous la direction de Pauwels, pas plus que sous celle de Franz-Olivier Giesbert au *Figaro*, je ne serai censurée ou dissuadée de découvrir les personnalités de l'opposition – François Mitterrand, Pierre Mauroy ou le communiste Jack Ralite – même si je les dépeins avec autant de sympathie ou d'insolence que Valéry Giscard d'Estaing, dont je « couvre » la dernière année à l'Élysée.

Fidèle aux conseils de Françoise Giroud, que je retrouve d'ailleurs à l'hebdomadaire *Elle*, où je publie plusieurs portraits de femmes[1], je tiens à suivre les personnalités politiques sur le terrain.

C'est ainsi que j'accompagne Giscard en Auvergne après sa défaite ; Mitterrand, en campagne puis élu, de la Nièvre à la Chine en passant par Latche ; Chirac, ministre puis président, de la Corrèze à Tokyo ; Sarkozy en Corse et François Hollande en Corrèze.

Ce livre est le récit de ces rencontres et de ces voyages. Le récit, aussi, de tragédies à répétition : vingt ou trente ans pour être élu, deux ans pour échouer...

Le modèle de Gaulle et le modèle Pompidou

Est-ce parce que je ne les ai pas connus ou parce que leur règne se confond avec les Trente Glorieuses, une période où la mondialisation ne condamnait pas encore le pouvoir politique à une quasi-impuissance ? Les deux premiers présidents de la Ve République me paraissent plus grands que leurs successeurs.

Ils le sont d'abord par leur gestion. En dix ans de pouvoir, Charles de Gaulle ne met pas seulement fin à la guerre d'Algérie. Il redresse l'économie, garantit l'indépendance de la France en la dotant d'une force de frappe, et lance de grands projets industriels. À son départ, le pays compte moins de 400 000 chômeurs.

Sous la présidence de son successeur Georges Pompidou, la France connaît un taux de croissance de 5 à 6 % par an. C'est le temps de la construction des hauts fourneaux de Fos-sur-Mer. Avec une formidable confiance en l'avenir, le chef de l'État peut lancer en 1972 : « Chère vieille France ! La bonne cuisine !

1. Bernadette Chirac, Marie-France Garaud, Françoise Sagan, Charlotte Perriand...

Les Folies Bergère... C'est terminé ! La France a largement entamé une révolution industrielle[1] ! »

Si de Gaulle et Pompidou semblent dominer leurs successeurs, c'est aussi par leur « carrure » et leur capacité d'incarnation.

Drôle de mot, dira-t-on, que celui d'« incarnation » s'appliquant à un personnage comme le Général, que l'écrivain François Mauriac comparait à un « cormoran ». Après dix ans de pouvoir, le fondateur de la Ve République a connu d'ailleurs, en 1968, un échec épouvantable : le 13 mai, dix millions de Français sont en grève, le Quartier latin se hérisse de barricades, d'immenses cortèges défilent dans toutes les villes aux cris de : « Dix ans, ça suffit ! » La jeunesse, pour laquelle il croyait avoir travaillé, le conspue !

Mais, près de cinquante ans plus tard, combien de ces anciens manifestants parlent-ils de lui avec émotion ! Ils citent l'inoubliable appel du 18 Juin 1940, le « Paris ! Paris outragé ! Paris brisé ! Paris martyrisé ! Mais Paris libéré !... » de 1944, et même le discours du 30 mai 1968 : « Étant le détenteur de la légitimité nationale et républicaine, j'ai envisagé, depuis vingt-quatre heures, toutes les éventualités sans exception [...] Dans les circonstances présentes, je ne me retirerai pas. J'ai un mandat du peuple. Je le remplirai... »

L'esprit de résistance. Le formidable orgueil. Et le panache de Cyrano.

Pompidou, son successeur, ne manque pas non plus de courage, lui que l'on verra malade, gonflé par la cortisone, luttant jusqu'à la fin pour rester debout. Les Français garderont la nostalgie de ce fils d'instituteur de Montboudif[2] à la mâchoire puissante et aux épais sourcils. Normalien passé par la banque Rothschild, Pompidou, le bâtisseur qui fera élever sur l'ancien site des Halles le Centre d'art contemporain qui porte son nom, est resté un amoureux de la poésie. Évoquant en 1969 le suicide

1. Conférence de presse du 21 septembre 1972.
2. Un village du Cantal.

d'une enseignante de trente-deux ans, Gabrielle Russier, jetée en prison pour avoir aimé un élève de dix-sept ans, il récite d'une voix sourde devant les micros d'une conférence de presse le beau poème dédié par Paul Éluard aux femmes tondues à la Libération :

Comprenne qui voudra
Moi mon remords ce fut
La malheureuse qui resta
Sur le pavé
La victime raisonnable
À la robe déchirée
Au regard d'enfant perdue
Découronnée, défigurée...

Et cette voix restera gravée dans les cœurs.

L'incarnation, la gestion et la popularité posthume

Que reste-t-il de François Mitterrand, outre l'abolition de la peine de mort et la retraite à soixante ans ? Une attitude marmoréenne de « sphinx », une éloquence qui sut émouvoir et transporter les foules, un courage indomptable face à la maladie, une fidélité exceptionnelle à ses amis de droite et de gauche, la passion de l'histoire et de la littérature, le goût du secret. Mais aussi son parcours de don juan et son grand amour, si romantique, pour une jeune fille, Anne, âgée de vingt-sept ans de moins que lui...

Et que retient-on de Jacques Chirac ? Un discours au Vel d'Hiv pour reconnaître « la faute irréparable » d'un État français responsable des rafles et déportations de Juifs sous l'Occupation, et le « non » à la guerre américaine en Irak. Mais aussi un jardin secret : sa passion pour les arts premiers. Et surtout l'image d'un homme grand, beau, aux longues enjambées, aux poignées de main énergiques, à l'appétit gargantuesque, au grand rire qui masque une douleur secrète – un homme qui, dira-t-on de lui comme lui-même le disait de Mitterrand au lendemain de sa mort – « connaissait notre pays jusque dans ses villages et, partout, avait un ami ».

Bien mieux que leur bilan médiocre en matière de croissance, de compétitivité industrielle et d'emploi, ces mots, cette musique et ces images expliquent aujourd'hui que Mitterrand soit devenu, vingt ans après sa mort, aussi populaire que de Gaulle, tandis que Chirac a déjà rejoint, moins de dix ans après son départ de l'Élysée, le podium des présidents bien aimés.

Cela aurait pu donner à leurs successeurs Nicolas Sarkozy et François Hollande l'espoir d'être un jour reconnus et appréciés, sinon pour leur gestion, du moins pour la difficulté de la tâche qu'ils ont dû affronter. Se trouver, dans une période marquée par la mondialisation, à la tête d'un peuple de plus en plus inconstant, revendicatif et individualiste, quelle épreuve ! Mais ces deux enfants de la com et de la pub ne ressemblaient-ils pas à leur époque ?

Or, le temps n'apporte pas toujours le pardon et la tendresse aux anciens présidents. Des années après qu'ils ont quitté le pouvoir, l'amour du peuple n'éclot pas forcément, telle une plante tardive au parfum de nostalgie. Voyez Valéry Giscard d'Estaing. Trente-cinq ans après son départ de l'Élysée, on commence enfin à lui rendre hommage pour sa vision d'une France moderne et d'une Europe unie, ses réformes de société comme le vote de l'IVG et sa gestion lucide, rendue si difficile par trois chocs pétroliers. Mais il lui manque toujours, cruellement, de n'avoir pas su incarner avec cœur la France et les Français. Trop d'amour de soi, pas assez d'amour des autres ? Comme le lui disait Pompidou : « On vous admire, mais on ne vous aime pas. »

I

Valéry Giscard d'Estaing, celui qui s'aimait trop pour être aimé

« Lorsqu'on est le président de la République française, on n'est pas le président d'une entreprise, on est le président d'un peuple ! »

Valéry Giscard d'Estaing
(Discours prononcé lc 8 octobre 1980
à l'hôtel de ville de Lille.)

1

Histoire d'une fêlure

«Son problème, c'est le peuple!»

Printemps-été 1976
Avis de tempête

Il rêvait d'une France apaisée, d'une démocratie qui rassemblerait «deux Français sur trois»[1]. Arrivé à pied en simple costume gris, le dimanche 26 mai 1974 au palais de l'Élysée, le plus jeune président de la Vème République, «VGE», 48 ans, entamait son septennat avec pour mots d'ordre «rajeunissement» et «décrispation». Conscient de sa supériorité intellectuelle, il semblait n'avoir peur de rien - ni de ses alliés gaullistes, ni de ses propres électeurs conservateurs qui allaient combattre ses réformes de société : l'abaissement de la majorité à 18 ans; la loi sur l'IVG (Interruption Volontaire de Grossesse) défendue avec courage par Simone Veil sous les insultes; et celle, présentée par la ministre de la Condition féminine Monique Pelletier, pour reconnaître enfin le viol comme un crime.

Il se voyait seul capable, aussi, de surmonter la série de «chocs pétroliers» entamée sous son prédécesseur Georges Pompidou. Mais en quelques semaines, en ce printemps 1976,

1. Titre d'un livre que VGE publiera en 1984 chez Flammarion en entamant ce qu'il espère être une reconquête.

le baril en provenance d'Iran allait bondir de trois à dix dollars, l'inflation, dépasser le taux de 10 % et le chômage, atteindre la barre fatidique du 1 million de victimes.

Or, pour affronter le début d'une véritable guerre économique, le président ne disposait que d'une armée divisée.

Le deuil des espérances

Quelques semaines avant le deuxième anniversaire de son élection, il en prend conscience brutalement. À l'occasion d'un scrutin que l'on croyait « secondaire » – les cantonales – la gauche, pour la première fois dans l'histoire de la Ve République, devient majoritaire ! Dès le lendemain, la spéculation internationale se déchaîne contre le franc. Giscard l'Européen doit se résoudre à sortir la monnaie nationale du système monétaire européen. Sonné par cette double défaite, il se laisse convaincre par son Premier ministre, Jacques Chirac, de lui confier les rênes de la majorité. Le mercredi 24 mars à 20 heures, c'est un homme abattu que les Français stupéfaits voient apparaître sur leurs écrans de télévision. Vêtu de sombre et cravaté de noir comme s'il portait le deuil de ses espérances pour une France « gouvernée au centre », le président, très mal à l'aise, annonce : « Je confie à Jacques Chirac le soin de coordonner et d'animer l'action des partis politiques de la majorité... »

En politique, la faiblesse ne paie jamais.

Le 25 août 1976 – soit deux ans et trois mois précisément après l'arrivée de Giscard à l'Élysée –, Chirac se pose en maître du jeu en annonçant lui-même à la télévision sa démission de Matignon. « Je ne dispose pas des moyens que j'estime nécessaires pour assumer efficacement les fonctions de Premier ministre et, dans ces conditions, j'ai décidé d'y mettre fin. »

Cela sonne comme une déclaration de guerre : le mouvement gaulliste, rebaptisé « RPR » par son nouveau chef, ne va cesser de harceler son successeur à Matignon, Raymond Barre, présenté pompeusement par le chef de l'État comme « l'un des meilleurs économistes de France». Bien que Barre puisse s'enorgueillir d'avoir, comme vice-président de la Commission européenne en novembre 1968, dissuadé le général de Gaulle de dévaluer le franc, il n'est pas «de la famille». Des chiraquiens se réclamant du gaullisme lui reprochent à la fois de prôner la réduction des déficits et de donner comme objectif à l'industrie française une compétitivité à l'allemande. À travers lui, bien sûr, c'est la personne de Giscard et ce sont ses projets en faveur d'une Europe unie, notamment sur le plan monétaire, que vise le parti de Chirac. Or, les efforts des giscardiens pour créer à leur tour, avec le concours de centristes et de radicaux, un puissant mouvement politique ne vont pas suffire à rééquilibrer la majorité présidentielle.

Le roi est nu

À dater de cet été 1976, VGE pourra encore donner l'impression de dominer le jeu avec un art souverain. Mais son gouvernement ne dispose plus d'un appui solide. L'ère des grandes réformes giscardiennes est révolue. Le roi est nu.

Ajoutons à cette faiblesse institutionnelle le sentiment qu'il manque à Giscard, doté d'un si brillant parcours de polytechnicien et d'énarque, les qualités de cœur essentielles pour incarner la France et rassembler les Français. Certes, on se souvient encore du fameux duel télévisé contre son adversaire socialiste : «Vous n'avez pas le monopole du cœur, monsieur Mitterrand !» Mais sa victoire ne fut-elle pas arrachée de justesse[1], alors qu'un «complot» chiraquien avait évincé le candidat gaulliste «légitime» Jacques Chaban-Delmas ? L'un des plus proches conseillers giscardiens, Jean Sérisé, me confie en souriant : «Giscard était le plus brillant. Mais politiquement, il représentait peu de chose à côté de la machine gaulliste. En fait, il n'aurait jamais dû être élu président de la République !»

1. Par 50, 8 % des voix contre 49, 2 %.

J'ai été chargée par *Le Figaro Magazine* de raconter une journée de VGE. Le temps est encore bien loin où ses successeurs échangeront à longueur de journées avec la presse des tweets et textos, et je dois me faire discrète, au palais, pour interroger ses collaborateurs et pour observer le président de la République.

Il a toujours l'air étonné de me trouver là quand il traverse le hall de marbre du palais, orné des statues de Louis XV et de la Pompadour[1] qu'il a tenu à y faire installer. « Ah, vous êtes venue... ? » Il tend la main en biais, sans interrompre sa marche. Son regard noir, aigu, son visage légèrement bronzé de chasseur d'antilopes en Afrique, sa démarche altière et sa haute silhouette impeccable dans son costume d'excellente coupe m'intimident. On m'avait prévenue : parfois il est très aimable et disert, parfois il vous reconnaît à peine. Ou bien, il hausse un sourcil, l'air surpris. C'est le cas aujourd'hui. Suivi du murmure respectueux des huissiers à gilet rouge et des minces conseillers en gris, le voilà déjà dans l'escalier d'honneur, appelé par les grandes affaires du monde...

L'obsession du modèle Kennedy

Face au danger, s'est-il convaincu, comme de Gaulle, que « l'autorité ne va pas sans prestige, ni le prestige, sans éloignement[2]. » Le président qui rêvait d'être le Kennedy français se révèle très éloigné du peuple. On le dit « fragile ». On moque sa prétention affichée pour la modernité qui va de pair avec une « dérive monarchique », un goût puéril pour les titres et les châteaux, et un « égocentrisme ravageur »...

Jeune ministre, il provoquait déjà la risée des jaloux en se faisant photographier à ski, en short dans un vestiaire de foot ou

1. Représentés par le sculpteur Lemoyne sous les traits du jardinier amoureux Vertumne et de la nymphe Pomone.
2. Charles de Gaulle, *Le Fil de l'Épée*, 1932.

jouant de l'accordéon pour un bal populaire. Chef de l'État, il a fait rire toute la France en envoyant, un matin à l'aube, quérir les éboueurs qui passaient rue du Faubourg-Saint-Honoré pour les convier à partager au palais son café et ses croissants. Plus tard, en se rendant dans une prison lyonnaise pour y serrer la main de détenus, il a mis l'opinion en colère. Les anecdotes de ce genre, répandues dans tout le pays comme naguère les libelles sous Louis XV, son roi préféré, sont nombreuses. Ajoutons-y toutes sortes de petites vexations à l'égard de son Premier ministre Chirac. Un matin, convoqué dans le bureau présidentiel, celui-ci, qui fume énormément comme la plupart des hommes politiques de l'époque, se voit contraint de sortir de sa poche une carte de visite pour y écraser sa cigarette.

«Le problème de Giscard, c'est le peuple!» Ce refrain n'est pas seulement celui de quelques vieux gaullistes qui n'ont pas pardonné à ce libéral-centriste, ministre à trente-trois ans, d'avoir osé critiquer «l'exercice solitaire du pouvoir» du Général. Il est repris par la gauche et par les supporters de Chirac. En démissionnant avec fracas de Matignon en août 1976 avant d'infliger, en mars 1977, une nouvelle gifle au chef de l'État par sa victoire à l'élection municipale de Paris, ce dernier s'est dressé en principal adversaire du président.

Un rebond miraculeux

Printemps 1978,
« Les Français m'ont entendu ! »

Et pourtant ! Deux ans plus tard, Giscard, qui semblait condamné à une fin de règne lamentable, connaît un rebond quasi miraculeux. En mars 1978, les élections législatives, que les sondages annonçaient perdues pour la droite, sont une première bonne surprise : la désunion de la gauche, le formidable déploiement d'énergie de Chirac, qui a tenu plus de quatre cents meetings à travers la France, mais aussi la force tranquille de Raymond Barre dans son duel télévisé face à Mitterrand ont permis la victoire. Et puis Giscard n'a pas craint d'indiquer « le bon choix » ; il a mis en garde les électeurs contre le risque d'une éventuelle cohabitation. La majorité présidentielle l'ayant emporté par 290 sièges contre 201 à gauche, il se croit assez fort pour affirmer avec un peu trop d'arrogance à la face du président du RPR : « Ainsi, et contrairement à ce que vous redoutiez, j'ai gagné les élections ! Je vous l'avais bien dit : les Français m'ont entendu ![1] »

Heureux printemps. En mai, ce président qu'on disait « peureux » car il avouait son horreur de la violence prend seul le risque d'envoyer 400 parachutistes du 2e REP (régiment étranger de parachutistes) sauter, sans appui au sol, sur la ville de Kolwezi au Zaïre afin de délivrer 3 000 otages européens détenus par des rebelles. Opération réussie, au prix de 5 morts seulement ! Jour de gloire.

1. Jean Bothorel, *Un si jeune président*, Grasset, 1995.

Un an après, en juin 1979, les élections européennes seront un nouveau triomphe : tandis que le RPR, conduit à la bataille par un Chirac aux discours pleins d'emphase contre les représentants d'un «parti de l'étranger» comparés par lui aux pétainistes, se retrouve quasi nu, avec 15 élus seulement au parlement de Strasbourg, le «parti du président», l'UDF, en gagne 25 et voit sa tête de liste, Simone Veil, élue première présidente du Parlement européen.

Et voici que la cote de popularité du chef de l'État remonte à plus de 50 % ! Le spectre du printemps 1976, marqué par les craquements de la majorité, s'éloigne. Une seule ombre au tableau : Giscard ne pourra pas aller, en août, chasser le grand fauve. À peine sacré empereur de Centrafrique, Bokassa, ivre de pouvoir, a fait assassiner 200 lycéens au motif qu'ils refusaient de porter le nouvel uniforme obligatoire. Quelques-uns auraient même été achevés de ses propres mains. La France a réagi par l'envoi d'un détachement militaire.

Adieu, grandes antilopes !

Adieu éléphants, adieu les animaux de taille fantastique surgis des contes merveilleux des pisteurs, le soir, là-bas sous la tente ! Mais d'autres chasses vont s'offrir au prince, qui se dit «ensorcelé par le mystérieux pays des Zandais» au point, le soir, avant de s'endormir dans sa chambre de célibataire à l'Élysée (qu'il préfère au domicile familial de la rue Bénouville), de rêver d'y retourner «pour un long séjour de plusieurs mois[1]». Il est assuré d'un bon accueil au Zaïre chez Mobutu, au Tchad chez le président Mollum, en Alsace chez le comte de Beaumont, ou à Chambord chez le roi de France...

Il s'affiche «maître de lui comme de l'univers». Sur une double page du *Figaro Magazine*, on le découvre, photographié

1. Valéry Giscard d'Estaing, *Le Pouvoir et la Vie, Tome 2, l'affrontement*, Cie 12, 1994.

en pull-over à l'Élysée, nonchalamment assis dans un fauteuil Louis XVI, les pieds sur un guéridon en acajou, en train de regarder à la télévision... le président Giscard prononcer une allocution. Je m'interroge :

« Fera-t-il, ce samedi, une apparition surprise à l'extravagant mariage de sa nièce Clémence de Saillant avec Gonzague Saint Bris ? Ira-t-il, les dimanches suivants, tirer le faisan à Rambouillet ou le perdreau à Marly ? »

À la chasse, au volant de sa voiture, au tennis, le teint légèrement hâlé, ou bien confortablement installé pour écouter Mozart... Ces images de Valéry Giscard d'Estaing, désormais familières, ne cessent pourtant d'étonner. Comment le président de la République peut-il paraître aussi serein quand le chômage et l'inflation s'aggravent ? Comment trouve-t-il le temps de se détendre, de préparer – longuement – une émission télévisée sur Maupassant, d'accorder de longues interviews sur la société de l'an 2000 et de disserter sur la télématique alors que le monde s'embrase ? Comment peut-il, alors que les syndicats grondent à sa porte, recevoir à déjeuner lundi le Grand Maître et treize chevaliers de l'Ordre de Malte ?

Son « plaisir exquis »

En fait, Giscard travaille beaucoup. Mais il s'applique, comme au temps de l'ENA, où il s'était fait une réputation de « brillant élève flemmard », à ne pas le montrer. S'enfermer dans le cocon d'un décor à l'ancienne et d'habitudes protocolaires strictes est sa manière à lui de se protéger des ondes néfastes du monde extérieur. Remontent alors les souvenirs d'une enfance choyée, quand May Giscard d'Estaing, sa chère maman, le couvait avec adoration, persuadée d'avoir engendré un futur chef d'État. Avec quel ravissement il décrira dans ses Mémoires sa chambre de célibataire au palais ! Il ouvre lui-même, assure-t-il, ses volets sur la rue de l'Élysée ; il range lui-même ses livres préférés sur les rayonnages de son secrétaire ! Presque chaque soir, il dit connaître le «plaisir exquis d'une sorte de double vie», non pas en courant les salons et les alcôves, mais en lisant étendu sur son lit, à la lueur de sa lampe de chevet, les *Contes de la bécasse* de Maupassant, les Mémoires de Madame du Barry ou le récit de la chute de l'empire Song.

La journée d'un monarque

La pendulette du grand-père et les horloges du palais

À 9 heures, le président gagne, au premier étage du palais, un salon Louis XVI dont les fenêtres donnent sur le parc. Son petit-déjeuner l'y attend : un pamplemousse pressé, du café, des tartines beurrées et deux confitures, une de myrtilles, une d'oranges. Le tout servi dans de la porcelaine fine et de l'argenterie ciselée. Il le déguste seul en parcourant la presse française et le *Herald Tribune.* Puis, il appelle le chef cuisinier Marcel Le Servot, pour s'enquérir du menu du déjeuner.

10 heures. Après être passé dans le bureau de sa secrétaire particulière, Mme de Villetelle, Valéry Giscard d'Estaing retrouve, dans le salon doré qui fut le bureau du général de Gaulle puis de Georges Pompidou, son *brain trust* : le secrétaire général, Jacques Wahl, un Lillois de quarante-sept ans, major de sa promotion à l'ENA, qui a fait toute sa carrière aux Finances jusqu'au Fonds monétaire international à Washington avant de devenir le « maître Jacques » de l'Élysée ; le secrétaire général adjoint François de Combret, un célibataire de trente-huit ans, également major de sa promotion à l'ENA, imbattable sur les questions industrielles ; et puis, descendus de leurs modestes bureaux gris que l'on a la coquetterie de ne jamais repeindre (et depuis la crise pétrolière, de ne chauffer qu'à 18 °C comme le reste du palais), les 21 conseillers. En tête, Jean Sérisé, mince Béarnais de cinquante-neuf ans à l'humour vif, qui suit VGE depuis vingt ans. Jean Riolacci, le Corse truculent, ancien préfet et nouvelle recrue de l'équipe car il connaît comme personne les dessous des jeux électoraux. Tous ont été choisis par Giscard car ils sont « les meilleurs » dans leur domaine.

La réunion est rapide, sous le contrôle de la pendulette en bronze fétiche, héritée de son grand-père sénateur du Puy-de-Dôme, Agénor Bardoux. Pas de bavardages inutiles : « Le président a horreur du style café du Commerce, me dit Combret. Il attend de nous que nous lui économisions son temps. » Chacun se voit attribuer sa tâche : préparation d'un dossier, vérification d'informations, recherche d'exemples concrets pour illustrer les thèmes d'un entretien télévisé.

11 heures. Conseil restreint consacré, ce lundi, à la préparation des entretiens franco-allemands avec le chancelier Helmut Schmidt, son grand ami.

13 heures. Au moins trois fois par semaine, déjeuner officiel dans la petite salle des aides de camp où des amours joufflus dansent au-dessus des portes.

L'après-midi est consacré aux audiences dans son bureau tapissé de damas gris. Là, sous une photo immortalisant son tête-à-tête de jeune ministre des Finances avec John Fitzgerald Kennedy, assis dans son célèbre fauteuil à bascule, le président reçoit, autour d'une table basse en laque chinoise, ministres, chefs d'État étrangers, et représentants d'organisations professionnelles.

À 18 heures, comme tous les lundis et jeudis, il accueille le Premier ministre Raymond Barre. À 19 heures, Wahl lui remet les télégrammes et les dossiers de la journée. Le lendemain à 9 heures, même si VGE est allé au théâtre, ou s'il s'est levé à 6 h 30 pour jouer au tennis au bois de Boulogne, les épais dossiers reviendront lus et annotés – « Me voir », « Bonne idée », « Non », « Absurde ».

Premier en tout

Car le président domine tous les sujets. Reçoit-il un ambassadeur ? Celui-ci s'émerveille : « Il connaît la carte politique du monde aussi bien que la carte électorale des cantons français. » Visite-t-il le Sicob ? « Il est allé plus loin que son conseiller spécial dans l'étude du dossier informatique», m'assure un industriel. Inaugure-t-il une exposition consacrée à Louis XV ? «Il connaît son XVIIIe siècle à fond, témoigne un grand antiquaire. D'ailleurs, il est capable de faire visiter Versailles comme le conservateur lui-même.» Dîne-t-il en famille dans un restaurant trois étoiles – tout récemment, à L'Oasis de La Napoule ? Le chef, M. Outhier, constate, ému : «Le président a apprécié en connaisseur la cuisson de chaque poisson et la composition de chaque sauce...»

En effet, s'il déteste qu'on lui fasse perdre deux minutes pour une question qu'il juge secondaire, VGE accorde la plus grande attention à ce qui symbolise à ses yeux «le bon goût français» : un tableau d'Hubert Robert pour son bureau, des petits carreaux à l'ancienne à ses fenêtres ou un service en porcelaine pour une réception à l'étranger.

Quant aux affaires qu'il juge vraiment importantes, il les suit au jour le jour et jusqu'au bout. «Pendant mes deux premières années au ministère des Universités, me raconte Alice Saunier-Seïté, nous avons eu de très nombreux entretiens. Le président me téléphonait souvent et me recevait chaque fois que j'en faisais la demande. Il tenait beaucoup à ce que nous restaurions la qualité de l'enseignement et de la recherche.»

Est-ce parce qu'il a été charmé, comme il le confiera plus tard dans ses Mémoires, par le «corps souple et musclé» d'escrimeuse de la ministre et par son mélange détonnant d'agressivité et de séduction, que la brune Alice à la frange de Cléopâtre connaît le rare privilège d'être complimentée par le maître de l'Élysée, à la sortie d'un conseil des ministres, sur sa nouvelle robe Ricci ? Conviée à déjeuner en tête-à-tête au palais, elle sera interrogée non seulement sur la sélection à l'université mais aussi sur son enfance en Ariège. Son cas mérite d'être signalé : même à l'égard de vieux amis fidèles comme Michel Poniatowski, éjecté sans égards du gouvernement au printemps 1977, VGE ne manifeste pas autant d'attention.

« Grand milieu, petit milieu »

Un cerveau d'ordinateur, une mémoire d'éléphant, un instinct de chasseur et la sûreté de ton et d'allure de celui qui se sait « bien né » et ne doute pas d'appartenir pour toujours à une très petite élite mondiale. « Un jour, me confiera l'aristocrate Jean de Lipkowski, qui fut son ministre de la Coopération, Valéry, me parlant de Chirac, a eu ce mot : « Mon Premier ministre est d'un petit milieu. »

Giscard a-t-il conscience d'être si hautain ? Sait-il combien ses questions, autant que les intonations de sa voix, peuvent être parfois blessantes ou ridicules ? Sa ministre chargée de la Famille et de la Condition féminine, Monique Pelletier, se souvient, en riant, de la remarque qu'il lui fit à la fin d'un déjeuner à l'Élysée alors qu'elle n'avait pas touché aux fruits confits de sa glace Plombières : « Vous n'aimez pas les desserts que je vous offre ? »

Au seuil de sa septième année de règne, le successeur de De Gaulle et Pompidou s'attriste d'avoir « commencé à vieillir ». Il évite de se regarder dans un miroir, de crainte d'y voir la « lente action de destruction qui ride, qui dégrade, qui entaille, qui ravine ce qui était jusque-là frais, jeune et neuf ». Cela ne l'empêche pas de se croire encore « le meilleur ».

À la recherche de l'amour

« Moi ! Moi ! Moi ! »

Mais l'amour ? L'amour du peuple ? L'amour des femmes ? Giscard multiplie les conquêtes. Au point que, durant la campagne présidentielle de 1974, son fidèle Michel Poniatowski jugea prudent, pour éviter un scandale, de lui louer un studio tout proche de son QG du boulevard Saint-Germain. Mais Anne-Aymone, l'épouse modèle qui allait coller des affiches sous la neige le matin et attendait le soir le retour du mari joli cœur, a failli craquer. Invitée par *Le Figaro Madame* à évoquer le souvenir du fiancé délicat qui lui envoyait pour ses dix-neuf ans des brassées d'anémones, la timide future première dame est sortie de ses gonds : « Sensible, pensez-vous ! Tout ça, c'est pour la galerie ! Pour l'image qu'il veut donner de lui-même ! Il ne s'est jamais préoccupé de quelqu'un d'autre que de lui-même ! Pas un geste, pas un mot qui ne soit calculé ! C'est moi, moi, moi ! »

Sa déclaration n'a pas été publiée. La rumeur de divorce a été éteinte, Anne-Aymone est redevenue l'épouse craintive et consciencieuse que *Le Canard enchaîné*, s'emparant d'un compliment maladroit du mari, allait brocarder sous l'appellation « Madame DQ » – Dignité Qualité. Même les révélations du journal satirique, dans les tout premiers mois du règne, au sujet des escapades du quadragénaire regagnant l'Élysée au petit matin au volant d'une voiture de sport et heurtant le camion d'un laitier ne l'ont plus fait sortir de sa réserve. Ni de son rôle de « dame d'œuvres ».

Les mains nouées d'Anne-Aymone

Au rez-de-chaussée de l'Élysée, l'épouse du président dispose d'un bureau dédié à sa fondation, la Fondation Anne-Aymone Giscard d'Estaing en faveur des enfants maltraités. En janvier 1980, elle m'y reçoit pour parler du sujet qui revient le plus fréquemment dans son abondant courrier.

« Grâce aux droits d'auteur du livre *Démocratie française* dont mon mari a fait don à la Fondation, me dit-elle, nous avons déjà ouvert deux haltes-garderies à Paris et à Lyon et nous allons inaugurer prochainement à Bordeaux, dans un quartier périphérique, plusieurs ateliers d'animation pour les préadolescents. Nous construisons aussi, à la lisière du même quartier, une ferme expérimentale où les enfants pourront apprendre à s'occuper des animaux »...

Chignon impeccable, long sautoir en or sur la robe rouge à boutons noirs qui souligne sa minceur, l'épouse du président, assise bien droite derrière son bureau Louis XVI, s'exprime avec aisance et simplicité. Rien à voir avec la première dame morte de trac qu'on a vue à la télévision souhaiter une bonne année aux Français sous le regard paralysant de son époux. Mais le photographe qui m'accompagne capte tous les détails. Le lendemain, en examinant les clichés, je découvre les mains d'Anne-Aymone, sous le bureau : nouées, tordues par l'angoisse de déplaire à « Valy », de ne pas dire exactement ce qu'il attend d'elle, de lui faire perdre des points de popularité...

On dit que les visiteurs du président ressortent de son bureau avec le sentiment enivrant d'avoir rencontré un homme d'une intelligence exceptionnelle qui les fait se sentir eux-mêmes « plus intelligents ». Mais qui ne serait angoissé, sous son regard, à l'idée d'être « mal noté » ?

Pour un soir avec lui

Malgré tout, son art méticuleux de se composer un portrait à petites touches, à la manière du pointilliste Seurat, son peintre préféré, produit ses effets. On dit VGE hautain? Il rentre avec Anne-Aymone de son château auvergnat de la Varvasse par l'avion Air Inter Clermont-Ferrand-Paris. On le soupçonne de «fragilité»? Il passe une nuit en plongée à bord d'un sous-marin nucléaire. On rappelle qu'il fut, dans les deux dernières années de De Gaulle, un «cactus» pour son gouvernement? Il assiste à une messe pour le dixième anniversaire de la mort du Général. On le croit insensible aux appels des intellectuels de gauche qui militent pour les *boat people* du Vietnam et réclament la fin de l'interdiction de séjour opposée à l'anarchiste franco-allemand Cohn-Bendit? Il reçoit Jean-Paul Sartre à l'Élysée. On lui reproche de n'avoir pas soutenu assez ouvertement Simone Veil dans le terrible combat mené pour la légalisation de l'avortement? Il se montre, souriant, au milieu de quatre cents femmes – élues, ministres et représentantes d'associations – reçues à l'Élysée.

Les lectrices du magazine *Elle* retombent sous son charme. Aux questions : «Avec qui passeriez-vous le plus volontiers une soirée en tête-à-tête?» ou : «À qui confieriez-vous vos enfants?» mais aussi lorsqu'on leur demande : «Selon vous, qui est le plus sensible à la beauté d'une œuvre d'art?» ou encore : «Qui s'émeut le plus facilement devant un coucher de soleil?», elles sont une majorité à répondre «Valéry!» Sur tous les sujets, le président rallie 8 à 10 % de suffrages féminins de plus que son rival «François» Mitterrand le séducteur.

Oubliée, la fêlure de 1976! En ce milieu d'année 1979, cinquième de son mandat, Giscard est redevenu le fils, le gendre et même l'amant dont rêvaient les Françaises.

2

De fêlure en fracture

L'affaire des diamants

Hiver 1979
La vengeance d'Omar Bongo

Un après-midi d'octobre, Jean Sérisé entre dans le bureau du président, porteur d'une inquiétante nouvelle : lors d'un déjeuner avec François Mitterrand et son ami Roland Dumas, le patron du *Monde*, Jacques Fauvet aurait déclaré au leader du PS : « Avec ce qui va sortir sur lui, pour Giscard, c'est fini. Vous serez élu président. » C'est Jacques Chaban-Delmas, resté proche de ses amis de gauche, qui a appelé Sérisé pour lui rapporter cette prédiction. Mais le président de l'Assemblée nationale n'en sait pas plus. De quoi peut-il s'agir ? « Il n'y a qu'à attendre », lâche Giscard, avec dédain.

Sérisé découvre brutalement la réponse le mardi 9 octobre en fin d'après-midi dans *Le Canard enchaîné* qu'on lui porte, comme d'habitude, la veille de sa parution : sur sept colonnes à la une, l'hebdomadaire satirique titre : « Quand Giscard empochait les diamants de Bokassa ». Il publie une lettre de l'ancien dictateur détrôné par la France et réfugié en Côte d'Ivoire, affirmant qu'il a fait remettre à Giscard, au temps où celui-ci était ministre des Finances, une plaquette de diamants de trente carats d'une valeur d'un million de nouveaux francs.

Le conseiller, accompagné cette fois du Secrétaire général de l'Élysée, Jacques Wahl, informe aussitôt le président. Réaction de Giscard : « C'est grotesque ! » Il enjoint à ses collaborateurs de traiter la nouvelle par le mépris : ces plaquettes plastique de petites pierres mal taillées, que Bokassa avait l'habitude d'offrir à ses visiteurs, valent tout au plus 7 000 francs. Il les a rangées dans un tiroir. L'affaire devrait retomber comme un soufflé.

Or, elle ne retombe pas : deux jours plus tard, *Le Monde* reprend, sur une double page, les « révélations » du *Canard*. En y ajoutant des « informations » sur Edmond Giscard d'Estaing, le père du président, âgé de quatre-vingt-six ans, et sur ses cousins François et Jacques, dont le patrimoine serait « étroitement lié aux sociétés opérant outre-mer ». Giscard ignore encore que, dans les jours suivants, Anne-Aymone va être attaquée à propos de la fortune héritée de son père, un héros de la Résistance mort en déportation à Mauthausen. Mais il vacille sous la « morsure douloureuse » : « Quel instinct du mal, comme celui des animaux qui vont chercher sous la peau de leur ennemi les artères pour en vider le sang[1] ! »

Une fois de plus, il réagit par le silence. Une affaire succédant à l'autre, le suicide de Robert Boulin, le ministre gaulliste des Affaires sociales, fait la une de la presse le 30 octobre. Mais le *Canard* n'en n'a pas fini avec les diamants de Bokassa et les chasses de Giscard. La situation devient intenable. Il va falloir s'expliquer. Giscard s'y résout enfin, après sept longues semaines de suspens, à l'occasion de l'émission « Une heure avec le président de la République » sur TF1. Les trois journalistes choisis pour l'interroger, Alain Duhamel, Jean-Pierre Elkabbach et Gérard Saint-Paul, ont eu l'assurance de l'Élysée qu'ils pourraient aborder l'affaire des diamants. Mais dès la première question, VGE se crispe : « Je suis le premier président de la République à n'avoir jamais poursuivi un journal.

1. Valéry Giscard d'Estaing, *Le Pouvoir et la Vie, tome 2*, Cie 12, 1994.

Par contre, je ne suis pas à la disposition de ceux qui utilisent vis-à-vis de moi l'attaque et la calomnie... » À la troisième, il devient franchement agressif : « Enfin, à la question que vous m'avez posée sur la valeur de ce que j'aurais reçu comme ministre des Finances, j'oppose un démenti catégorique et j'ajoute, méprisant ! »

Notre déjeuner à trois

Un an plus tard, la campagne pour sa réélection à peine entamée, on verra s'afficher sur les murs de Paris de grands portraits de Giscard... avec des yeux de diamants qui s'allumeront sous les phares des voitures ! C'est un des « coups » de Charles Pasqua, qui joue auprès de Jacques Chirac le rôle du « parrain ».

Cependant, la vie reprend à l'Élysée. Pour bien montrer qu'il n'est pas à terre et qu'il reste tourné vers l'avenir, le président prononce des discours et rend publiques les lettres-programmes destinées à son Premier ministre : il y insiste sur la revalorisation de la condition des travailleurs manuels, la promotion des femmes, l'amélioration du sort des personnes âgées et handicapées... Il presse aussi Raymond Barre de faire appliquer avant six mois la distribution gratuite d'actions aux salariés des grandes entreprises.

En même temps, il multiplie les efforts de séduction envers ceux qui n'ont pas encore été classés dans le camp des traîtres ou des adversaires irréductibles.

Sa secrétaire m'invite de sa part à déjeuner. Nous serons trois : le président, Alain Duhamel et moi.

Le repas a lieu dans la petite bibliothèque du rez-de-chaussée, dont les portes-fenêtres ouvrent sur le parc. Alain et moi nous y retrouvons. En examinant les reliures, nous devisons quelques minutes à mi-voix. Entre, annoncé par un huissier, « M. le président de la République », un peu raide mais affable. Nous passons à table – une petite table, comme on en dressait dans les salons au temps de Louis XV, avec une nappe blanche ornée d'un bouquet délicat de roses.

Ni Alain ni moi ne nous risquons à aborder « l'affaire » : notre hôte se fermerait comme une huître. C'est lui qui va l'évoquer, entre les lignes. Détendu, Giscard nous parle de sa relation avec les Français. Il disserte sur le silence : cela fait partie, dit-il, de notre culture. Lui, en tout cas, a été élevé ainsi : l'expression la plus forte de la douleur et de la compassion, ce ne sont pas des pleurs et des cris. « Seul le silence est grand, tout le reste est faiblesse[1]. » Il nous parle aussi beaucoup de la compassion. Dans notre culture, elle est une façon de se rapprocher des autres mais aussi de se grandir, de se dépasser : « Il faut aux Français une cause de compassion. » Nous comprenons qu'après les personnes âgées et les enfants battus, sa nouvelle cause sera celle des handicapés. Tout cela, comme toujours avec lui, très conceptuel, pendant que le service se déroule, impeccable et rapide. L'émotion ne pointe jamais. Pudeur excessive ? Ou incapacité à exprimer une sensibilité qui ne soit d'abord tournée vers lui-même ? Narcisse... Je songe aux lettres du jeune homme amoureux que sa cousine Thérèse de Saint-Phalle a conservées, nouées par un ruban rose. Si « délicates », m'a-t-elle confié. Mais rédigées par un lecteur de poésie romantique, avec le souci d'égaler Musset... et de se plaire plaisant aux autres.

1. Alfred de Vigny, *La Mort du loup*, dans *La Revue des deux mondes*, 1843.

Deux ans de solitude

Automne-hiver 1979
Simone Veil en a assez

Les tombereaux d'insultes déversés sur Giscard l'ont profondément blessé. Il a perdu sa grâce. Il a aussi découragé bien des fidèles, alors qu'il aurait eu tant besoin de leur appui pour faire face aux attaques incessantes de ses propres « alliés », les élus du RPR.

En octobre 1979, je rends visite à Simone Veil au Luxembourg, dans l'un de ses nouveaux bureaux de présidente du Parlement européen.

Fidèle à son image, elle porte un tailleur Chanel marine chiné rouge et un chignon impeccable. Mais dans le regard vert qu'on lui connut si lumineux sur les affiches de la campagne européenne passent de sombres éclairs.

Quelle vie de chien ! De Strasbourg au Luxembourg ce n'est qu'une succession de chambres d'hôtel sans âme, de bureaux impersonnels, de déjeuners et de dîners officiels, d'hémicycle en hémicycle... Plus un instant à elle ! Son mari, Antoine Veil, en est, dit-elle, « catastrophé » ! Serait-ce pire qu'au ministère de la Santé, lors de la bataille pour l'IVG, quand des députés français l'accusaient de « génocide » ? Certes non, mais cela n'a plus de fin. L'avant-veille, elle était en Irlande. La veille, au Luxembourg, elle recevait, dans un grand déploiement de boubous africains, les délégués de la convention de Lomé. Tout à l'heure, après notre déjeuner de viande froide-salade expédié dans son bureau, elle présidera une séance qui risque de s'éterniser jusqu'au milieu de la nuit. Mme la présidente ne supporte plus les tracasseries des maniaques de la procédure ni, surtout, les attaques répétées dont elle est l'objet de la part des élus français : sournoisement chez ses collègues de l'UDF, ouvertement chez ceux du RPR.

Nous gagnons l'hémicycle. Les orateurs l'interpellent : «*Frau Präsidentin*», «*Onore vole Presidente*», «*Herr Präsident...*» Son regard parcourt la vaste nef d'acajou. En haut à droite, reconnaissable à son teint rose, l'ancien ministre de l'Intérieur, le fidèle d'entre les fidèles, écarté du gouvernement par son ami Giscard : Michel Poniatowski. Quelques rangs au-dessous, la belle Mme Agnelli. À gauche, Willy Brandt, Pierre Mauroy, Barbara Castle, la provocante travailliste, puis le leader communiste italien Enrico Berlinguer. Et bien entendu notre vedette nationale, Georges Marchais – chemise rose et regard canaille – dont chaque apparition provoque une ruée de photographes. Ce n'est pas lui, pourtant, qui hante les cauchemars de Simone Veil, mais plutôt les visages de commandeurs de Michel Debré et Pierre Messmer, qui font face à la tribune. Sans compter Jacques Chirac, qui l'observe du coin de l'œil en signant son courrier. Premier ministre, il l'appelait affectueusement «Simonette»! Pourquoi laisse-t-il aujourd'hui les barons du RPR l'attaquer? Ceux-là lui reprochent de n'avoir pas su empêcher les conservateurs britanniques et allemands d'amorcer un débat sur un projet d'industrie d'armement européenne. Lui, Chirac, son ami, comment peut-il laisser dire que la présidente «brade» les intérêts français?

À ces mots, elle explose :

«Prétendre, comme l'ont fait Debré et Messmer, que le nouveau Parlement a excédé ses pouvoirs, c'est présenter une version falsifiée des faits!»

Au moins, si les élus giscardiens soutenaient vaillamment leur présidente contre ses agresseurs! Mais il faut les entendre, ces bons apôtres, déplorer dans les couloirs de l'immeuble de verre la «nervosité», l'«inexpérience», voire la «maladresse» de Mme Veil. Ou se plaindre, à Paris, qu'elle n'a «rien fait», en quatre années de ministère, pour combler le trou de la Sécurité sociale. De ces murmures, qui lui parviennent jusqu'au

Luxembourg, Simone Veil est scandalisée. Elle voudrait, me confie-t-elle, « changer de vie ». Pour devenir Premier ministre, comme le suggère une rumeur insistante ? « Ah non ! Sûrement pas ! » C'est un cri du cœur. Pas une fois Simone Veil ne prononce le nom de Giscard. Le président n'est pas aimé des siens.

Raymond Barre est blessé

À Paris, le Premier ministre en place depuis trois ans et demi, Raymond Barre, se sent bien seul lui aussi. En octobre 1979, pourtant, un malaise, qui a nécessité une hospitalisation d'une semaine, a fait remonter sa popularité de 13 points d'un coup. Signe d'affection des Français ? En tout cas le chef de gouvernement le plus impopulaire qu'on ait connu depuis Messmer est devenu une sorte de « recours ». Un nouvel adjectif est né : « barriste ». Le propre conseiller du président, Jean Sérisé, commente ce phénomène avec humour : « Si *Iron* Barre s'en va, trois mois après, tout le monde voudra le rappeler. »

La presse recommence à évoquer cette sorte de fatalité historique dans les institutions de la Vᵉ République : une sourde rivalité, sinon une crise ouverte, entre le président de la République et le Premier ministre. Combien de blessures secrètes, combien de rancœurs ont dû s'accumuler durant ces trois années et demie entre Giscard et Barre ! Surtout si l'on sait que VGE cache sous un apparent détachement une sensibilité à fleur de peau, tandis que Barre est, selon l'expression imagée d'un gaulliste, « une vraie soupe au lait, mais une soupe au lait qui ne redescend pas ! ». Le Premier ministre s'est montré d'une loyauté exemplaire. Il a joué sans défaillance le rôle de bouclier face à la crise de la sidérurgie, à la montée du chômage et au harcèlement du RPR. Mais quand Giscard se félicite publiquement de son « honnêteté » et de son « absence d'ambition », comment Barre n'en serait-il pas blessé ?

En février 1980, il me reçoit à Matignon. Dans son vaste bureau blanc et or baigné par la lumière du parc, le Premier ministre, en costume marine agrémenté d'une pochette blanche en triangle, m'accueille d'abord avec la plus grande affabilité. Mais aussitôt carré dans son large fauteuil de cuir Régence, il attend les questions avec l'air du professeur prêt à rabrouer la mauvaise élève. Je lui demande s'il lui arrive de douter. La réplique est superbe : « Mettez Hamlet à Matignon, où irait la France ? » Et d'ajouter : « Je n'ai pas demandé à venir ici. Je n'ai pas demandé à rester. Et je m'en irai sans amertume quand on me le demandera. »

Pas d'amertume, vraiment ? Pourtant, un projet lui tient à cœur : écrire un livre sur ce qu'il appelle, en arrondissant la bouche comme pour déguster une friandise, « le microcosme ».

Le microcosme ? C'est ce milieu parisien composé d'hommes politiques, d'intellectuels et de journalistes aussi prompts à encenser qu'à critiquer. Depuis trois ans qu'il est au pouvoir le professeur Barre a étudié leurs mœurs et leurs engouements (durée moyenne, a-t-il calculé : quinze jours à trois semaines) et il a noté leurs « bons mots ».

D'une chemise bleu ciel posée sur une pile de dossiers il sort quelques coupures de journaux. Il m'en lit les titres : « Barre, la médaille d'or des Olympiades de l'échec », « L'élève Raymond Barre collé », « Le maréchal Soubise en quête de ses troupes »...

Tout cela l'amuserait fort – et en vérité, il dit trouver le spectacle « fort plaisant » – s'il n'en était depuis si longtemps la victime. En janvier 1976, « le microcosme » accueillait avec une bienveillance mêlée de condescendance la nomination au ministère du Commerce extérieur de ce fils de commerçant de La Réunion devenu professeur d'université puis vice-président de la Commission de Bruxelles. D'abord simplement traité en « corps étranger », le successeur de Jacques Chirac à Matignon est devenu depuis la cible du microcosme. Au point de faire l'objet, en septembre 1979, d'une « campagne d'une violence sans précédent ». Les narines dilatées, la tête légèrement en avant, la nuque tassée dans l'attitude du taureau qui va charger, il n'a pas de mots assez durs pour fustiger « la légèreté, la mauvaise foi et la médiocrité de ceux qui ont hurlé avec les loups ! ».

Sait-il que le « microcosme » voit désormais en lui un possible successeur de Valéry Giscard d'Estaing ? Il lève les bras au ciel : « Ah, ils n'en sont pas à une contradiction près ! »

Mais voyons les pronostics : après des mois de difficultés, ils annoncent maintenant que la réélection de Giscard est assurée. Barre, pour une fois, se montre d'accord avec le microcosme. « Qui voyez-vous en face du président ? » Chirac ? Le Premier ministre renverse la tête en arrière, comme pour rire de bon cœur. Mitterrand ? Le ton devient respectueux : « Il a une stature d'homme de gouvernement. Et c'est un grand orateur. Mais le projet socialiste !... » Non, soyons sérieux : « Valéry Giscard d'Estaing sera réélu. »

Été 1980
Giscard publie ses 29 consignes au Premier ministre

Vit-on jamais Premier ministre plus loyal ?

Dix mois plus tard, cependant, Mitterrand s'étant déclaré candidat, Giscard croit bon, au moment d'entrer en lice à son tour, de publier une lettre dans laquelle il rappelle au chef du gouvernement les 29 « actions prioritaires à poursuivre et achever » d'ici la fin de son mandat. Certes, c'est la onzième lettre-programme que le président rend ainsi publique. Mais c'est celle de trop.

Blessé, Raymond Barre comprend qu'il devra se cantonner au rôle d'exécutant zélé. La présence du « père la rigueur » n'est désirée ni à la télévision ni dans les meetings. D'ailleurs les giscardiens discutent sans vergogne du choix du futur Premier ministre, forcément jeune, qui le remplacera. L'été s'achève sur de bons sondages : 44 % des Français se déclarent « satisfaits » du chef de l'État. Pour les jeunes militants comme Jean-Pierre Raffarin, cela ne fait plus de doute : dès son entrée en campagne, leur champion VGE « bouleversera tout ».

Automne 1980
Sifflé à l'hôtel de ville de Lille

Le 9 octobre 1980, le président de la République effectue un voyage dans la région Nord Pas-de-Calais, durement éprouvée par la fermeture de mines de charbon mais aussi d'usines textiles et métallurgiques. Je l'y accompagne. À Lille, il visite pour la première fois la maison natale du Général, histoire de signifier qu'il en est l'héritier fidèle. Puis il prononce un discours émouvant à l'hôtel de ville, où il est le premier président de la Ve République à être reçu. « Un événement sans précédent », déclare-t-il au maire socialiste Pierre Mauroy. Sous le fameux beffroi, Giscard plaide pour un « dialogue entre les représentants de traditions politiques différentes ». Il rend hommage à de grands élus socialistes passés et présents – Augustin Laurent, Roger Salengro. Comme s'il pressentait les suites de l'affaire des diamants, il s'arrête sur le cas tragique de ce dernier, qui fut ministre de l'Intérieur de Léon Blum et maire de Lille[1]. « Je souhaite, insiste-t-il, que tous ceux qui se préoccupent avec moi de la dignité de la vie publique veuillent bien méditer avec moi l'amère leçon de la vie et de la mort de Salengro... » Après ce bref moment d'émotion, le président de la République développe son projet industriel, de nature à séduire le maire socialiste Mauroy, l'amoureux des trains et des usines : « La France est un pays sous-industrialisé. Elle a encore un grand effort à accomplir pour conserver d'abord les industries de qualité dont elle dispose, notamment dans votre région. Puis, pour ajouter un second étage d'industrialisation... » Enfin, reprenant le thème cher à son adversaire Mitterrand, la justice sociale, Giscard entreprend de démontrer qu'il a du cœur et que son bilan le prouve : « Celles dont la situation était la plus injuste, c'étaient

1. Profondément atteint par une campagne diffamatoire l'accusant d'avoir déserté pendant la guerre de 1939-1940, Roger Salengro se suicida le 18 novembre 1936.

les personnes âgées : nous avons pu assurer la progression de 60 % de leur niveau de vie. Ensuite, en 1976, nous avons fait voter une loi exemplaire, qui n'a pas d'équivalent dans le monde, pour les personnes handicapées. Enfin, nous avons poursuivi et poursuivons encore la revalorisation du pouvoir d'achat des travailleurs de condition modeste. » En résumé : « La politique de ces dernières années s'est efforcée de faire progresser la justice en France, malgré la sévérité et la dureté des conditions économiques... »

Giscard à son meilleur : moderne, visionnaire, renouant avec sa volonté d'« ouverture »...

Mais son hymne à la justice se perd dans un énorme brouhaha. Du fond du vaste hall dallé de l'hôtel de ville, des voix scandent, crescendo : « Le Nord vivra ! » Des poings sont brandis. *L'Internationale* retentit.

Mauvais présage ? Pourtant, Mauroy lui-même me le confie : en ce mois d'octobre 1980, sept mois avant le scrutin, il voit Giscard « réélu dans un fauteuil ». À cause de Marchais, qui brise l'union de la gauche en vociférant. Et parce que certains socialistes, qui auraient préféré Rocard, ne peuvent se résoudre eux non plus à porter au pouvoir Mitterrand, « ce vieux politicien de la IVe ».

Face à la défaite et à la haine

Printemps 1981
« Vous allez voir, maman ! »

Lorsque Giscard daigne enfin entrer en lice, neuf candidats se sont déjà déclarés[1]. Lui s'adressera aux Français par une brève allocution sur les trois chaînes de télévision, le lundi 2 mars.

L'avant-veille sa mère a accepté que je vienne regarder cette émission « historique » en sa compagnie.

Lundi, 18 h 45. Un immeuble cossu un peu vieillot de l'avenue Henri-Martin. Ni policier en uniforme ni inspecteur en civil devant la grille, d'ailleurs grand ouverte : « Nous avons de la chance, estime May Giscard d'Estaing : on nous laisse parfaitement tranquilles. Quand il passe nous voir, Valy vient à pied, sans escorte, depuis la rue Bénouville. »

Nous regardons ensemble quelques photos récentes. Elle constate sans nostalgie que son fils a bien vieilli depuis les portraits de 1974. Mais, elle en est sûre, « Valy » va encore une fois nous surprendre. « Vous serez contente, maman », lui a-t-il promis.

En attendant le journal du soir nous évoquons l'Allemagne, où il naquit, le 2 février 1926. Son père Edmond, inspecteur des Finances, avait été détaché au Haut Commissariat français à Coblence. Mais le berceau de la famille, c'est l'Auvergne, où ils passent six mois par an. May ne se lasse pas de parler de « notre » Clermont-Ferrand, dont son grand-père, Agénor

1. François Mitterrand, Jacques Chirac, Georges Marchais, Brice Lalonde, Arlette Laguiller, Michel Crépeau, Michel Debré, Marie-France Garaud et Huguette Bouchardeau.

Bardoux, fut le maire avant de devenir sénateur et ministre de la IIIe République.

À 19 heures apparaissent sur FR3 Pierre Charpy et Philippe Dechartre, un journaliste gaulliste et un ancien ministre du Général, qui exposent le programme social du candidat Chirac. « Avec lui, soyez tranquilles, tous les problèmes seront réglés en six mois », laisse échapper May. De peur d'en avoir trop dit, elle coupe le poste.

Je découvre le cadre où a grandi Valy, écolier à Gerson. En face du canapé Louis XV un peu fané, le piano où il fit ses premières gammes mozartiennes et où il lui arrive encore de jouer une sonate pour sa mère. À gauche, près de la cheminée de marbre, une scène militaire dont Edmond Giscard d'Estaing est particulièrement fier : elle représente, vêtu de rouge écarlate, son ancêtre Charles-Henri d'Estaing à la prise de Grenade, le 4 juillet 1779. Une fois lancé sur le sujet, Edmond est intarissable.

Enfin, voici le moment attendu.

20 heures. Dans la salle à manger tapissée de toile vert pomme, nous prenons place sur les chaises Empire, en face du téléviseur installé sur une table roulante en plaqué acajou. La première image du candidat tire aux deux parents la même exclamation : « Tiens, Anne-Aymone ! Il a bien fait. » Puis, May se fige tandis que son mari a du mal à réprimer l'envie d'en découdre avec les adversaires de son fils.

« *Je vous rendrai le pouvoir que vous m'avez confié en mai 1974* [...] commence le président. [...] *J'ai décidé de me présenter à l'élection présidentielle pour un nouveau septennat.* [...] *L'opposition propose des formules étatiques et technocratiques qui ont échoué partout...* »

— Bravo ! s'écrie Edmond

« *Cette campagne,* poursuit VGE, *je ne la conçois pas comme une épreuve, mais comme une délivrance. Enfin, je vais pouvoir vous dire ce que j'ai dans l'esprit et sur le cœur* [...]. »

Là, Edmond Giscard d'Estaing n'y tient plus :

— Qu'il est bon ! Excellent ! Quand je pense qu'il y a des gens qui parlent d'usure du pouvoir et prétendent lui donner une leçon !

Printemps 1981
Meeting Porte de Pantin
« J'ai été bon, mais les Français ne m'écoutent plus »

Samedi 28 mars 1981. Ballons bleu-blanc-rouge, affiches bigarrées, camionnettes où l'on vend des gaufres et des hot-dogs, canettes de bière qui jonchent le sol boueux... Lorsque je débouche, ce samedi soir, du métro Porte de Pantin pour assister au premier grand show giscardien de la campagne, j'ai l'impression de me retrouver quelques semaines auparavant, quand Georges Marchais rassemblait ses militants sous ce chapiteau tricolore. Même atmosphère de kermesse. Même foule de jeunes gens en jean – sauf que ceux-ci ne portent pas d'écharpes rouges, mais de drôles de chapeaux à dessins bleu roi et rose vif.

En me faufilant sous les gradins, que secoue le rythme d'une violente musique disco, je parviens jusqu'aux premiers rangs compacts du parterre, entre les banderoles « Allez, Giscard ! » ou « J'aime Giscard ! » Des mains m'agrippent. « Assise ! Assise ! »

Je me retrouve sur les genoux de Tony, un garçon brun bouclé, en jean de velours rouge et blouson de cuir. Tony a dix-neuf ans. Il est animateur du Phidias, une boîte disco de Chamalières. Comme ses copains, il a quitté l'Auvergne à 7 heures ce matin. Le voyage en car ne leur a coûté que dix francs, mais il aurait accepté, m'assure-t-il, de payer plus pour venir acclamer son candidat. Pourtant, la mère de Tony, employée de maison, est au chômage. Comme plusieurs de ses camarades de famille ouvrière. « Et vous allez voter Giscard ? » Tony me lance un regard de défi : « Oui, parce que je suis d'accord avec ses idées. Je suis pour la responsabilité individuelle. Faut pas croire que les jeunes qui votent Giscard soient tous des minets du 16e, vous savez ! »

Derrière nous, une vieille dame toute menue, anachronique et émouvante comme une photo à la Cartier-Bresson, arbore fièrement son petit chapeau et sa cocarde « Allez, Giscard ! ».

Sténo-dactylo retraitée, elle touche, me dit-elle, 2 000 francs par mois « grâce à Giscard ». Comme en 1974, elle va faire dire une messe pour son élection...

Un vacarme assourdissant nous interrompt : « Gis-card ! Gis-card ! » scande la foule. Son héros apparaît en pleine lumière. Il a son costume de tweed clair de jeune candidat. Mais le ton, professoral, est toujours celui du président. Pas d'envolées lyriques. Un discours plutôt sévère, où il est question d'indépendance nucléaire, d'industrie informatique et de PIB (produit intérieur brut). Mais ses jeunes fans sont si heureux de l'avoir devant eux en chair et en os que les seuls mots de « second étage de la fusée » (il s'agit du plan antichômage) ou de « nécessaire sang-froid » suffisent à les faire hurler de plaisir. Alors, quand Giscard leur confie son espoir que se trouvent parmi eux « au moins deux futurs présidents de la République », le délire atteint son paroxysme.

Et si tout n'était pas perdu ? Si la relève des électeurs populaires de 1974 – ceux qui se sentaient flattés de militer pour un surdoué à l'allure aristocratique – était en cours ?

Un mois plus tôt, cependant, au sortir d'une émission télévisée où ses proches l'ont trouvé « formidable », Giscard a laissé paraître ses doutes : « Je sais que j'ai été bon, mais les Français ne m'écoutent plus. »

Dimanche 26 avril 1981
Tout est perdu, fors l'honneur

Il est seul, ce dimanche à 19 heures dans son bureau de l'Élysée, lorsqu'on lui communique les premiers résultats du premier tour de la présidentielle. Ils le placent en tête du peloton : 28,02 % des voix contre 26,15 à Mitterrand[1]. Certes, c'est quatre points de moins qu'en 1974, mais cette fois, il y est parvenu sans le renfort des quarante-trois élus « traîtres » au

1. Chirac obtenant 17,95 % des voix et Marchais 15,29 %.

candidat gaulliste Chaban-Delmas. Et sans le soutien d'un parti puissant. Le score médiocre de Chirac est une première satisfaction. Le recul de Marchais en est une autre : l'emprise communiste sur la France a enfin commencé à se réduire, et c'est, juge-t-il, à mettre à son crédit. Mais comment rassembler une majorité divisée par tant de rancunes et de haine ? Il rêvait d'un rassemblement au centre, avec Simone Veil ou Jacques Chaban-Delmas à Matignon. Il va falloir mendier le ralliement du RPR. Chirac ne l'accordera que du bout des lèvres et à la dernière minute.

La veille, samedi 25 avril, lors du dernier meeting de ses partisans, à Chamalières, dans son Auvergne chérie, Giscard a cru pourtant être convaincant lorsqu'il a appelé au bon sens : « Toute voix perdue, ce dimanche 26 avril, c'est une chance offerte, le 10 mai, à ceux qui sont encore prisonniers des liens du désordre et de l'aventure ! »

Mais c'est « l'aventure », justement, qui tente les Français.

Dimanche 10 mai 1981
La défaite sous les huées

L'aspiration au changement est la plus forte. Les déçus, les humiliés, n'ont pas pardonné. La droite et le centre n'ont pas fait bloc. Contre Mitterrand, vainqueur incontesté par 52,06 % des voix, Giscard n'obtient que 47,93 % des suffrages. Il n'a même plus la force, après une défaite aussi humiliante à ses yeux, de passer à son QG pour y remercier ses partisans.

À 23 heures, le maigre buffet ayant été déserté et les derniers supporters s'étant envolés après avoir hué l'apparition à la télévision de Chirac « le traître », on ferme les portes du QG de la rue Marignan. La porte-parole du vaincu, Monique Pelletier, se retrouve seule sur le trottoir de la rue déserte avec l'acteur Alain Delon. Sur les Champs-Élysées tout proches, les klaxons résonnent sur l'air de « Mi-tte-rrand ! »

Neuf jours plus tard[1], Giscard fait ses adieux sur les trois chaînes de télévision : « Je vous demande de vous souvenir de ceci : pendant sept ans, j'avais un rêve, que la France devienne une nation forte et paisible... Au revoir. » Puis l'ex-président se lève et nous tourne le dos pour sortir de la pièce, laissant les caméras s'attarder sur sa chaise vide.

Le jeudi 21 mai, j'attends, dans la cour de l'Élysée, la fin du rituel de la passation de pouvoirs. Comme pour rappeler son arrivée à pied il y a sept ans, Giscard s'est fait déposer au coin de la rue par son fils Henri, avec l'intention d'entrer et de repartir en simple citoyen au milieu de la foule. Dès 9 heures, on a ouvert toutes grandes les portes de l'Élysée. Les journalistes ont pu s'égailler dans la cour. J'ai choisi de prendre position sur la troisième marche du perron, à demi cachée derrière un garde républicain. C'est de là que je vais assister à la scène du départ.

À 10 h 20, après quarante minutes d'entretien, les deux présidents reparaissent sur le perron. Giscard, haute silhouette très raide, commence à descendre, le regard fixé loin au-dessus des têtes. Mitterrand le suit, deux marches plus haut, ce qui les fait paraître un instant de la même taille. D'un geste, le nouveau président fait signe à la foule des spectateurs de s'écarter pour laisser passer le président sortant. Mais la foule se referme sur Giscard, dont je ne vois bientôt plus que la tête. Elle l'engloutit sous les huées, qui se répercutent rue du Faubourg-Saint-Honoré. Ces cris de haine des vainqueurs me font honte. C'est la première fois que je ressens pour le hautain président, vaincu mais digne, une forme d'empathie.

1. Le mardi 19 mai 1981.

3

L'éternel retour

Automne 1982
Un roi en exil

Quinze mois après sa sortie, le vaincu fait toujours peur. Quand Antenne 2 annonce la première participation de l'ancien président à une grande émission, ses anciens amis s'inquiètent : et s'il allait reprendre en main notre parti ? « Pas question d'un congrès UDF qui tournerait à la grand-messe giscardienne », prévient Pierre Méhaignerie, président du Centre des démocrates sociaux.

Ce n'est rien, si l'on songe à l'ostracisme dont ont fait l'objet, depuis un an, tous les anciens de l'Élysée et de l'UDF qui ont cherché à se « recaser » après avoir servi Giscard. Lui-même les a abandonnés : il n'a pas voulu revoir Monique Pelletier et Jean-François Deniau[1], ses anciens ministres et porte-parole, qui s'étaient dévoués pour organiser sa campagne. Des années plus tard, quand il devra évoquer la cruelle défaite qui l'a traumatisé, il « oubliera » de les citer. Comme s'il les tenait pour responsables de sa défaite. Narcisse n'a pas guéri.

Le 3 septembre 1982, à la veille de sa rentrée télévisuelle, je descends le voir à Chanonat. Vu de la route de Clermont-

---

1. Écrivain, ancien ambassadeur à Madrid et ami du roi Juan Carlos, ministre du Commerce extérieur du gouvernement Raymond Barre, décédé le 24 janvier 2007.

Ferrand, son château de la Varvasse paraît, au milieu des maïs écrasés de soleil, plus riant que sur les photos d'hiver. Mais à l'intérieur, quelle solennité ! L'escalier de pierre où l'on frôle une armure, les parquets grinçants, les grandes pièces presque vides aux boiseries gris ou vert fané. Seule note de gaieté : les bouquets champêtres composés par Anne-Aymone, comme naguère à l'Élysée. Le noir de la cravate du châtelain et la haute silhouette noire de sa mère, à son côté – tous deux portent le deuil d'Edmond Giscard d'Estaing – soulignent l'austérité de ce décor à la Montherlant. On imagine une pièce de théâtre où l'on verrait un roi en exil méditer, de son bureau d'angle à la cime des chênes séculaires, sur la médiocrité humaine.

Le grand vaincu du 10 mai n'a-t-il donc pas changé ? N'a-t-il, comme on le murmure méchamment à Paris, « décidément rien compris » ?

« Comment me trouvez-vous ? »

C'est vrai qu'avec lui les relations sont toujours aussi peu simples. Vieille habitude de disposer des autres ? Méfiance instinctive ? Le moindre entretien à bâtons rompus pose des problèmes donnant lieu à de longues et délicates négociations. Mais il monte ôter sa cravate et enfiler un jean de velours et des baskets. Il reparaît dans la salle de billard et me demande : « Comment me trouvez-vous ? » Réponse : « Un peu grossi (comme son labrador Samba), mais rajeuni et détendu. » Son visage bronzé s'éclaire. « Ce n'était pas tellement la fatigue, se souvient-il, mais le stress constant... Chef de l'État, on est au centre d'un champ de forces magnétiques qui dépasse tellement les forces humaines... »

Nous descendons le sentier qui mène, parmi les ronces, à la barrière de bois délabrée sur la route du village. « Le temps a passé, médite-t-il à voix haute. Le temps, c'est très important. Il faut du temps pour tout : pour oublier un chagrin d'amour, pour prendre conscience des réalités... »

Après une année d'engouement mitterrandien, le déficit de la balance commerciale et la récente dévaluation ont commencé à opérer chez les Français un « réveil ». Au printemps 1983, le terrain sera donc mûr pour le livre que Giscard est en train de rédiger : *Comment redresser la France au sortir de plusieurs années de socialisme ?*

Car ce qui préoccupe le plus le châtelain solitaire de Chanonat c'est, dit-il, « le déficit de concepts » du débat politique français. Tandis qu'aux États-Unis plusieurs écoles s'affrontent sur les grands choix de l'avenir, le débat en France en revient toujours à des questions de personnes. Oubliée, l'Europe ! Escamotée aussi, la question si importante à ses yeux de la mutation des structures industrielles.

Nous longeons la rivière. Samba barbote dans l'eau jusqu'au ventre. Son maître s'arrête pour l'attendre et me faire admirer la tour du prieuré à demi en ruine et recouverte de lierre. Joli décor, romantique, pour chagrin d'adolescent.

Survient un couple âgé, portant chapeaux de paille et cannes à pêche. « Des gens de l'opposition ou plutôt, de l'actuelle majorité », me glisse VGE. Ils viennent le saluer. On parle des enfants, des petits-enfants, de l'avenir incertain. Une petite fille arrive en courant. Il l'embrasse : « Comment t'appelles-tu ? Quel âge as-tu ? » Au croisement suivant, une forte femme, qui l'a aperçu de loin, lui apporte, à mobylette, une brassée de dahlias : « Ah, Monsieur le président ! Comme je suis heureuse ! J'avais peur de vous manquer ! »

Au retour, « Monsieur le président » franchit le petit pont qui enjambe la rivière avec une sorte d'allégresse.

Son chauffeur a avancé devant le porche la Peugeot vert vif (celle qu'il étrenna rue de Marignan pour sa campagne) et je le sens heureux de prendre lui-même le volant pour descendre jusqu'à La Canourgue (Lozère) où l'attendent, autour d'un buffet campagnard, François Léotard et quelques anciens et nouveaux membres du Parti républicain.

Trois heures et demie d'une route superbe – « La route que j'avais fait faire pour désenclaver l'Auvergne. » VGE déploie ses talents de causeur. Là-haut se détachant sur l'azur, voici le château des La Tour-d'Auvergne, dont il connaît par cœur la généalogie depuis le XVe siècle. Plus loin, encastré dans une gorge touffue, ce gracieux pont métallique est l'œuvre d'Eiffel. Quant à cette usine au milieu des prés, spécialisée dans le matériel aéronautique de pointe, elle date de son septennat.

Ah, les usines ! Il y a deux ans, la France était en bonne voie. Grâce à ses progrès dans l'automobile, le nucléaire, l'électronique, elle pouvait devenir, en 1990, la première puissance industrielle d'Europe. Tandis qu'aujourd'hui ! L'Italie remonte la pente, grâce au retour à une économie de liberté, et la France s'enfonce.

« Notre prochain président ! »

Mais les Français ne sont-ils pas las de ses cours d'économie ? Giscard est convaincu du contraire : il constate à quel point ils ont changé : « Je suis frappé, note-t-il, par l'informalité de leur habillement et de leurs relations. Et aussi par la renaissance, chez les jeunes, du goût du risque. Et enfin, contrairement à ce que l'on raconte, par leur goût pour la vie en ville. »

Si cette France-là, hier séduite par un Mitterrand s'affichant sur fond d'église champêtre, allait rechercher « un homme d'État tourné vers la prospective internationale » ?

Tandis que nous descendons vers la Lozère, sa pensée se dessine avec la même netteté que le ruban bleu impeccable de notre route parmi les sapins. Giscard me parle de ses récentes lectures. Il a beaucoup aimé l'*Heptaméron*, un recueil de contes amoureux de Marguerite d'Angoulême, reine de Navarre et sœur de François Ier. Il entreprend, avec un certain bonheur, de m'en faire le récit. D'où vient, cependant, qu'avec lui, morceaux littéraires, églises romanes et flâneries bucoliques, si naturels chez Mitterrand, paraissent « calculés » ?

En revanche, c'est de façon vraiment spontanée que plusieurs automobilistes, en le croisant, klaxonnent, agitent la main et lancent des appels de phare en signe amical. Trois jeunes filles en Renault 5 dépassent la Peugeot verte et nous font signe de nous ranger sur le côté pour venir serrer la main de leur héros. Lors de notre dernière halte sur le plateau de l'Aubrac pour admirer le coucher de soleil, un paysan se profile dans le champ de la photo. Rien de calculé, cette fois.

« Monsieur le président, dit l'homme en touchant sa casquette, nous serions si honorés si vous acceptiez de prendre l'apéritif. »

Nous entrons dans sa ferme à toit de lauzes. L'épouse aux bras vigoureux dépose sur la toile cirée les petits verres et les bouteilles. « Ah, fait Giscard, content mais un peu mal à l'aise. Du pastis en Lozère ? Le pastis est arrivé jusqu'ici ? »

On évoque le cours du veau, les emprunts pour l'étable.

« Les taux d'intérêt, maintenant, vous vous rendez compte, Monsieur le président ? Ça ne va pas. La France a déjà les deux pieds dans le puits, Monsieur le président. »

VGE opine gravement et vide son verre d'un trait.

Lorsque nous remontons en voiture, je ne peux m'empêcher de lui exprimer ma surprise devant ces manifestations de popularité.

« Ce n'est pas nouveau, me répond-il d'un ton détaché. Ces témoignages de sympathie n'ont jamais cessé. N'oubliez pas que l'élection présidentielle s'est jouée à moins de 3 %. »

Il se tait puis, se tournant vers moi :

« Vous avez entendu ce que cet homme m'a dit lorsqu'il m'a abordé ? »

Je secoue la tête.

« Il m'a dit : “Je salue notre ancien président, et peut-être aussi, le prochain !” »

Hiver 1984-1985
Son rêve : Premier ministre de Mitterrand !

Le 21 janvier 1985, Giscard tient sa première conférence de presse depuis 1981. Trois ans après avoir évoqué « la rancune jetée à la rivière», il a inventé, pour son retour en scène, une nouvelle formule : «Le bien-être dans l'utilité». Sans tableau noir – «M. Mitterrand, ironise-t-il, me l'a emprunté» –, il décoche ses chiffres comme autant de flèches : «Chômage : la France a le record du monde de la proportion de jeunes chômeurs.» Logements en chantier : «275 000 en 1985, le chiffre le plus bas depuis 1955» etc., etc.

Cinq cents journalistes de la presse internationale s'entassent dans les salons de la rue François-Ier. C'est la première fois qu'on ne l'interroge pas sur le passé ! Au contraire, tous se prennent à son jeu quand il commence à distribuer des postes – le portefeuille de l'Éducation nationale, par exemple, à François Léotard – et annonce son intention de faire signer aux leaders de l'opposition ses propositions. Tout cela avec une conscience très visible de sa supériorité, mais non sans humour. Est-ce d'avoir été réélu député dès le premier tour, à l'issue d'une campagne à travers les communes rurales de sa circonscription mais aussi les quartiers populaires de Clermont-Ferrand ? D'être devenu président du conseil régional d'Auvergne ? Il est à nouveau une star. Et même, il se sent aimé. À Toulon, il y a quelques semaines, je l'ai vu, assailli dans une librairie par des centaines d'admiratrices à cheveux gris qui voulaient une dédicace personnelle de son ouvrage *Deux Français sur trois*, embrasser bon nombre d'entre elles. Et à l'Université des jeunes UDF, dans les Pyrénées, je l'ai entendu répondre complaisamment aux questions des jeunes filles sur son «affectivité». Oui, il a un cœur ! – un cœur «éclairé par le cerveau».

En sortant de sa conférence de presse, ce mardi-là, il passe déjeuner chez moi avant de reprendre la route pour l'Auvergne. En veste de tweed et cravate de tricot, il est radieux. À chaque pas, de nouveaux témoignages de sympathie ! Il descend de voiture. Au pied de mon immeuble, la gardienne l'attend : «Ah, Monsieur le président ! C'est le plus grand bonheur de ma vie !»

Entre les œufs brouillés aux truffes et la tarte aux pommes que Maria est si fière de lui servir, Giscard me parle de la fonction présidentielle : «Je suis frappé du fait qu'il est impossible, quand on l'exerce, de rester en contact avec les réalités.» Son successeur Mitterrand ne connaît-il pas à son tour cet isolement? Giscard lui décerne un bon point, inattendu : «Il est vrai qu'il en avait pris l'habitude depuis plus longtemps que moi, mais il résiste bien aux coups.» Et de m'exposer comment l'étude approfondie des comportements des Français l'a amené, pour sa part, à modifier son discours : «Je n'avais aucune culture psychosociologique.» Dès 1981, il a entrepris de remédier à cette lacune en se plongeant dans les rapports mensuels de la Cofremca sur les mentalités des Français. «Ils ont beaucoup changé, observe-t-il. Ils veulent décider davantage de choses entre eux, sans l'intervention de l'État. On peut donc leur tenir un langage résolument libéral.» Autre effet, selon lui, de la «cure de désintoxication socialiste», la dévaluation du mot «social». D'après lui : «Nous entrons dans l'ère de la personnalisation.»

Le modèle Poincaré

Mais quel but poursuit-il en partant «à la recherche du cœur des Français»? Un soir de chasse en Sologne il a évoqué l'idée d'un retour à la Raymond Poincaré[1] : «Celui qui sera élu en 1988 sera le Premier ministre de 1986... ou le ministre qui aura redressé l'économie et réduit le chômage.» Se verrait-il dans le rôle d'un Premier ministre «de cohabitation», avec Mitterrand comme président? Giscard a un geste de dénégation : «Je ne suis candidat à aucun poste.» D'ailleurs il prévoit que Chirac sera nommé à Matignon en 1988, puisque le RPR pèsera le plus lourd dans la victoire de l'opposition aux prochaines législatives. Se verrait-il, dans ce cas, ministre des Finances comme il y a vingt-sept ans? Giscard sourit. Dans une semaine, il aura

1. L'une des grandes figures de la IIIe République, ce républicain «modéré» fut successivement député, sénateur, et président du Conseil avant d'être président de la République de 1913 à 1920.

cinquante-neuf ans. Soit six ans de plus que Chirac mais deux ans de moins que Barre. Et dix de moins que Mitterrand. C'est un jeune homme qui croit maintenant avoir tout compris de l'amour. Et des Français.

II

François Mitterrand
ou le double visage de la France

«La cruauté du destin qui le frappe est là : tant de pouvoirs, pas de pouvoir et l'Histoire qui se dérobe.»

François Mitterrand, *La Paille et le Grain*,
Flammarion, 1975.
Chroniquc du 6 avril 1974,
au lendemain de la mort de Georges Pompidou.

1

La très longue marche d'un patient séducteur

Et deux, et trois campagnes présidentielles

Printemps 1974
Ma première visite à Latche

Le soir du 2 avril 1974, quand on lui annonce la mort de Georges Pompidou, François Mitterrand dîne seul à la brasserie Lipp en préparant un discours. «Peut-être, écrit-il, Georges Pompidou était-il plus grand qu'il ne le fut. Ce cri du dernier acte, "Dans ma famille, on ne se couche que pour mourir", ne vient pas de n'importe où [...] Mais on ne rachète pas par des vertus privées le passif d'une vie publique. La France pense déjà à autre chose[1].»

Trois jours plus tard, porté par un congrès extraordinaire du PS à la Mutualité, il est désigné candidat du PS à l'unanimité des 3748 mandats. Commence la deuxième campagne présidentielle de celui qui a été onze fois ministre sous la IVe République. Sous la Ve, il s'est affirmé comme un chef de l'opposition si pugnace qu'il a réussi, en 1965, à mettre en ballotage le président de Gaulle. Le duel va cette fois l'opposer à un candidat bien plus jeune : Valéry Giscard d'Estaing.

1. *La Paille et le Grain*, Flammarion, 1975.

Je viens d'entrer au *Point* comme reporter. Sans doute parce que cela l'amuse de tester ainsi l'une de ses jeunes journalistes, le directeur de la rédaction, Claude Imbert, décide de m'envoyer passer une journée avec chacun des candidats dans sa maison de campagne.

Un week-end d'avril, ma première visite est pour Chaban – Jacques Chaban-Delmas – à Ascain. Dans sa ferme du pays basque, l'ancien Premier ministre me reçoit en espadrilles au côté de sa femme Micheline qu'il appelle «Bouclette». Tous deux ont l'art de mettre leurs visiteurs à l'aise.

Le samedi suivant, je me rends à Latche, la propriété landaise de Mitterrand, accompagnée du photographe Manuel Bidermanas. En route, Manuel, qui le suit régulièrement et se souvient même de lui avoir servi une fois de chauffeur, évoque des souvenirs : Mitterrand, me raconte-t-il, a l'habitude de demander à ceux qui lui paraissent disponibles, sympathiques et dévoués – plus souvent des femmes, mais parfois aussi des hommes – de le conduire à son prochain rendez-vous dans Paris. Cela devrait me faire sourire. Mais je suis morte de trac. Manuel aussi. À l'approche de la pinède où sont enfouies les trois bergeries de briques roses du Vieux-Boucau, nous avons l'impression de nous rendre... chez l'empereur.

C'est Danielle Mitterrand qui nous accueille, avec un teckel bondissant nommé Titus, avant de repartir dans sa cuisine. Nous entrons dans le salon : tapis blancs à longs poils sur un dallage en terre cuite, sièges en cuir contemporains à pieds d'acier. Le maître est là, en veste paysanne, arraché comme à regret à son antre, la grange annexe, aménagée en chambre et bibliothèque pour ses centaines de livres de poche. Salutations courtoises. Présentation rituelle de l'ânesse Noisette dans le pré, puis des magnolias, camélias et tulipes plantées par lui près de la maison. Avant le déjeuner, François Mitterrand nous propose une promenade vers la mer. Par précaution, j'ai emporté des espadrilles basques, moins fragiles que mes ballerines. Il me suggère de changer de chaussures dans sa bibliothèque, où je pourrai aussi laisser mon sac. Tandis que je parcours des yeux, impressionnée, les rayonnages, où voisinent García Márquez, Lamartine, Casanova, Pascal, son regard effleure mes pieds nus... et je rougis.

En cheminant, Mitterrand parle des pins, menacés par une maladie. De l'océan, là-bas, dont on devine la présence lumineuse entre les arbres. Il cite *Le Cimetière marin* – « Ce toit tranquille, où marchent des colombes, entre les pins palpite, entre les tombes... » Nous nous taisons, respectueux, marchant sans bruit le long du sentier bordé de fougères. Ce serait le moment, peut-être, de l'interroger sur sa campagne présidentielle ? Le premier tour aura lieu dans quinze jours... Mais interrompre sa méditation paraîtrait grossier.

Un invité surprise à la table de Don Juan

Lorsque nous regagnons le Vieux-Boucau, deux invités sont là. De vieilles connaissances, apparemment. Un homme de haute taille, d'allure bourgeoise, à peine plus âgé que Mitterrand qui a eu cinquante-sept ans en octobre. L'autre, plus effacé, suit Danielle en cuisine pour l'aider à rapporter un plateau. Il y a là aussi la sœur de Danielle, Christine Gouze-Rénal, l'épouse de Roger Hanin. En monarque habitué à être servi, Mitterrand demande à sa belle-sœur de secouer un transat de toile blanche sur lequel sont tombées quelques aiguilles de pin... Elle s'exécute, sans même ironiser sur le fait qu'il n'aurait eu qu'à allonger le bras pour le faire lui-même.

Nous passons à table. Je suis placée à la droite du maître de maison, comme le souhaite Manuel Bidermanas, qui va faire quelques photos du déjeuner. Un plateau rond tournant est disposé au milieu de la table de ferme. Danielle y dépose les plats – foie gras et confit de canard qu'elle a préparés elle-même, insiste-t-elle en direction de l'invité assis en face de moi, et dont nous ignorons le nom. Nous a-t-on seulement présentés ? « Oui, se souviendra Manuel. Mitterrand m'a curieusement désigné comme un “photographe déontologique”. Mais il n’a rien dit de ses invités. »

La conversation roule sur les prénoms des enfants. Mitterrand a choisi d’appeler son aîné Jean-Christophe à cause du héros de Romain Rolland, en quête d’une sagesse qui réconcilie les cultures française et allemande... Son vis-à-vis, que nous prenons pour quelque radical-socialiste de la région, aborde enfin la question de la présidentielle : si populaire soit-il à Bordeaux, Chaban aura du mal à faire le plein des voix de droite, mais il prendra quelques voix chez les radicaux-socialistes... Quant au candidat du PCF – le Parti communiste français – Georges Marchais, ses outrances verbales ne sauraient masquer l’inéluctable reflux du « modèle communiste » : l’arrivée des chars soviétiques à Prague a été un choc pour l’opinion française.

C’est seulement en 1989, à la suite d’une plainte contre lui par l’Association des fils et filles de déportés, que nous découvrirons qui était cette vieille connaissance de Mitterrand : René Bousquet. Son comparse Jean-Paul Martin, lui, aurait sauvé la vie de Mitterrand en l’avertissant du risque d’arrestation par la Gestapo. Radié de la Fonction publique à la Libération et contraint de s’exiler en Suède, il regagna Paris en 1954 pour devenir directeur de cabinet de François Mitterrand, alors ministre de l’Intérieur de la IVe République.

Homme d’affaires, membre du conseil d’administration de *La Dépêche du Midi*, Bousquet a aidé le leader socialiste à financer ses campagnes de 1965, puis de 1974. Mais dans une autre vie, entre 1940 et 1945, il fut le Secrétaire général de la police du gouvernement de Vichy et, à ce titre, l’organisateur de la rafle du Vel d’Hiv. En arguant d’un « double jeu » qui lui aurait permis de « rouler les Allemands » et en s’appuyant sur de nombreux témoignages d’obligés, Bousquet a échappé, en 1945 et en 1949, aux tribunaux de l’épuration. Il a même mené une carrière « honorable », qui lui a permis de croiser dans des réceptions parisiennes non seulement le ministre de la IVe République François Mitterrand, mais aussi le couple Antoinc ct Simone Veil.

Assassiné à son domicile parisien en 1993 alors qu'il allait être rejugé, l'exécuteur des basses œuvres de Pétain et Laval ne livrera pas tous ses secrets. Mais ceux révélés par les Klarsfeld suffisent à les accabler, son vieil ami et lui : bien des proches, comme Jacques Attali, s'écarteront alors, bouleversés, de Mitterrand. D'autres, comme Robert Badinter, se réfugieront d'abord dans le déni : le président socialiste n'aurait pas eu, depuis la guerre, de relations avec Bousquet...

Mon ami Manuel, qui aimait et admirait beaucoup Mitterrand, sera profondément blessé par ces révélations : comment, connaissant le parcours de son père, le célèbre photographe Izis, Mitterrand a-t-il pu le faire déjeuner à la table du collabo Bousquet, responsable de la déportation de milliers de Juifs vers Auschwitz ? Cela ne relevait pas de l'indélicatesse mais, pour le moins, d'une prodigieuse capacité d'indifférence chez un homme réputé si sensible et fidèle en amitié.

C'est ainsi que j'ai découvert le double visage de Mitterrand : pour lui, comme pour Don Giovanni auquel on le compare souvent à cause de ses «*mille e tre*» conquêtes féminines, comptait avant tout sa liberté personnelle.

« Que savent-ils de mon destin ? »

Quinze années vont s'écouler avant la publication, par *Le Nouvel Observateur* et *L'Express*, des photos de notre déjeuner à Latche. Quinze années au long desquelles je découvrirai le lecteur du *Prince* de Machiavel, mais aussi le tribun romantique. Battu à la présidentielle de mai 1974 par Giscard, défait à nouveau comme chef du PS lors des législatives de mars 1978, écrasé, enfin, dans les sondages, par l'étoile montante socialiste Michel Rocard, Mitterrand va tour à tour m'indigner par son cynisme et m'impressionner par sa culture, sa maîtrise de soi, et la sûreté de sa stratégie pour parvenir au pouvoir. Sans compter le charme, fait de distance et d'attention à la fois, par lequel il exerce une emprise singulière sur les femmes et, plus encore, sur les hommes.

Ajoutons-y une incroyable ténacité. La veille de sa défaite du 19 mai 1974, il fait ses comptes : «En quarante jours, j'ai rédigé, dicté, corrigé des centaines d'articles et d'interviews, reçu d'innombrables journalistes, subi soir et matin les flashs des photographes, donné sept conférences de presse, produit douze émissions à la télévision et douze à la radio d'État, livré cinq duels contre Valéry Giscard d'Estaing et Jacques Chaban-Delmas, participé à neuf autres débats sur les postes périphériques, tourné six films dont deux long-métrages. Presque chaque soir je suis allé devant d'immenses assemblées, vingt-cinq mille à Nice, Grenoble, Nantes, cinquante mille à Toulouse[1]...»

La défaite – par 49,2 % des voix contre 50,8 % à Valéry Giscard d'Estaing – n'en sera que plus cruelle. Mais qu'un journal titre : «Le destin ne l'aime pas» et Mitterrand se redresse avec orgueil. «Que savent-ils de mon destin ?»

Hiver 1979
En route pour une troisième présidentielle

Cinq ans et demi plus tard, alors que le mandat de Valéry Giscard d'Estaing s'achève, François Mitterrand se prépare à la seconde manche.

Malgré la crise, les élections législatives du printemps 1978, qu'on disait gagnées d'avance par la gauche, ont été remportées par la majorité présidentielle. Une fois encore, enrage Rocard, la gauche s'est «fourvoyée» ! À soixante-trois ans, François Mitterrand se voit de plus en plus contesté au sein de son propre camp. «Tant qu'à perdre, me confie l'un de ses fidèles, le maire socialiste de Villeurbanne, Charles Hernu, autant laisser Rocard y aller...»

1. François Mitterrand, *La Paille et le Grain*, *op. cit.*

Est-ce pour cela, ou parce que je suis cette fois l'envoyée du *Figaro Magazine*, dont le directeur, Louis Pauwels, ne le ménage guère ? Sous les apparences d'une courtoisie glacée, c'est un Mitterrand de mauvaise humeur que je retrouve à 9 heures, un matin de décembre, dans le train Corail qui doit nous emmener pour la journée dans son fief électoral de Nevers.

La longue journée d'un homme « fini »

En me voyant arriver, il s'arrache à la lecture d'un livre relié de cuir fauve patiné. Il relit les *Mémoires sur le Second Empire* de Maupas, me dit-il, afin d'écrire l'histoire du coup d'État du 2 décembre 1851 de Louis Napoléon Bonaparte – un vieux projet. Il est seul, vêtu de la tenue qu'il affectionne : velours côtelé vert bronze, cuirs anglais usés. Bientôt le train file à travers la pluie. Je lui pose la question que le Tout-Paris politique se répète : après une si longue carrière de ministre sous la IVe République et de chef de parti sous la Ve, après deux échecs dans la course à l'Élysée, le temps n'est-il pas venu pour lui de passer la main ? Ne sait-il pas que, dans son dos, on murmure qu'il est un homme fini ?

Alors soudain, quelle véhémence !

« Fini ? Qu'est-ce qui vous permet de dire que je suis un homme fini ? En moins de dix ans, n'ai-je pas fait du Parti socialiste le premier parti de France ? N'avons-nous pas progressé à chaque élection ? C'est une affaire qui s'étend sur vingt ans. Mais d'ici à quelques mois, ou en tout cas quelques années, le PS, j'en suis convaincu, gouvernera la France ! »

Le voilà lancé. Tandis que défilent les paysages trempés, le premier secrétaire du Parti socialiste rôde le plaidoyer que, dans quelques mois, candidat pour la troisième fois à la magistrature suprême, il répétera inlassablement de salles des fêtes en chapiteaux. Cela commence par la longue histoire du Parti socialiste français : 1917, au congrès de Tours, l'écrasante victoire des marxistes et la scission. 1936, Léon Blum triomphant instaure les congés payés avant d'être chassé du pouvoir. 1962, le PS, lorsque lui, François Mitterrand y entre, n'est plus qu'«un petit parti de petits fonctionnaires». Et puis, 1972, le pari à très haut risque du Congrès d'Épinay : un «programme commun» avec le Parti communiste ! Soudain, l'espoir renaît...

« Que feriez-vous avec huit millions de communistes ? »

Oui, mais à quel prix ! À l'automne 1980, les Soviétiques ont envahi l'Afghanistan. Georges Marchais, parti chercher ses ordres à Moscou, a éructé contre les socialistes français qui protestaient : «Des paltoquets !» Bel allié, en vérité ! François Mitterrand réagit vivement :

«Mes juges oublient que la France est le seul pays d'Europe avec l'Italie où il y ait un Parti communiste aussi fort. Qu'aurait fait Helmut Schmidt, je vous le demande, avec huit millions de communistes ?»

À quoi bon, du reste, ce débat? L'union de la gauche n'est-elle pas morte? C'est le PS qu'il s'agit maintenant de sauver. Le PS déchiré, éclaté en factions rivales. L'avant-veille, son comité directeur, réuni à Pavillons-sous-Bois, a offert un spectacle lamentable : «Jamais je n'avais vu autant de haine sur les visages, m'a raconté, accablé, l'un des participants. On s'est violemment affrontés à propos du leader de la CFDT, Edmond Maire, qui accuse le PS de "s'aligner" sur le PCF et la CGT.»

«C'est faux ! me coupe Mitterrand. La presse – y compris celle qui se dit de gauche – s'acharne à ne parler que de nos divisions. Car un Parti socialiste fort gênerait tout le monde.»

Privé de l'appui de Pierre Mauroy et de Michel Rocard sur lesquels il a eu des mots si durs, n'est-il pas condamné à échouer? Ne voit-il pas sa cote de popularité s'effondrer tandis que celle de Rocard, le représentant de la «deuxième gauche» réformiste, continue de grimper? Sa réponse fuse :

«Vous croyez aux sondages? En 1965, ils ne me donnaient que 11 % des voix. Contre de Gaulle, j'ai fait 45 % !»

Et de s'interroger, perfide : « Pourquoi ne fait-on jamais de simulations Michel Rocard contre Simone Veil ? » Puis, comme s'il avait surpris mon regard sur son front dégarni :

« Ah, vous voulez parler de mon âge ? Évidemment, ce serait mieux si j'avais 50 ans. Mais savez-vous que Clemenceau en avait 65 lorsqu'il est devenu chef du gouvernement ? »

En finir avec la malédiction de la gauche

À 11 heures, nous arrivons à Nevers. Sur le quai de la gare, avec son manteau ample et son chapeau, François Mitterrand fait penser à Léon Blum. Ou à de Gaulle sur la lande irlandaise. Cette image qu'il n'en finit pas de façonner, en esthète un peu amer, n'est-elle pas celle de sa « sortie » ?

Mais non. Chaque fois qu'il semble prendre ses distances, on le retrouve plus jaloux de son pouvoir. « Ma vie politique est ainsi faite, a-t-il écrit dans *L'Abeille et l'Architecte*[1] : incapable d'avancer d'un pas sans avoir rassemblé toutes les ressources de ma raison. Incapable de m'arrêter sans avoir épuisé les réserves de ma volonté. » Il ne lâche rien. Pas la moindre de ses tâches d'élu local.

À midi, le président du conseil général de la Nièvre préside, à la préfecture de Nevers, une réunion de l'association *Nièvre Tourisme* avec la même attention que le tout jeune député qu'il fut, il y a trente-trois ans. Chaussant ses lunettes, il examine les chiffres, se prononce pour une subvention de 5 000 francs à un groupe folklorique qui va représenter la Nièvre au Portugal et plaide pour une chapelle romane dont il faut refaire la toiture.

À 17 heures, le voilà dans sa mairie de Château-Chinon. À peine avalé le verre de Sauvignon offert à ses hôtes, des Morvandiaux à l'accent rocailleux, il ouvre la séance du conseil municipal.

1. Flammarion, 1978.

À 20 heures, nouveau changement de casquette. Cette fois, c'est le premier secrétaire national du PS qui, dans une salle enfumée et pendant deux heures d'affilée, va répondre aux questions des membres de la section socialiste locale.

D'où tire-t-il donc cette énergie, sinon de la conviction que son choix d'un « rassemblement » de toute la gauche – communistes compris, même si Georges Marchais continue d'« aboyer » – est le seul qui puisse venir à bout d'une sorte de « malédiction », pour la gauche, sous la Ve République ?

« Je ne cherche pas les honneurs, m'affirme-t-il avec orgueil. Ne croyez-vous pas que, depuis dix ans, si je l'avais voulu, j'aurais pu être Premier ministre ? Mon seul but, c'est d'amener le PS à la victoire. »

« Au fond, je les embête tous, hein ? »

Parfois, pourtant, il semble las. Au déjeuner qui réunit autour de lui, à l'Auberge Saint-Louis, quelques élus socialistes et notables patronaux, il écarte avec une pointe d'agacement les questions sur le leader de la CFDT réformiste, Edmond Maire, un ami de Michel Rocard ; celles aussi sur l'ayatollah Khomeiny qui vient, à peine rentré en Iran, de fonder une « République islamique ». Ne nous juge-t-il pas dignes de partager ses réflexions ? Une fois de plus, il choisit de parler de ses arbres préférés, les chênes. La forêt proche de Tronçais en abrite d'énormes, plusieurs fois séculaires. Hélas, les plus vieux se sont fendus par le milieu. La pluie a pénétré leur blessure. Ils se sont désintégrés de l'intérieur. Sans doute eût-il mieux valu les abattre ?

La mort. Il en parle encore comme nous arrivons à Château-Chinon, dont les toits d'ardoise luisent sous la pluie. L'événement qui l'a le plus marqué, depuis deux ans, confie-t-il, c'est, avec la « révolution de l'islam », le suicide collectif de Guyana[1] : « Ah, ce besoin d'une réponse définitive aux interrogations éternelles... »

Ces réflexions philosophiques ne l'éloignent pas de son obsession présidentielle. Tout, au contraire, l'y ramène. Évoquant la menace de guerre nucléaire et la question de l'équilibre entre les missiles américains et soviétiques – sujet sur lequel le PS est particulièrement divisé – il laisse tomber, à l'adresse des jeunes « virtuoses » qui ont osé, comme Rocard, le traiter d'« archaïque » :

« Nous entrons dans une période où les qualités requises d'un homme d'État dépasseront de loin celles d'un excellent gestionnaire. Il s'agira d'une tout autre dimension. »

22 heures. Dans la CX du conseil général qui nous ramène vers Paris, Mitterrand, engoncé dans son loden, paraît plus tendu que jamais.

« Qu'ai-je à attendre du *Figaro* ? me lance-t-il. Je sais d'avance que je vais retrouver sous votre plume tous les clichés usés de mes adversaires... »

Il étouffe. Brusquement, il fait arrêter la voiture sur le bas-côté de l'autoroute et, affrontant les bourrasques avec une sorte d'ivresse, part faire trois cents mètres de marche à grandes enjambées.

De retour dans la voiture, il révèle enfin : « J'ai téléphoné tout à l'heure au PS. » Un de ses collaborateurs lui a annoncé la nouvelle : deux présidents de conseils généraux socialistes, dont l'un avait voté pour lui au congrès de Metz, viennent de lancer dans *Le Monde* de ce soir un appel public à une candidature Rocard. « En première page, vous vous rendez compte ? »

L'information n'est pas exacte. Ce n'est qu'en page neuf du quotidien qu'il trouvera cette nuit, à son retour, le reniement de

1. Le 18 novembre 1978, à l'instigation du fondateur de leur secte, 914 adeptes du « Temple solaire » se sont suicidés en ancienne Guyane britannique par absorption de poison.

ses « amis ». Mais il pressent déjà que les termes de leur appel le transperceront comme autant de flèches : « La place de François Mitterrand est déjà inscrite dans notre histoire. Ce n'est pas toujours celui qui a réussi la longue et difficile percée qui peut marquer le but... »

Pas un soupir, cependant. Pas un « Brutus ! ». Ce serait bien trop vulgaire. Et puis le politicien chevronné et l'écrivain féru d'histoire qu'il est n'avait-il pas prévu ces « retournements » ? Lorsque je le lui demande, « vous savez, je suppose, que cela ne fait que commencer ? », il éclate d'un rire bref. Puis, avec cet humour féroce qu'il sait parfois tourner contre lui-même : « Un commencement ? Vous voulez rire ! L'offensive a déjà commencé depuis longtemps. Et cela ne va aller qu'en s'accélérant. »

Une sorte de rage l'habite. À 1 heure du matin, dans le déluge fellinien qui salue notre arrivée aux portes de Paris, il semble pourtant prêt à lâcher prise.

« Au fond, murmure-t-il, il suffirait de peu de choses pour que le PS puisse se passer de moi : il suffirait que Rocard soit moins "fractionniste"... »

Mais puisqu'on l'y oblige, il se battra pied à pied. Au risque d'entraîner son parti dans une nouvelle défaite et de manquer sa propre sortie. Comme nous longeons les quais, face à Notre-Dame, il conclut avec une sorte de jubilation sinistre :

« Au fond, je les embête tous, hein ? »

La voiture le dépose au coin de sa rue, puis me ramène chez moi, de l'autre côté de la Seine.

Quinze minutes plus tard, mon téléphone sonne. La voix est suave.

« François Mitterrand. Vous êtes bien rentrée ? »

L'obsession Rocard

Été 1980
Gauche « socialo-communiste » contre gauche « moderne »

Rocard à la barre de son voilier, ses mèches brunes balayées par le vent sur un front décidé, Rocard en Vendée avec sa jolie femme, Michèle – prononcer, pour la distinguer de son mari, « Michèleu » – et leurs deux jeunes enfants, Rocard plaidant avec Pierre Mendès France pour une France « moderne »...

Ce matin d'août, toute la presse magazine célèbre les cinquante ans du rival honni. Dix-huit mois plus tôt, au congrès socialiste de Metz, le même Rocard faisait figure de grand vaincu : après avoir prononcé un brillant discours sur la crise de la pensée économique – « Le PS a toujours eu une pensée raffinée sur la distribution de la richesse, mais pas sur la production de cette richesse... » –, il se laissait moucher par un arrogant de la jeune garde mitterrandienne, Laurent Fabius, auteur de cette phrase inoubliable : « Entre le Plan et le marché, il y a nous, le socialisme ! » Au lieu de riposter, Rocard se tournait vers le chef de la nouvelle majorité du parti et déclarait, à la surprise générale : « Si vous êtes candidat, cher François Mitterrand, je ne le serai pas contre vous ! » Ses adversaires n'en étaient pas revenus. Ses amis en avaient été déboussolés ou furieux. « Cet art d'en rajouter ! », comme disait le massif Pierre Mauroy en levant ses mains fines. Où était le Rocard fustigeant, un soir de défaite législative de mars 1978, « un certain archaïsme » ? Suffisait-il d'un regard impassible du premier secrétaire pour qu'il perdît tous ses moyens ? Rocard était-il décidément voué au rôle du fils complexé par son père ?

Seul Mitterrand n'avait pas paru étonné par cette reddition théâtrale.

Il ne l'est pas davantage aujourd'hui par le succès médiatique de son rival. Il connaît la presse, dévoreuse de photos. Simplement, cela l'irrite. Alors, pour couper court aux questions :

« J'ai dit et répété que je n'avais ni le désir ni l'intention d'être candidat. »

Vézelay ou les forces de l'esprit

Nous sommes à moins d'un an de la présidentielle et rendez-vous a été pris à Vézelay, devant la basilique qui lui a inspiré ses couplets les plus exaltés : « Ce que j'y cherche n'est pas précisément de l'ordre de la prière bien que tout soit offrande dans l'accord du monde et des hommes[1]... »

Le parvis est éblouissant de lumière. « L'hiver, me dit-il, il est battu par un vent glacial. » Nous entrons. François Mitterrand s'arrête en face du Christ en gloire. D'un geste, comme pour en souligner la perfection, il esquisse le mouvement du drapé. Il s'abîme dans une méditation silencieuse... Puis, selon le rituel qu'il a inventé pour mieux soumettre ceux qui tiennent à le rencontrer en ce lieu, il m'entraîne le long du sentier qui fait le tour de la colline sacrée.

De là on aperçoit la silhouette du château de Bazoches, qui fut le refuge de Vauban. Vauban le bâtisseur donna à la France de Louis XIV sa ceinture de douze forts magnifiques, me rappelle-t-il. Mais, ému par la misère du peuple, il écrivit, loin de la cour de Versailles, un projet de réforme fiscale « révolutionnaire ». Vauban, évidemment, c'est lui. Mitterrand n'oubliera pas les pauvres. Il ne laissera pas Rocard entraîner le PS dans une « dérive au centre ». Non, répète-t-il, « je ne laisserai pas effacer dix années de travail à bâtir un programme commun avec le parti communiste ».

---

1. François Mitterrand, *La Paille et le Grain*, *op. cit.*

Automne 1980
« Deux crocodiles dans un marigot »

Le 19 octobre, Michel Rocard s'apprête à se déclarer, depuis sa mairie de Conflans-Sainte-Honorine, « candidat à la candidature des socialistes ». L'avant-veille il a cherché à prévenir par téléphone le premier secrétaire du PS... lequel a pris un malin plaisir à éprouver ses nerfs en restant injoignable pendant vingt-quatre heures.

Christian Blanc est un camarade de « Michel » depuis l'époque où celui-ci dirigeait le PSU, lui-même prenant la tête de l'UNEF. Il se trouvait près de son ami lors de l'entretien téléphonique qui a finalement eu lieu le samedi 18 octobre. Il me raconte la scène :

« Rocard, très courtois comme à son habitude, commence à s'expliquer avec force circonlocutions... Au bout du fil, c'est le silence. Enfin, quand il a terminé, Mitterrand laisse tomber : "Je vous remercie de m'avoir informé..." Il fait durer le suspense, puis : "Pour ma part, je n'ai pas encore pris ma décision..." »

Et là, dit Blanc, « je vois mon Michel se décomposer. Quand il raccroche, il me dit : "Mitterrand va être candidat. Maintenant, j'en suis sûr." »

Rocard a raison de se méfier. Le lendemain, samedi, trois heures avant sa déclaration télévisée, Mitterrand convoque trois journalistes. Il leur annonce qu'il se prononcera lui-même « avant la fin de la semaine ». L'après-midi, quand Rocard s'exprime à son tour, les téléspectateurs découvrent un candidat certes jeune, beau et vaillant dans son costume cravate tout neuf de « présidentiable », mais soudain moins sûr de lui, bien qu'il propose crânement de « conquérir ensemble le pouvoir pour devenir ensemble responsables ». L'ancien chef du PSU bute sur les mots « confiance » et « conscience » et ne regarde pas la bonne caméra. Le chœur des mitterrandistes en conclut : « L'appel de Conflans, un exemple de lancement de campagne raté. »

Tout Rocard est là : dans cette excessive courtoisie, qui voudrait masquer à la fois sa hardiesse et sa fragilité. Tout Mitterrand est là aussi : dans cette façon, presque nonchalante, la lèvre inférieure légèrement avancée, de signifier qu'il est le maître du temps. Comme le crocodile guettant une proie qui ne saurait lui échapper, il fait mine de n'être pas pressé, puis soudainement se glisse entre deux eaux. « Deux présidents dans notre marigot », écrivait-il en janvier 1972 dans son journal, *La Paille et le Grain*, en ironisant sur la façon dont Georges Pompidou avait marginalisé son Premier ministre Jacques Chaban-Delmas. « La nature est là, qui t'invite et qui t'aime. Le plus gros mange l'autre. »

« A-t-il le noyau de béton ? »

Mais comment devient-on « le plus gros » ?

Quelques jours auparavant, j'ai invité Mitterrand à déjeuner – aux frais du *Figaro* – dans un restaurant proche de Notre-Dame. À la table du fond, assez discrète, il a préféré une table plus en vue : ne pas donner l'impression de se cacher. Nous parlons une fois de plus de Rocard.

« C'est un garçon brillant, très sympathique, concède-t-il du bout des lèvres. Mais le croyez-vous assez fort pour affronter les tempêtes ? A-t-il le noyau de béton ? »

D'un geste apparemment dépourvu d'agressivité, il marque de son poing fermé l'emplacement de ce « noyau » entre les premiers boutons de son veston.

J'apprends ainsi ce que les maîtres des arts martiaux savent sans doute depuis toujours : le « noyau de béton », qui donne force et équilibre aux combattants, se trouve au niveau du plexus.

L'avoir ou pas... On peut être le plus intelligent ou le plus expérimenté, on peut être un séducteur-né ou se glisser dans le costume d'un père de famille rassurant ; si on ne l'a pas, ce « noyau de béton », inutile de faire semblant.

Hiver 1980
Une carte postale de Chine

À quelques semaines de l'ouverture officielle de la campagne, le candidat socialiste, soucieux à la fois de parfaire son image internationale et de ne pas s'user prématurément sous les attaques conjuguées de la droite, du PCF et de Lutte ouvrière, s'envole pour la Chine. Je reçois une carte de Pékin avec ces mots d'une écriture ronde et appliquée : « Avec la pensée de François Mitterrand ». Combien de cartes envoie-t-il ainsi, et à combien d'électeurs et d'admiratrices, à chacun de ses voyages ?

C'est une idée qui ne serait jamais venue à Michel Rocard. Si l'on s'avisait de la lui donner, il la jugerait démagogique. Et pourtant...

Duel à mort avec Giscard

Printemps 1981
« Dans ma conscience profonde, non à la peine de mort ! »

À huit semaines du scrutin, le climat se durcit. Le 16 mars, invité de l'émission « Cartes sur table » sur Antenne 2, Mitterrand est interrogé pendant près de deux heures par Jean-Pierre Elkabbach et Alain Duhamel. Il s'en prend à Giscard qui a évoqué, en cas de victoire de la gauche, le risque de « désordres » :

« Qu'appelle-t-on désordres, s'exclame-t-il, véhément, sinon 1 700 000 chômeurs, 100 000 entreprises détruites et 100 000 exploitations agricoles disparues ? » Rien que de très classique.

Mais soudain, cinq minutes avant la fin, Duhamel pose la question de la peine de mort. Alors, Mitterrand, avec force et gravité, déclare : « Dans ma conscience profonde, qui rejoint celle des Églises – l'Église catholique, les églises réformées, la religion juive, la totalité des associations humanitaires, internationales et nationales... –, dans le fort de ma conscience, je suis contre la peine de mort. Je n'ai pas besoin de lire les sondages : une opinion majoritaire est pour la peine de mort... Eh bien moi, je suis candidat à la présidence de la République et je demande une majorité de suffrages aux Français ! Mais je ne la demande pas dans le secret de ma pensée. Je dis ce que je pense, ce à quoi j'adhère, ce à quoi je crois !... »

Duhamel me racontera comment, l'émission à peine terminée, les lieutenants de Mitterrand se précipitèrent sur lui pour lui reprocher sa « question piège ». Mais Mitterrand, lui, prit mon confrère par le bras. Il était content.

Ce soir-là, il n'a pas seulement su faire surgir l'émotion. Il a apporté la preuve éclatante qu'il possédait « le noyau de béton ». Il y avait là, certes, beaucoup d'habileté vis-à-vis de catholiques et protestants hostiles à son alliance avec les communistes. Mais il les a surpris par sa force de conviction. Il a trouvé les mots pour « grandir » les Français. Cela s'appelle le « panache ». Pour moi, c'est ce soir-là qu'il a gagné.

Ni tee-shirts, ni ballons, ni autographes

Dimanche 29 mars 1981, 18 h 30. Dans le petit avion de location qui nous emmène à Strasbourg, le candidat socialiste, en costume de flanelle grise, écharpe de cachemire, se plonge dans la dernière interview du président Giscard d'Estaing et prend des notes. Il a cet air distant qu'il sait prendre pour décourager les importuns. J'en profite pour faire la connaissance d'André Rousselet, le PDG des Taxis G7, qui joue ironiquement le rôle du fidèle confident effacé, de Joseph Franceschi, l'indispensable organisateur corse, et de Maïté Jourdan. Cette dernière, une chômeuse de Pau, est devenue célèbre grâce à son témoignage à la télévision ; le candidat lui a confié la présidence de ses comités de soutien.

À l'aéroport de Strasbourg, Jean Heuler, un solide Alsacien, député européen, nous accueille, à la tête d'un groupe de militants arborant la cocarde « Mitterrand, président ! » : le candidat ne voulant voir ni chapeaux ni écharpes ni tee-shirts ni ballons à son effigie, ce sera leur seule fantaisie. Tandis que la Citroën CX conduite par le chauffeur personnel de Mitterrand file entre les murs d'affiches de Chirac et de Giscard, Heuler annonce fièrement que les Renseignements généraux estiment à déjà 4 000 – 1 500 de plus que Chirac – le nombre de personnes rassemblées.

« Vraiment ? fait Mitterrand, sceptique. Pourtant, Strasbourg n'est pas notre terrain. »

Heuler détaille le programme : après le meeting, en plus de la rencontre prévue avec les Français de l'étranger, il a laissé espérer un bref entretien aux représentants du Renouveau Juif et aux étudiants en grève. Il y a aussi les bouilleurs de cru...

« Ah non ! coupe Mitterrand. J'ai dit que je voulais être rentré à Paris à minuit au plus tard. Si toutes les fédérations multiplient les engagements, ce n'est plus possible... »

Mauvais début, que ne parviendra pas à effacer l'accueil du Palais des expositions sur une musique de Georges Moustaki. Certes, le numéro d'imitation féroce de Georges Marchais par Pierre Douglas fait bien rire les Strasbourgeois. Mais il laisse un léger malaise. Quant au récital de Daniel Balavoine, il aurait visiblement mieux convenu aux jeunes giscardiens qu'à ce public d'employés et d'ouvriers alsaciens.

Au bout d'une heure, des sifflets interrompent le chanteur, qui se fâche. Le candidat, lui, assis au premier rang des spectateurs, une rose rouge entre les doigts, n'a pas l'air de s'en émouvoir. Il donne toujours l'impression d'être ailleurs. Mais à peine replié l'orchestre électronique de Balavoine, il monte à la tribune pour se lancer dans un de ses discours-fleuve. Quel métier ! Il a beau, cependant, pointer « les bulletins d'échec du président sortant » et prendre des accents hugoliens pour évoquer « la misère qui ronge », les applaudissements tardent à se déclencher. Enfin l'ultime envolée sur le socialisme et la France « qui feront ensemble le tour de la terre » fait jaillir *L'Internationale*.

Lorsque le tribun redescend vers la foule, non sans avoir enfilé son pardessus et mis son chapeau à la Léon Blum, c'est la bousculade. Je m'agrippe au bras de Rousselet comme à une bouée et nous nous engouffrons dans le passage ouvert par le fidèle Roger Hanin.

Dans l'avion du retour Mitterrand discute en professionnel avec Balavoine des problèmes d'éclairage et d'acoustique des salles de spectacle et des publics plus ou moins « chauds » d'Alsace ou du Sud-Ouest. Il est minuit quand nous descendons vers les lumières de Paris.

« Chirac fait une très bonne campagne, laisse tomber Mitterrand, avec cette lucidité décapante qui surprend souvent chez lui. Mais ses électeurs seront beaucoup moins nombreux à voter pour moi au second tour que ne l'indiquent les sondages. (Il étouffe un bâillement) Qu'est-ce que nous avons, demain, Franceschi ? »

Ce soir-là, c'est André Rousselet qui s'assure au téléphone que je suis bien rentrée. Bien que je travaille alors pour un journal réputé giscardien, les fidèles du « premier cercle » m'ont adoptée. Comme si l'entourage du chef socialiste tissait, autour de chaque petite mouche, une sorte de toile invisible. « Désir mimétique » ? La fascination qu'il exerce sur eux est si forte qu'ils cherchent tous inconsciemment à l'imiter.

Chère petite église

Jamais, dans l'histoire de la République, un candidat n'avait osé s'afficher sur fond d'église. Le dimanche 5 avril, au « Club de la presse » d'Europe 1, je questionne Mitterrand sur ses affiches électorales :

« Vous êtes le seul à y faire figurer une église... Est-ce la nostalgie de votre enfance au collège Saint-Paul d'Angoulême ? L'espoir de regagner une partie de ces 300 000 voix de l'enseignement catholique dont on dit qu'elles ont fait basculer les élections de 1974 et 1978 ? »

Après avoir précisé que la petite église au clocher trapu est celle de Sermages, dans la Nièvre, Mitterrand entame un long développement :

« Le fait qu'il y ait une église flatte toujours une résonance en moi. Je n'ai vu aucun inconvénient, j'ai même vu beaucoup d'avantages à symboliser une certaine France, dont on pourrait penser qu'elle cède du terrain, la France rurale. Il y a beaucoup de citadins qui aimeraient bien retrouver ce type de civilisation, de la réflexion, de la méditation, du silence, une certaine lenteur qui se trouve aujourd'hui terriblement bousculée par une société urbaine... »

Et de se lancer, sous les yeux stupéfaits de mes confrères, dans un véritable cours d'histoire sur l'Église du XIXe siècle : celle qui fut « du côté de la classe dirigeante implacable, dure, de la bourgeoisie d'argent », mais aussi celle « des très grands catholiques Ozanam, Montalembert, Lacordaire, Lamennais, et du petit mouvement du Sillon, qui commença à amorcer une réconciliation avec les masses ouvrières... ».

« Être pape ou rien »

« Maintenant, conclut-il, est-ce que je présente cette défense pour me concilier les voix des catholiques ? Je ne suis pas leur préféré. Mais je n'ai jamais renié ma formation d'origine [...] Je n'ai donc pas mis mon drapeau dans ma poche ni comme socialiste ni comme catholique de formation et d'origine familiale. Cela dit, je vais vous faire – le mot tombe à pic – une confession : j'aime les églises, et particulièrement les églises romanes... »

Me revient en mémoire son orgueilleuse réplique, comme je lui demandais s'il aurait pu entrer dans les ordres : « Peut-être... mais alors, pour devenir pape ! »

Mais voici sa péroraison, d'une voix faite pour émouvoir :

« Voyez-vous, quand je serai élu le 10 mai au soir, ce sera une surprise pour beaucoup, mais aussi une immense joie pour le plus grand nombre... un formidable élan national... Il faut que la France se réveille, que les Français sortent de la léthargie dans laquelle les a placés M. Giscard d'Estaing. Il ne faut pas qu'ils continuent de dire “il n'y a rien à faire” et de penser qu'il n'y a qu'une seule politique, celle qui a raté. Eh bien, il y en a une autre, et elle va gagner ! »

« Le désordre est dans l'injustice ! »

Alors que nous parviennent les grondements des chars soviétiques entrés en Pologne, le Conseil constitutionnel publie, le jeudi 9 avril, la liste des candidats ayant obtenu les 500 signatures d'élus[1].

Ils sont dix, mais le combat va se rejouer entre les deux finalistes de 1974 : Giscard et lui.

Le lundi 13 avril 1981, Mitterrand entame avec ardeur et fureur sa campagne télévisée :

« J'ai vu votre inquiétude, j'ai partagé vos espérances. De toutes les forces dont nous disposons, il faut maintenant sortir la France de l'état moral et matériel où l'ont mise les personnes et la politique qui nous gouvernent depuis sept ans. Le désordre est partout :

Il est dans le chômage : près de deux millions de chômeurs.

Il est dans la vie chère.

Il est dans une société qui rejette sa jeunesse.

Le désordre est dans les difficultés que rencontrent les personnes âgées, dans l'inégalité qui frappe les femmes au travail et dans la vie de tous les jours [...]

Bref, le désordre est dans l'injustice ! »

Reste à terrasser l'adversaire.

La grosse artillerie

Au soir du premier tour, le dimanche 26 avril 1981, Mitterrand talonne Giscard avec 26,15 % des suffrages contre 28,20 % au président de la République sortant. Tout va

1. Valéry Giscard d'Estaing, François Mitterrand, Jacques Chirac, Georges Marchais, Michel Debré, Marie-France Garaud, Huguette Bouchardeau, Arlette Laguiller, Michel Crépeau et Brice Lalonde

dépendre du report des voix qui se sont portées sur Chirac et Marchais.

Alors, avec une brutalité qui surprend toujours ceux qui ne connaissent de lui que les autres visages – le romantique, le catholique, le républicain – François Mitterrand sort la grosse artillerie.

« Mon choix de société, déclare-t-il le 28 avril à la télévision, c'est l'emploi. Le sien, c'est le chômage. Voilà tout. La France n'a pas besoin pour président de ce Monsieur super-chômage. »

Suit la grande promesse :

« Avec une autre politique, fondée sur une consommation et des investissements plus soutenus ainsi qu'une baisse de la durée du travail conduisant à 35 heures en 1985, on peut créer entre un million et un million et demi d'emplois d'ici à cette date. »

2

La victoire à pas lents

Dimanche 10 mai 1981
Un matin de pressentiments

Ce dimanche historique, avant déjeuner, Jacques Delors passe chez moi prendre un verre. Socialiste chrétien, l'ancien conseiller du Premier ministre de Pompidou, Chaban-Delmas, s'est rallié, contre toute attente, lors du congrès de Metz, au clan Mitterrand plutôt qu'à la « deuxième gauche » de Rocard et Mauroy. Ne partage-t-il pas, pourtant, leurs opinions ? « C'est vrai, convient-il, mais je pensais que Mitterrand serait le plus capable d'ouvrir le chemin... » Je le trouve fébrile, comme s'il couvait une forte grippe. Est-ce parce que la victoire de Mitterrand lui paraît maintenant probable ? Delors redoute le pire de ceux qu'il appelle « les petits génies du PS ». Comment leur faire comprendre que le franc est menacé et que la moindre embardée jetterait la voiture France dans le fossé ? Plutôt que la rue de Rivoli, où est alors installé le ministère des Finances, il espère le poste de secrétaire général de l'Élysée. C'est de là, m'explique-t-il, que « l'on peut le mieux serrer les boulons ». Voilà qui en dit long sur l'incompétence, la vanité et l'idéologie des futurs vainqueurs. Pauvre Delors, si raisonnable et sensible. Comme il va souffrir !

Une nuit de joies et d'inquiétudes

18 h 15, porte Maillot. Dans l'escalier qui descend au sous-sol de l'Hôtel Méridien se presse un flot compact d'un millier de personnes invitées par l'hebdomadaire *Le Point* à suivre en avant-première les résultats de l'élection présidentielle. En bas, un millier d'autres dévorent déjà des crevettes frites et des *prime ribs*. Est-ce l'angoisse ? On dirait qu'ils n'ont rien mangé depuis huit jours.

Soudain, le brouhaha s'interrompt. Il est 18 h 45. Jean-Marc Lech, le directeur de l'Ifop, apparaît sur l'estrade : « Je peux déjà vous annoncer que le quatrième président de la Ve République s'appelle François Mitterrand. »

La moitié de la salle éclate en applaudissements. Autour de moi, la tristesse et la colère s'expriment : « Avoir ramassé ce pays dans le ruisseau en 1958, enrage André Giraud, ministre de l'Industrie du gouvernement Barre, pour le leur remettre aujourd'hui ! Il est vrai que, depuis Georges Pompidou, le régime avait glissé à droite. »

20 h 15, rue de Solférino. Tout le quartier est bouclé. Impossible pratiquement de pénétrer à l'intérieur du siège du PS. Par chance j'arrive au moment où Lionel Jospin, vêtu de sa veste de tweed chiffonnée et tenant à la main une grande rose rouge comme un cierge, s'avance sous les vivats, à la tête d'une petite procession. Je m'engouffre à sa suite sous la grande tente dressée dans le hall. Indescriptible mêlée. On se bat et l'on s'embrasse autour des bouteilles de jus d'orange. Un courant me porte jusqu'à la petite salle de presse où est installé un téléviseur. Commence alors une longue attente.

À 22 h 15, lorsque François Mitterrand apparaît enfin sur le petit écran, tout l'immeuble est secoué par une explosion de joie. « On a gagné ! On a gagné ! »

La rage de « Michèleu »

Minuit, rue Bayard à RTL. Au milieu des visages défaits par la chaleur, la fatigue et les projecteurs, une très vieille dame, toute frêle, attend, rose de joie. C'est Madeleine Léo Lagrange, la veuve du ministre des Sports du Front populaire. Je suis passée la prendre chez elle et l'ai accompagnée jusqu'à RTL pour qu'elle y retrouve Mauroy. Le maire de Lille, prévenu, achève sa plaidoirie devant les micros et monte la rejoindre à la tribune. Il est rouge, il a eu très chaud dans son éternel costume marine croisé, il est fatigué. Mais il a dans l'œil ce bonheur de vivre contagieux qui le caractérise. « Madeleine, qu'est-ce que tu fais là ? », s'exclame-t-il de sa grosse voix enrouée. Elle se jette dans ses bras. « Cela fait si longtemps qu'on attendait cela ! »

Minuit et demi. La 604 Peugeot bronze métallisé du maire de Lille nous ramène rue de Solférino. D'un geste large, Mauroy évoque l'avenir : « Tant de choses à faire... Les nationalisations pour contrôler l'économie, les grands travaux... »

1 heure du matin, au siège du PS. Au quatrième étage, ses amis attendent Mitterrand. À l'écart, dans une petite salle meublée de chaises en plastique rouge, Rocard, en costume bleu marine présidentiel, et sa femme Michèle, en ensemble de soie marine, semblent faire antichambre. « Au fond, leur dis-je, Mitterrand a été élu sur un programme très rocardien ? »

Rocard a un soupir éloquent. Par crainte d'en dire trop, il se lève et sort brusquement. Mais son épouse laisse échapper son amertume : « Ce projet socialiste ! Quand je pense qu'on l'a fait voter à la schlague pour s'asseoir ensuite dessus ! Et quand je pense qu'on a envoyé chercher Michel vendredi de toute urgence pour lui faire déclarer que le programme de Mitterrand n'avait rien à voir avec le projet du PS ! »

Dans la pièce voisine, où l'on a débouché du Lanson, ils arrivent tous, un à un, et s'embrassent longuement, gravement. Gaston Defferre, épanoui, suivi d'Edmonde Charles-Roux, stricte dans son tailleur marine et ses talons plats. Delors, très pâle et anxieux. Il sait qu'il peut avoir confiance en Raymond Barre, le Premier ministre de VGE, dont il a rencontré la veille les conseillers. Il sait aussi qu'Edmond Maire, CFDT, et André Bergeron, FO, qu'il a vus l'avant-veille, auront une attitude responsable. Et il compte sur le calme des chefs d'entreprise. Mais les spéculateurs ? Le Parti communiste ? Et les jeunes technocrates du PS enivrés de victoire et d'ignorance, qui pensent que l'on peut passer le SMIC à 3 400 francs dès demain ?

Mitterrand : « Je ne me laisserai enfermer par personne ! »

1 h 45. Enfin, annoncé par une immense clameur, François Mitterrand débarque de l'ascenseur. Il s'avance sans hâte, en serrant des mains, le long du couloir. Il porte un costume beige et la même figure que s'il avait perdu. Je les interroge, Danielle et lui, sur le palais de l'Élysée dont ils vont bientôt prendre possession. Elle a un regard de biche effarouchée. Et lui, ce cri d'orgueil : « Croyez-moi, je ne me laisserai enfermer par personne ! » Parle-t-il du protocole et des huissiers à chaîne d'argent ? Des communistes ? Ou encore de ces électeurs modérés au nom desquels, déjà, on l'adjure de se montrer « réaliste » ?

En descendant, je trouve devant la porte de l'ascenseur son chauffeur-garde du corps, Pierre Tourlier. Il n'a pas appris du maître l'art de l'impassibilité. « On se les est faits ! » répète-t-il drôlement en embrassant les militantes à la ronde.

3 heures du matin. Mauroy me propose d'aller manger quelque chose avant de me raccompagner. Dans un Paris désert, nous cherchons une brasserie. Le maire de Lille pousse la porte du Café de la Paix. « Désolé, monsieur, dit le maître d'hôtel, on ne sert plus. »

Il ne sait pas qu'il a devant lui le futur Premier ministre.

De guerre lasse, nous remontons dans la voiture.

« Vous venez avec nous ? me dit Mauroy.

— Non, je vous remercie. Je vais rentrer. »

Je ne devine pas – je ne le comprendrai que plus tard, au fil de conversations avec « les amis du président », André Rousselet et Patrice Pelat – qu'il songe à me demander de rejoindre la future équipe au pouvoir.

Jeudi 21 mai 1981
Le sacre de Mitterrand ou la glorieuse fracture

Dès 9 heures du matin, on a ouvert toutes grandes les portes de l'Élysée. Les journalistes ont pu, pour la première fois, monter sur les terrasses d'où le regard embrasse la cour au gravier blanc impeccablement ratissé. En voyant une foule joyeuse s'y engouffrer tandis que les gardes républicains s'alignent en deux impeccables rangées, Christine Cottin, attachée de presse du PS et bientôt de la présidence, s'émerveille : « L'Élysée ouvert ! Devenu enfin la maison du peuple ! »

Nous n'imaginons ni l'une ni l'autre que d'ici quelques mois le palais présidentiel sera devenu un véritable bunker, fermé par une porte blindée.

À 9 h 30 précises arrive François Mitterrand. Vêtu de bleu marine, pâle, mais le visage dilaté par « l'état de grâce », il avance à pas lents, comme si, parvenu au terme de son long voyage, je ne sais quoi le retenait. Douceur d'être et de n'être pas. Dernier regard sur son passé avant d'affronter l'avenir.

En haut des marches, sur le perron, se tient VGE, droit comme un I. Les deux hommes disparaissent dans le vestibule.

Postée derrière un garde républicain, sur la troisième marche, je les attends en observant la foule des partisans et des badauds.

La foule en liesse, la foule en rage

À 10 h 20, les deux présidents reparaissent. Giscard, haute silhouette très raide. Mitterrand, silhouette enveloppée, un petit air de Pompidou. Giscard descend le premier. D'un geste auguste, le nouveau président ouvre les mains pour que la foule laisse passer le président sortant. Mais elle se referme sur Giscard, dont je ne vois bientôt plus que la tête. Elle l'engloutit sous les huées.

Mitterrand, cependant, remonte les marches en feignant de n'avoir rien remarqué. M'apercevant, il fait un pas vers moi pour me saluer. Je me souviens de sa boutade, lancée la nuit du 10 mai rue de Solférino : «On se croirait au cinéma, hein?» et voudrais lui dire quelque chose de gai et d'aimable. Mais ces clameurs mauvaises m'en empêchent.

10 h 30. Dans le grand salon Murat, ils sont tous là : parents et amis, compagnons d'armes, actuels et futurs ministres, rangés en cercle par le service du protocole. Au son d'une petite musique de cour de Rameau, Mitterrand fait son entrée à pas comptés. Le grand chancelier de l'Ordre de la Légion d'honneur lui passe le lourd collier d'or. Lentement, sourdement, retentissent vingt et un coups de canon qui ébranlent les lustres du palais, tandis que le vingt-et-unième président de la République française prononce sa première allocution :

«Je pense à ces milliers de femmes et d'hommes, ferment de notre peuple, qui, deux siècles durant, dans la paix et la guerre, par le travail et par le sang, ont façonné l'histoire de France sans y avoir accès autrement que par de brèves et glorieuses fractures...»

Demain, la rigueur?

20 h 30. Le nouveau président a accompli son rituel. Une rose rouge à la main, il est allé saluer au Panthéon les figures choisies parmi «les grands hommes» pour incarner son message : Jean Moulin le Résistant, Victor Schœlcher l'abolitionniste de l'esclavage, et Jean Jaurès, le socialiste assassiné pour avoir prêché la paix. Après *L'Hymne à la joie*, une foule joyeuse de soir de 14 Juillet s'égaille dans les rues alentour. Toute haine

balayée, l'air est léger comme après la pluie. Il prend des envies de croire aux lendemains qui chantent.

Au club *Échanges et Projets*, un groupe de réflexion créé par Jacques Delors et qui tient bizarrement ce soir sa réunion mensuelle dans les sous-sols d'un laboratoire pharmaceutique, je retrouve pourtant des messieurs graves : hauts fonctionnaires, syndicalistes, patrons « de progrès », en majorité de gauche, tous s'interrogent : de quelles marges de manœuvre le gouvernement socialiste dispose-t-il vraiment ? Pour juguler l'inflation et créer des emplois, ne sera-t-il pas contraint, à son tour, de pratiquer la rigueur ?

L'un des participants résume le débat : « On ne peut que continuer sur la ligne Barre. »

3

La fin des grandes illusions

À marche forcée

Printemps 1981
« Après l'ère de la glaciation »

Mitterrand y a réfléchi depuis longtemps : c'est dans les cent premiers jours qu'il mettra en œuvre son programme. Insensible aux mises en garde des uns sur l'état de l'économie comme aux appels des autres à « gouverner au centre », il met en application ses promesses en continuant de pourfendre son prédécesseur.

Vendredi 22 mai 1981 : Pierre Mauroy, nommé Premier ministre, forme son premier gouvernement. Celui-ci comprend 30 ministres et 12 secrétaires d'État, socialistes et radicaux.

Mercredi 27 mai 1981 : le franc est attaqué. Au premier Conseil des ministres, Mauroy accuse : « Le gouvernement précédent n'a pas jugé utile de défendre le franc. »

Lundi 1er juin : Jack Lang, nommé ministre de la Culture, proclame : « Après l'ère de la glaciation, voici celle du printemps, de la chaleur, des retrouvailles. »

Mercredi 3 juin : le deuxième Conseil des ministres adopte plusieurs mesures sociales : augmentation de 10 % du SMIC, de 20 % du minimum vieillesse et de 25 % des allocations familiales.

Jeudi 4 juin : Mauroy annonce un impôt exceptionnel sur le revenu.

Samedi 6 juin : le *Figaro Magazine* publie son premier baromètre Sofres depuis l'élection présidentielle : 74 % des Français font confiance à Mitterrand et 77 % à Mauroy. Jusqu'ici, tout va bien.

« Mieux que de Gaulle ! »

Le grand manitou de la com, Jacques Séguéla, s'en étrangle de bonheur : « Même de Gaulle n'avait pas atteint ce sommet ! » François Mitterrand, m'assure Charles Hernu, nouveau ministre de la Défense, ne partage pas du tout cette euphorie : « C'est beaucoup trop ! lui a-t-il dit. Je vaux 52 %, pas davantage. S'ils attendent trop de moi, les Français m'en voudront. »

Chaque matin, les admirateurs se massent à l'entrée de la rue de Bièvre pour applaudir le nouveau président. « Tous ces gens qui attendent devant sa porte pour le voir, le toucher... c'est presque effrayant, ajoute Hernu. Un jour, si nous les décevons, ils brûleront sa maison ! »

Mais Mitterrand ne faiblit pas. Afin de disposer d'une majorité de gauche « à sa main » et de faire voter une nouvelle série de mesures pour « changer la vie », il prononce la dissolution de l'Assemblée.

Été 1981
Tous les pouvoirs en main. « C'est l'empereur ! »

Le second tour des législatives a lieu le dimanche 21 juin. La droite comptait sur un « reflux » et se préparait déjà à former un gouvernement de coalition. Le peuple en décide autrement. La victoire de la gauche est écrasante : le PS enlève 282 sièges à lui seul. Le président socialiste est désormais tout-puissant.

20 heures : « Passez donc la soirée à l'Élysée », m'avait proposé Mitterrand. Au premier étage, Rousselet m'accueille de

son air ironique dans le bureau d'angle occupé durant sept ans par Giscard, et où il a déjà accroché des toiles contemporaines à la place des Hubert Robert. François Mitterrand le lui a cédé car il a préféré s'installer dans le grand bureau voisin, celui du général de Gaulle. Sur le palier, orné des tableaux en pied du fondateur de la Ve République et de son successeur Pompidou, on a dressé un buffet. Parents, amis, familiers : tout le clan Mitterrand est là, savourant saumon fumé, champagne et victoire. Vers 21 heures, l'arrivée du président jette un léger froid : lui seul n'a pas l'air gagné par l'allégresse générale. Trouverait-il que la famille prend trop ses aises au palais ? Ou bien envisagerait-il déjà l'inévitable reflux ?

Dimanche 5 juillet. Au mont Mouchet, en Auvergne, le président célèbre le trente-septième anniversaire d'un combat de maquisards. Le lendemain, Charles Hernu, qui m'invite à déjeuner dans un trois étoiles proche de son ministère, me confie : « Il a vu un vieillard de quatre-vingt douze ans assis sur une souche d'arbre. Apprenant que c'était un ancien combattant, il m'a dit : "Donnez-lui donc la Légion d'honneur !" – Le ministre de la Défense soupire, extasié – C'est l'empereur ! »

Et lui est un *grognard.* Comme nous sortons du restaurant et prolongeons notre conversation sur le trottoir, passe une voiture noire à vitres teintées : « Vous vous rendez compte, si c'était Mitterrand ? S'il nous voyait là ensemble ? »

Plumer la volaille communiste

Mercredi 8 juillet. Atmosphère oppressante au palais Bourbon, où Mauroy prononce son discours programme. Personne, à commencer par le Premier ministre, ne peut démontrer que les nationalisations, terriblement coûteuses pour le budget du pays, permettront de sortir la France de la crise. Il eût été plus sage de suivre Rocard : que l'État se contente de prendre 51 % des entreprises visées. Mais peut-être fallait-il que ce grand sacrifice expiatoire eût lieu ? De même fallait-il, pour que le candidat de la “gauche unie” tînt ses promesses, faire entrer quatre communistes au gouvernement. La droite s’en émeut vivement, estimant que c’est faire entrer le loup dans la bergerie. Mais les mitterrandistes ont beau jeu d’invoquer l’exemple du général de Gaulle à la Libération. Patrice Pelat, l’homme d’affaires qui fut le compagnon de stalag de Mitterrand et qui est resté pour lui un ami proche, me confie avoir reçu une mission : aller rassurer le monde des affaires américain sur notre indéfectible alliance. Il m’expose le plan de Mitterrand pour « plumer la volaille communiste ». Ils sont « piégés », me dit-il : leur participation au pouvoir va leur lier les mains.

Chez les « gens du Château »

21 juillet. Sur fond de lambris doré, le ministre du Budget, Laurent Fabius, explique de sa voix suave : « Bien sûr, le décor n’a pas changé. Mais quand le Conseil des ministres décide d’augmenter les pensions des personnes âgées, cela va dans le sens inverse de la politique de nos prédécesseurs. » Sous Giscard, le minimum vieillesse avait augmenté de 60 %. Mais Fabius le surdoué l’ignore.

Car nous sommes en plein conte de fées. Qu’importe que le franc soit dans la tourmente, que les nationalisations grèvent le budget de 35 milliards de francs, et qu’une vague de mutations touche les universités comme l’audiovisuel – Jean-Pierre Elkabbach et Alain Duhamel ont été éjectés d’Antenne 2 –, le peuple de gauche est heureux. *Le Nouvel Observateur* s’extasie sur le petit foulard rouge d’Yvette Roudy, ministre des Droits de la femme, et sur son style « Montparnasse-piscine » qui tranche avec le style « Neuilly-tennis » de l’ancienne ministre giscardienne Monique Pelletier. On nous révèle quelles étaient, à l’Élysée, « les habitudes de l’ancien régime » : des conseillers giscardiens, dont je me souviens qu’ils n’osaient même pas se faire monter un café dans leurs minables petits bureaux gris sous les combles, se seraient adonnés « au saumon fumé, servi sur plat d'argent » !

Jamais, cependant, les restaurants de la Rive gauche, proches des ministères, n'avaient été aussi pleins. Au très coûteux trois étoiles L'Archestrate, ce mot, sur le livre d'or, de Jean-Pierre Chevènement, ministre de la Recherche, me fait sourire : « Que voilà une excellente cantine pour moi qui n'ai qu'à traverser la rue ! »

Automne 1981
« Croissance, croissance, es-tu là ? »

L'été passé, la croissance se fait toujours attendre. En adepte de la pensée magique, Pierre Mauroy va pourtant répétant : « La reprise économique arrive ! Elle est là ! Il faut y croire ! »

Ce samedi 5 septembre 1981, à la foire-exposition de Douai, où je l'accompagne, le Premier ministre n'a pas de mots assez chaleureux pour les chefs d'entreprise. La confiance envolée ? Il ouvre les bras : « Je brûle de la leur redonner ! » Le droit de licenciement ? « Pas question d'instaurer je ne sais quel veto ! » L'augmentation des charges ? « Nous sommes décidés à y mettre fin. »

Tant de soucis ne gâchent pas son plaisir. Comme nous traversons en voiture avec son épouse le quartier populaire de Fives, des bras se tendent : « Pierre ! Monsieur le Premier ministre ! » Il serre les mains : « Comme ils sont heureux ! Quel changement ! » Mme Mauroy insiste : « Les dirigeants sont plus proches d'eux. C'est une libération ! »

À la mairie de Lille les attend une foule joyeuse qui chante et virevolte sur *La Danse des canards*. Mauroy s'attarde au milieu d'elle dans le grand hall puis monte dans son vaste bureau. Assis derrière la table de chêne massif où trône une lampe de mineur, il me déclare d'un ton de sereine constatation : « Nous sommes au pouvoir pour vingt ans. »

Et Mitterrand ? Mauroy n'a jamais oublié leur première rencontre lors d'une réunion socialiste à Lille, en 1965. Ils avaient repris ensemble le train pour Paris. Le simple député de la Nièvre qu'était redevenu l'ancien brillant ministre de la IVe République raconta, avec émotion, les campagnes de diffamation qu'il avait subies après l'attentat de l'Observatoire. Cela se passait en 1959. Alors que la guerre d'Algérie exacerbait un climat de tension et de menaces d'attentats de l'extrême droite OAS, le sénateur de la Nièvre, rentrant chez lui dans la nuit du 15 au 16 octobre au volant de sa voiture, était serré de très près, avenue de l'Observatoire, par une voiture menaçante. Averti de la possibilité d'un complot contre lui, il coupa le moteur et courut se cacher dans le jardin de l'Observatoire tandis qu'une rafale de sept balles était tirée sur sa Peugeot. L'attentat fit de lui un héros... jusqu'au jour où, une semaine plus tard, l'ancien poujadiste Robert Pesquet, proche de l'OAS, l'accusa d'avoir lui-même participé à ce coup monté afin de regagner une popularité évanouie.

Un « accord profond » s'est noué ce jour-là entre Mitterrand et Mauroy. Durant treize années, le *Chti*, subjugué par le lettré florentin au point d'imiter ses inflexions de voix, va l'aider à refaire du socialisme moribond des années 1960 une grande force... jusqu'à ce que l'amitié se fissure au congrès de Metz. La faute de Rocard ? Ou des « petits marquis » – les Attali, Fabius et autres Joxe – dont Mitterrand a choisi de s'entourer ? Mauroy l'ancien professeur du technique, fils d'instituteur et petit-fils de bûcheron, ne supporte pas leur mépris. « Y a-t-il au PS une noblesse et un tiers-état ? » Le Premier ministre le sait : il ne fera jamais partie des « initiés » conviés à dîner le dimanche soir rue de Bièvre ou à souper le 31 décembre à Latche.

À l'arrière de la voiture qui nous ramène à Paris, il me fait cette étonnante confidence : « La première fois que je suis allé voir François Mitterrand rue de Bièvre, j'ai eu l'impression d'aller chez les gens du Château. »

Automne 1981
« Salut aux fils de la Révolution ! » et première dévaluation

Le mercredi 7 octobre 1981, le Conseil des ministres adopte un budget prévoyant un déficit de 95 milliards de francs en 1982. La Commission des opérations de Bourse chiffre à 35 milliards le coût des nationalisations. L'augmentation de 27,6 % des dépenses publiques ne sera pas compensée, et de loin, par les nouveaux impôts, dont l'impôt sur la fortune. C'est l'hémorragie.

La sanction est celle que redoutait Delors : il faut dévaluer le franc de 3 %. Encore les dégâts sont-ils limités : si l'Allemagne n'avait accepté de réévaluer son mark de 5,5 %, la dévaluation serait de 8,5 %.

Au Conseil des ministres suivant, le gouvernement décide donc de « geler » 15 milliards de francs de dépenses publiques. Mais il est interdit de parler de *mesures de rigueur*. Pour distraire les commentateurs, on annoncera donc le changement d'affectation de cinquante ambassadeurs. Pas un de moins !

Puis le président entame sa première tournée sud-américaine. À Mexico, se souvenant du triomphe obtenu par de Gaulle avec son « *Marchamos mano en la mano !* », il clame : « Aux fils de la révolution mexicaine, j'apporte le salut des fils de la Révolution française ! »

Cancún ou le triomphe de Reagan

Le soir de ce jeudi 22 octobre, nous arrivons à Cancún, une plage très touristique du Mexique.

Samba à l'aéroport, punch et paréos au Club Med où sont logés les journalistes et une partie de la délégation française. Bungalows roses, sable blanc, mer turquoise et cocotiers... C'est dans ce cadre de farniente pour la *jet society* que les délégués de sept pays riches du Nord et de seize pays pauvres du Sud vont rechercher ensemble les moyens de remédier à la crise qui frappe les premiers et à la famine qui décime les seconds. Le minibus de la presse passe devant l'hôtel Sheraton, où confèrent les dirigeants des vingt-trois pays participants. Au milieu de la pelouse, derrière trois rangées de militaires, trône, écrasant de puissance, l'énorme hélicoptère du président américain Ronald Reagan.

Mitterrand, comme tous les autres présidents, est venu de l'aéroport en voiture. On nous remet le texte du discours de Reagan : « L'histoire, affirme-t-il, montre que, partout et toujours, c'est dans les pays qui encouragent la liberté économique que l'expansion et le progrès humain ont été les plus grands. »

Retour au Club Med, je cherche Michel Jobert, le ministre du Commerce extérieur. Il est parti acheter un tee-shirt à la boutique, où le conseille une GO qui le tutoie. Le ministre de la Coopération, Jean-Pierre Cot, a pensé, lui, à apporter son bermuda. Comme André Rousselet, qui glisse sur une planche à voile dans le soleil couchant. Je rejoins un petit groupe de confrères ; ils sirotent un verre sous un grand cocotier, autour du *sherpa* du président français, Jacques Attali. Celui-ci évoque Robespierre : « Il avait l'habitude de citer des noms dans ses discours. La nuit même, les intéressés étaient arrêtés. Un jour, au lieu de citer des noms, il dit “certains”. Le lendemain, tout le monde ayant pris peur, c'est lui qui était arrêté et guillotiné ! » Dans cette atmosphère, ce propos nous semble totalement surréaliste.

Tout le reste aussi.

À l'hôtel Palapa, Serge Trigano reçoit le président du Bangladesh. Comme celui des Philippines, celui-ci rêve pour son pays affamé... d'un Club Med.

À 20 heures, très pâle dans son polo marine, François Mitterrand, épuisé, tient au Sheraton sa conférence de presse finale. La France a-t-elle fait avancer ses idées ? Les États-Unis ont-ils cédé sur un point ? Le président reste évasif : Cancún est « un pas en avant ».

« L'esprit de Mexico » va pourtant renaître deux jours plus tard : au congrès de Valence.

Vers une radicalisation ?

Automne 1981
À nous, Robespierre !

Adieu Cancún ! De Valence, où se tient ce samedi 24 octobre le premier congrès socialiste depuis l'arrivée au pouvoir de Mitterrand, nous parvient l'écho des discours de ses partisans. Louis Mermaz l'affirme : « Il faut frapper vite et fort à la tête les groupes qui jouent l'intérêt de l'argent contre l'intérêt national. » Paul Quilès, renchérit : « Il ne faut pas dire, comme Robespierre : des têtes doivent tomber. Mais dire lesquelles et le faire. »

Tiens ! Robespierre !

Au moment où les députés engagent la bataille de l'impôt sur la fortune, et alors que le cap des deux millions de chômeurs vient d'être franchi, le ton est à la « radicalisation ». Signe que, déjà, le spectre de l'échec hante les socialistes ?

Le ministre de l'Économie et des Finances, Jacques Delors, ne pense, lui, qu'à rassurer. Le jeudi 26 novembre, il me ramène dans sa voiture depuis la porte Maillot jusqu'à la rue de Rivoli. Au Palais des Congrès, il a cajolé quelques centaines de responsables d'entreprise. Il parle du Tour de France qu'il va entamer pour « redonner confiance aux patrons » et les inciter à investir. « Je veux discuter avec ceux qui forment les bataillons du combat pour la compétitivité et l'emploi, répète-t-il. Si les dispositions que j'ai arrêtées ne sont pas bonnes, je les corrigerai. »

Trois jours plus tard, Delors réclamera sur RTL « la pause des réformes ». Il sera aussitôt contredit par Matignon.

Hiver 1981
Mitterrand et le banc vermoulu du Général

Le samedi 5 décembre tombent des chiffres alarmants : en un an la production industrielle a baissé de 6 %. En six mois de pouvoir, la confiance a chuté de 18 points. Selon le baromètre mensuel *Figaro-Magazine-Sofres*, 57 % des Français, cependant, font encore confiance à Mitterrand.

29 décembre 1981. Quand le président m'accueille dans le vaste bureau solennel du Général, un peu amaigri, je lui trouve le visage empreint d'une sorte de sérénité monastique : ce matin, une rémission de ses douleurs vertébrales lui a permis de faire deux fois le tour du parc de l'Élysée. Mais dès que j'aborde la rumeur selon laquelle il serait obsédé par la tragédie du président socialiste chilien Salvador Allende[1], il s'anime.

« Malheureux Allende ! Voilà des mois que je n'ai pas pensé à lui ! »

Une ombre fugace passe dans son regard, un rire bref dérange sa moue hautaine d'empereur romain et la voix se fait coupante.

« Alors, cette histoire de complexe d'Allende, dont se repaissent les journaux de droite, laissez-moi rire ! Croyez-vous vraiment qu'en vingt-quatre heures, je ne pourrais pas maîtriser un mouvement comme celui qui l'a emporté ? Croyez-vous que je n'aurais pas toutes les usines en grève avec moi, et presque toute l'armée ? Et puis, la France n'est pas le Chili ! Notre situation n'a rien à voir. La France est un grand pays développé ! »

Certes l'état de grâce est passé. Il s'y attendait depuis le premier jour. Mais rien ne pourra altérer, chez lui, le goût puissant de régner sur un pays que ses trois prédécesseurs – de Gaulle, qu'il ne cite qu'avec irritation, Pompidou, auquel il lui arrive

1. Élu en 1970, Allende se heurta à une violente opposition lorsqu'il tenta de réaliser son programme de nationalisations industrielles et de réforme agraire. Son palais de la Moneda assailli par les forces du général putschiste Pinochet, il se suicida le 11 septembre 1973.

désormais de rendre hommage, et Giscard, qu'il affecte d'ignorer – ont su amener au rang de quatrième puissance industrielle du monde.

Pour le président socialiste, cependant, *la lutte des classes* est toujours une réalité. Il ne cèdera pas, m'affirme-t-il, devant « le mur de l'argent ». Et qu'on ne lui rebatte pas les oreilles avec cette histoire de « réconciliation nationale » !

« Croyez-vous que Richelieu ait réconcilié les Français ? Et de Gaulle ? »

Il emploie alors cette image surprenante :

« De Gaulle a voulu faire croire aux Français que le banc vermoulu sur lequel ils étaient assis était en or massif ! »

De Gaulle, toujours lui. Être entré à l'Élysée et s'être installé dans le fauteuil du Commandeur n'a pas apaisé chez lui cette rage de n'avoir pas vaincu le Général et de lui être sans cesse comparé.

Le charme agit encore

Janvier 1982
Une récréation de Mitterrand : « Cette femme est pour moi ! »

Thé chez le général Pierre de Bénouville, avenue Montaigne. Ancien résistant au passé héroïque et compagnon de la Libération devenu le bras droit de Marcel Dassault, ce très influent député du parti gaulliste accueille ses invités dans un boudoir pour marquise de Pompadour : canapés pastel parsemés de coussins de soie, énormes bouquets de roses dont le parfum vous étourdit dès l'entrée, photos sépias de femmes et d'enfants dans des cadres d'argent ciselé, statuettes hellénistiques... Deux jumelles portugaises servent le thé, accompagné du cake maison, dans des tasses de porcelaine de Chantilly à œillets bleus. François Mitterrand, ancien camarade de Bénouville au collège Saint-Paul d'Angoulême, aime venir se détendre ici. Ensemble ils parlent évidemment de politique : Bénouville a réussi à sauver Dassault de la nationalisation mais reste un opposant déterminé au programme commun. Il milite pour une union nationale allant des gaullistes aux socialistes, mais il ne supporte pas que les jeunes hussards de son parti, Jacques Toubon et Philippe Séguin, manquent de respect à son vieux complice. Les deux amis n'en finissent pas non plus d'échanger leurs impressions de lectures et relectures – Stendhal, Drieu la Rochelle, Chardonne... Il leur arrive de passer un bon moment à rechercher l'auteur d'une phrase comme celle-ci : « J'ai reconnu le bonheur au bruit qu'il a fait en partant. » Giraudoux ? Non, Prévert. Et puis ils parlent des femmes. D'après le général, l'un des seuls à le tutoyer, « François » aurait décelé dès le premier coup d'œil, dans les yeux noirs de Michèle Rocard, une sensualité et une violence mal contenues. Malgré les propos rageurs qu'elle tient sur son compte, et qui n'ont pas manqué de lui être rapportés – ou justement, à cause de cela – cette femme l'intéresse. L'envie de soumettre qui vous résiste ? Ou tout simplement le désir d'humilier son mari ? Toujours est-il, me confie Bénouville, que Mitterrand lui a fait, à propos de « Michèleu », une étonnante déclaration : « Cette femme est pour moi ! »

Février 1982
Confitures et propos acides :
« Rocard et Delors ? Leur popularité tient à la droite ! »

Le vendredi 4 février, nous sommes quatre journalistes invités à un petit déjeuner à l'Élysée. À 9 h 30 – il est devenu ponctuel – le président de la République est annoncé par un huissier dans le salon donnant sur le parc. Il entre, très digne, en costume marine, et nous passons aussitôt dans la petite salle à manger aux boiseries dorées. Carafes de jus de fruits, thé, café, brioches, croissants et toasts nous attendent sur la table nappée de blanc. « Asseyez-vous comme vous voulez », dit Mitterrand. Il prend place devant une assiette blanche à filet or dans laquelle un serveur a déposé deux maigres tranches de pain complet. Nous nous installons et, pour meubler le premier moment de gêne, celui où l'on hésite à s'emparer de la théière et à poser une question qui pourrait lui déplaire, nous l'interrogeons sur la récente interview qu'il a accordée au journaliste américain James Reston. Le président français y affirme sa foi dans la vitalité du peuple américain. Il ne croit pas au déclin des États-Unis. Croit-il davantage à celui de l'Europe et de la France, qui semble obséder son ministre Jacques Delors ? Non. Encore que le déclin démographique de l'Europe soit « incontestable ». « Je suis, conclut-il, un nataliste. »

Cette entrée en matière ayant permis à chacun d'avaler quelques gorgées de thé, on s'enhardit jusqu'à se passer les confitures. Que pense le président de la baisse d'influence du

PCF ? On dit qu'il se fait fort de réduire son électorat à 10 %. Devant nous, il se montre plus mesuré, mais il pronostique pour les cantonales un score communiste de 15 à 16 %.

Et le PS ? Sur ce point, le président socialiste est très clair. Le raz-de-marée de juin 1981 est un phénomène exceptionnel, comparable au raz-de-marée gaulliste de juin 1968. Les socialistes – il le leur répète à chaque occasion depuis six mois – doivent s'attendre à revenir à une situation plus proche de la normale, c'est-à-dire à un équilibre de 52/48 correspondant aux « constantes politiques de ce pays ».

10 heures sonnent. Sur un plateau d'argent, un huissier présente un ramequin d'œufs brouillés au président, qui le refuse d'un geste. Je note d'ailleurs qu'il n'a pas touché à ses tranches de pain complet. Régime ? Sans doute. Il a un peu maigri mais il paraît en forme. D'ailleurs, nous dit-il quand nous l'interrogeons sur sa santé, son dos va mieux. Il n'a pas le temps de rejouer au golf, mais il se promène dans le parc de l'Élysée. Il n'envisage pas de subir de nouveaux examens avant juin.

Voilà une heure, maintenant, que nous conversons, et il ne semble nullement impatient de nous remercier. Vraiment, ne juge-t-il pas le climat politique trop tendu ? La cote de popularité de Rocard et de Delors ne signifie-t-elle pas que l'opinion publique aspire à une pause ?

Le président feint de s'étonner : « C'est la droite qui est opposée aux réformes ! C'est à elle que Rocard et Delors doivent leur popularité. Il y aura des réformes jusqu'en 1988. »

Au fond, qu'est-ce qui l'émeut vraiment ? L'inflation ? Le chiffre de 14 % ne le satisfait pas, mais comparé aux 18 % redoutés, c'est un succès. Le chômage ? Le mois dernier l'accélération s'en est légèrement ralentie. Les déficits ? Mitterrand, que l'on disait naguère fâché avec les chiffres, se livre ici, presque à la manière de son prédécesseur VGE, à une étonnante démonstration chiffrée d'où il ressort que la France va mieux.

À 11 h 15 passées, il se lève de table. « Monsieur le président, lui déclare alors un confrère ému, voilà dix ans que j'appartiens à la presse présidentielle et c'est la première fois que je suis reçu ainsi. Je voudrais vous en remercier. »

De château en hôpital

Ce n'est pas la première fois que je constate à quel point son charme agit sur les hommes. Entre elles, les femmes parlent de lui tantôt avec un tendre respect, tantôt avec ironie. Elles se répètent ce mot, répandu par son complice Roland Dumas : « On ne peut pas les avoir toutes, mais il faut essayer. » Une de mes consœurs me met en garde : elle compare Mitterrand au vieil Antoine Pinay, encore redouté des journalistes féminines à quatre-vingt-onze ans (comment repousser un vieillard entreprenant ? Le gifler ?) : quelques mois avant son élection, alors qu'elle avait accepté de ramener en voiture le premier secrétaire du PS, celui-ci entreprit de lui caresser la cuisse. Elle poussa un cri, freina brusquement : Mitterrand n'en fut pas fâché, mais tout surpris. Il ne devait pas être coutumier du fait.

Quand il a posé son regard sur une femme, sa garde rapprochée la protège, les portes s'ouvrent au seul énoncé de son nom.

Est-ce parce qu'on a remarqué ma présence au Palais un soir d'élections ? Patrice Pelat, qui possède une maison en forêt de Fontainebleau, vient me voir au club hippique tout proche où je m'entraîne. J'aurais dû, m'assure-t-il, entrer au « Château » dans l'équipe de communication du président. Pelat est sympathique, avec son côté un peu canaille et ses discours si peu socialistes, mais je refuse évidemment sa proposition. D'une part je n'ai pas l'intention de rallier le camp du vainqueur au lendemain de la victoire. D'autre part, si je ne partage pas toujours les opinions de mon patron au *Figaro Magazine*, Louis Pauwels, j'apprécie qu'il me laisse une grande liberté. Enfin, je ne m'imagine pas « embrigadée ». Pelat insiste. Quelques semaines plus tard, il m'envoie son chauffeur, au volant d'une Porsche rouge, avec mission de me ramener à déjeuner dans son château en Sologne. Mitterrand s'y invite parfois, l'hélicoptère présidentiel le déposant alors sur la grande pelouse, au risque d'effrayer la vingtaine de cerfs et de biches qui broutent paisiblement dans la prairie voisine. La dernière fois, c'était au milieu d'un déjeuner de chasseurs, tous de droite. « Il les a subjugués, me raconte le châtelain, qui tient absolument à me prêter sa maison d'amis pour y écrire mon prochain livre. Il leur a parlé de l'histoire des forêts. Ils n'en revenaient pas de le trouver si sympathique : quelle courtoisie ! Et quelle culture ! »

Aussi nonchalant et flegmatique que Pelat est direct et pressé, André Rousselet m'invite à déjeuner à Paris au Pichet, l'un des bistrots où Mitterrand et lui aiment se retrouver. Il me raconte leurs parties de golf et ironise : « Si l'on veut que Mitterrand s'intéresse vraiment à vous, il faut être à l'hôpital ou, mieux, au cimetière ! »

J'aurai l'occasion de le vérifier treize ans plus tard : apprenant que j'ai été victime d'un grave accident de cheval, Mitterrand fera prendre de mes nouvelles à l'hôpital et m'écrira ce petit mot :

« Chère Christine, j'apprends à l'instant le grave accident qui vous a éprouvée. J'aurais aimé le savoir plus tôt pour m'informer de votre convalescence. En rentrant du Japon, où je pars maintenant, je vous appellerai et, si cela vous convient, j'irai vous voir. »

À son retour, il viendra en effet me voir à mon domicile. Grand émoi dans l'immeuble, quadrillé par les gardes du corps, qui ont vérifié la cour et les escaliers, et filtré les entrées avant que le président ne s'annonce à l'interphone « François Mitterrand ». Il accepte l'orange pressée servie par la gardienne et s'enquiert fort aimablement, et avec un intérêt particulier, des circonstances de mon accident : « Un cheval d'obstacle ? » J'apprendrai dans quelques mois, en même temps que l'existence de sa « fille cachée » Mazarine, la passion de celle-ci pour l'équitation. Puis soudain, après s'être enquis des conditions de mon séjour hospitalier, mon visiteur me reproche amèrement mes « lazzis ». De quoi parle-t-il ? Je suis embarrassée.

M'aurait-il fait écouter ? J'apprendrai plus tard, en effet, que j'étais sur la liste des « écoutes de l'Élysée ». Mais, bientôt radouci, Mitterrand me parle des *Mémoires de Casanova* qu'il va me faire porter. Pour finir, il m'invite à l'accompagner dans son prochain voyage officiel, le dernier de son second septennat : en Ouzbékistan, sur les traces de Tamerlan le conquérant.

Le rêve fracassé

Printemps 1983
La rigueur, pour sortir du « cycle infernal »

Bientôt, le cap fatal des deux ans.

Après une deuxième dévaluation en juin 1982 – le franc perd 5,7 %, le mark est réévalué de 4, 25 % – et une troisième en mars 1983 – le franc perdant cette fois 2,5 %, le mark étant réévalué de 5,5 % – l'inflation repart. L'Insee prévoit pour 1983 une baisse de 1,1 % du pouvoir d'achat. On approche le cap des deux millions et demi de chômeurs.

Le mécontentement s'exprime dans les urnes. Aux élections municipales de mars, la gauche perd trente et une villes de plus de 30 000 habitants : Grenoble, Reims, Nîmes, Avignon, Brest...

Il s'exprime aussi dans la rue. Quinze mille mineurs en colère manifestent : les mines de charbon, dont le candidat Mitterrand avait promis le maintien, vont fermer.

Bientôt suivront les métallos de Lorraine : l'annonce de 20 000 licenciements dans la sidérurgie provoquera une grève générale et un gigantesque défilé ouvrier aux cris de « Mitterrand, démission ! ».

Pour la première fois, François Mitterrand, qui a toujours cru en la supériorité du politique sur l'économie, est profondément troublé. Le choix qu'il doit faire est douloureux : soit rompre les amarres qui retiennent la France au Système monétaire européen, soit tenter de redresser le navire en renforçant les liens européens, au prix d'une rigueur accrue. Contre le clan Chevènement, Fabius, Bérégovoy, le président socialiste va opter, comme le demandent avec angoisse Delors et Mauroy, pour la seconde solution.

Le mercredi 23 mars, dix jours après le second tour des municipales, le chef de l'État se résout à venir expliquer à la télévision son choix d'un inavouable «plan de rigueur» :

«Me voici devant vous pour vous dire où nous allons ensemble... J'ai perçu l'expression de votre inquiétude : la politique engagée en 1981 est-elle bonne pour la France? Oui, cette politique est bonne parce qu'elle est nécessaire pour qui veut changer la société française dans ce qu'elle a de plus injuste. [...] Mais la vérité, je dois vous la dire : il est grand temps d'arrêter la machine infernale. Le déficit nous ronge. Il ne s'agit pas d'adopter je ne sais quelle politique d'austérité, mais de nous adapter pour sortir au plus vite de la tempête...»

Voilà. «L'expérience socialiste», comme l'appelle Giscard, est terminée. Il reste au ministre des Finances à présenter, deux jours plus tard au Parlement, son plan : 34 milliards de francs d'économie sur les dépenses publiques, 25 milliards ponctionnés par l'impôt sur le revenu, trois milliards, par l'augmentation des tarifs publics.

Malheureux Jacques Delors! Comme tous les jeudis, ce 31 mars, il fait un *briefing* à la presse dans la bibliothèque de la rue de Rivoli. Il n'est jamais gai, mais aujourd'hui je lui trouve le teint cireux comme celui du Colbert de pierre qui trône derrière lui. Après nous avoir reproché en termes vifs nos réactions aux mesures de contrôle des changes qui vont empêcher les Français de partir en vacances à l'étranger, Delors nous lâche : «Avec tout ce que vous me promettez, je n'ai plus qu'à me flinguer. Alors, pour mon anniversaire, offrez-moi donc un revolver. Avec six balles pour que je ne puisse pas me rater!»

Printemps 1984
Faites entrer Le Pen!

Comment empêcher la droite de tirer profit de cette «sinistrose»? Mitterrand sort son arme fatale : Jean-Marie Le Pen! Faute de parrainages, le fondateur du FN n'a pas pu se présenter à la présidentielle de 1981. En instaurant la proportionnelle, Mitterrand-Machiavel va lui permettre de revenir à l'Assemblée nationale où il fit, vingt-huit ans plus tôt comme jeune élu poujadiste, des débuts tonitruants. Pour aider l'ancien para, le président a même fait en sorte que la télévision d'État mette fin à une « iniquité de traitement ». Le 12 février 1984 Jean-Marie Le Pen est donc l'invité de l'émission très regardée « L'Heure de vérité » sur Antenne 2.

Quelques jours plus tôt je lui ai rendu visite pour la première fois au parc Montretout, sur les hauteurs de Saint-Cloud.

La villa qu'il habite encore est grande et cossue, un peu rétro. La sonnette déclenche un concert d'aboiements. Précédée de deux molosses, une jeune employée réunionnaise ouvre la lourde grille et me fait pénétrer dans le vestibule. Une jeune femme blonde en survêtement rose – Pierrette Le Pen, l'épouse à l'allure de star pour séries américaines – m'accueille : « Jean-Marie est en haut, montez donc. »

Le Pen est au téléphone, debout derrière son bureau Louis XV. Il me fait signe de m'asseoir, face à la vue superbe sur Paris. À ses pieds, un amoncellement de dossiers, de brochures, de livres projetés sur la moquette par quelque bourrasque de vent d'ouest.

Le fils de marin pêcheur breton se donne cependant une allure de dandy en costume de flanelle rayée, chemise brodée à ses initiales et ceinture Hermès.

« Vous vous rendez compte, me lance-t-il, gouailleur. Tous les défenseurs des libertés en sont déjà à protester contre la première émission de télévision que je vais avoir en trente ans ! »

Allons ! De quoi se plaint-il ? La gauche, au contraire, ne le pousse-t-elle pas en avant ?

« Ben voyons ! Ça, c'est bien d'une bourgeoise intellectuelle ! C'est aussi grâce à la gauche que nous avons fait 18 % à Dreux ![1] »

1. En septembre 1983, au premier tour d'une élection législative partielle menée par le FN, Jean-Pierre Stirbois a obtenu ce score.

Il se penche vers moi comme pour me donner un conseil paternel :

« Vous devriez vous distancier, m'examiner d'un regard froid comme un cloporte sous un microscope au lieu de dire (il esquisse une mimique dégoûtée) “Oh ! Sale bête, ça pue !” »

Mais quel est son objectif ?

« Arriver au pouvoir, évidemment ! Il nous faudra peut-être vingt ans, mais je suis patient, vous savez : ça fait trente ans que je me bats. »

Le soir même, j'assiste à une réunion de ses supporters aux salons Vianey, près de la place de la Bastille. Pas plus de 200 personnes : couples de Français moyens, jeunes durs au crâne rasé, en blouson de cuir, vieux baroudeurs en vareuse kaki. Un orateur barbu se livre au jeu de massacre attendu par son public : contre les journalistes, tous de gauche, contre l'historien Pierre Chaunu, « cet intellectuel chiraquien qui nous prend pour des sous-cultures ». Puis il proclame : « En février 1984 comme en février 1934, la droite française a rendez-vous avec le peuple. Elle a un chef : Jean-Marie Le Pen ! »

Le lendemain, je retourne voir le « chef ».

« Votre réunion ne m'a pas plu : vos blousons noirs...

— Ce ne sont pas des minets, c'est vrai ! Ce sont des soldats. Car si l'on nous attaque, c'est eux qui prennent les balles dans le buffet. Vous connaissez bien mal notre peuple de France, Christine Clerc ! »

Je suis choquée et le lui dis : le peuple ne lui appartient pas ! Quant aux attaques contre Simone Veil, elles sont indignes !

« Je n'accepte pas que Mme Veil se retranche derrière sa qualité de femme ou de déportée. Pour moi, elle n'est pas une personne mythologique. Elle est tête de liste dans une élection politique et je la traiterai comme telle.

— À votre meeting lyonnais, elle a été traitée de “tricoteuse”. Et hier soir votre lieutenant a qualifié la maire socialiste de Dreux, Françoise Gaspard, de “grosse chatte rouge”.

— Grosse rate rouge.

— C'est pire ! Pourquoi permettez-vous cela ?

— Ah, pardon ! Vous oubliez ce que Françoise Gaspard a dit ! À l'entendre, nous serions des nazis qui vont renvoyer les enfants d'immigrés dans des wagons blindés ! »

Le Pen se fait grave : « Un jour des millions d'hommes quitteront les régions méridionales pour manger à leur faim... »

Les chiens aboient. On a sonné à la porte. C'est François-Henri de Virieu, le rédacteur en chef d'Antenne 2. En me raccompagnant jusqu'à la grille, le chef du FN me lance, ricanant :

« Quand est-ce que je vous revois ? »

Été 1984
Bonjour, les courtisans ! Au revoir, Mauroy !

Le cérémonial présidentiel, cependant, reste immuable. Le 4 avril, retour d'une visite aux États-Unis où il a vanté le redressement d'une France qui aborde « comme jamais depuis un quart de siècle, les exigences de la compétition mondiale », le président tient sa troisième conférence de presse au Pavillon Gabriel.

Les ministres entrent les premiers. Les journalistes se dressent sur la pointe des pieds pour tenter de les apercevoir par-dessus la mêlée des photographes. On s'interroge sur le teint de Rocard : « Revient-il des sports d'hiver ou lui a-t-on mis trop de fond de teint ? » Et les ministres communistes ? Quelle tête font-ils ?

Puis on remarque la présence de quelques invités surprise : Dany Cohn-Bendit, en jean et baskets et François-Marie Banier, en costume de dandy. Que font-ils là ? S'agit-il d'un caprice présidentiel ? Sont-ils les nouveaux favoris, comme le sera bientôt Bernard Tapie ? En attendant l'arrivée – glaciale – du président, les ministres épient nos regards. Pendant toute la durée de son discours s'échangent des sourires d'initiés qu'une allusion suffit à combler.

Aucun changement, donc, dans le style. Et sur le fond? Mitterrand va-t-il enfin reconnaître son virage politique? Réponse : «Ou bien la France sera capable d'affronter la concurrence internationale. Ou bien elle ira vers son déclin.»

C'est un premier grand tournant.

Le second va suivre immédiatement.

Le 12 juillet, après la manifestation, à Paris, de plus d'un million de défenseurs de l'école privée soutenus par l'archevêque de Paris, Mgr Lustiger, qui déclare avoir été «trompé», coup de théâtre : Mitterrand annonce, dans une allocution radiotélévisée, le retrait du projet de loi visant à «intégrer» l'école catholique au secteur public.

Quatre jours après, Pierre Mauroy, le Premier ministre qui marche «sur la crête des deux millions de chômeurs», lui remet sa démission. Les deux hommes ont les larmes aux yeux. Le rêve s'est fracassé.

Été 1984
Adieu, socialisme!

Pour en recréer néanmoins l'illusion, Mitterrand nomme le plus «jeune Premier ministre donné à la France» : Laurent Fabius, 38 ans.

Jeudi 23 août. Fabius prononce à l'Assemblée son discours de politique générale. Étrange sensation : les mots «socialisme» et «socialiste» ont disparu! Je repense à ce que me disait le président du conseil général socialiste des Bouches-du-Rhône, Michel Pezet, il y a quelques jours à la terrasse d'un café d'Aix-en-Provence : «La manière dont Mitterrand et Fabius ont déshabillé Rocard en lui volant toutes ses idées après les avoir combattues, c'est sidérant!»

Dans son salon tout blanc où deux grands miroirs à cadre doré lui renvoient à l'infini son profil de jeune dandy à chemise blanche romantique, BHL, le romancier philosophe, se réjouit de ce virage : «Enfin, me dit-il, la gauche au pouvoir rompt avec ce socialisme ridicule en charentaises et béret basque, sur fond de petite église de France et de latinité culturelle !... »

Automne 1984
De l'avantage d'avoir « touché le fond »

Mais rien n'arrête la chute du président. En novembre, les enquêtes d'opinion évaluent à 37 le nombre de points perdus depuis 1981. Je vais voir le roi de la com, Jacques Séguéla, dans les bureaux de son agence d'Issy-les-Moulineaux. Face ronde aux yeux ronds, sourire de Gavroche qui aurait réussi et se ferait bronzer régulièrement sous le soleil des îles du Pacifique. Sa lucidité me surprend : « La baisse de popularité de Mitterrand était inévitable, car les impressions suivent de deux ou trois ans les événements. Mitterrand paie aujourd'hui Valence et un tournant politique qu'il a eu tort de ne pas vouloir reconnaître. L'avantage, pour lui, c'est qu'il a pratiquement touché le fond. »

Tout au long de cette dégringolade, Mitterrand demeure tel qu'en lui-même. Parfois, exaspéré par ces râleurs de Français, il étrille un maire socialiste – celui de Mulhouse, déçu que le futur synchrotron soit accordé à Valence et non à Strasbourg. La scène se passe dans une brasserie alsacienne : « Il ne faut quand même pas exagérer ! coupe-t-il. On ne me parle que d'une affaire, ici ! Écoutez : la paix ! La paix pour vous, la paix pour moi, hein ! » Et dans le grand silence qui suit il attaque, d'un air hautain, sa tarte à l'oignon.

Parfois aussi, pour se prouver que sa séduction opère toujours, il retrouve ses accents lyriques de candidat. À Rennes, une foule de manifestants, CGT et droite mêlées, l'accueille sur le parvis de l'hôtel de ville aux cris de : « Non aux licenciements ! » et « Mitterrand fous le camp ! » S'emparant alors du micro, il confie combien il souffre d'être loin de cette France-là, « car ni l'intuition ni les dossiers ne suffisent », reconnait-il. « Sentir l'air du pays, le ciel, un paysage, l'air aussi, qu'ont les Bretons » est pour lui une nécessité. En quelques phrases il impose le silence et parvient à muer la colère de ses auditeurs en émotion attendrie. Parce qu'il l'aime, la France ! A-t-il parcouru « tous ses chemins secrets ! » A-t-il aimé « son corps, son visage, sa musique » de « toutes ses fibres » ? Ah, si elle savait comme il la désire encore...

Vive les voyages ! Et vive la guerre !

Printemps 1983
Sous le ciel de Pékin

Le giscardien Michel Poniatowski l'a surnommé « la madone des aéroports ». Mitterrand adore les voyages. C'est en Afrique, en Amérique latine, en Chine, que je me souviens de l'avoir vu le plus détendu. Le visage dilaté de bonheur, en janvier 1982, tout au long des dix kilomètres de route depuis l'aéroport jusqu'à Lomé, au Togo, où plusieurs dizaines de milliers de jeunes filles, moulées dans des boubous à son effigie, l'accueillent en dansant et chantant : « Ô papa ! Ô mama ! Laisse-moi aller voi' Mitté'and ! » Mangeant de fort bon appétit, en mai 1983, ses crevettes frites dans un restaurant de Pékin, où il évoque devant quelques journalistes « le rôle médiateur » que les dirigeants chinois lui verraient bien jouer dans l'ancienne Indochine. Loin des pendules du Château, Mitterrand parle ; il parle gaiement, jusque tard dans la nuit, du nouveau mobilier conçu par le designer Paulin pour l'Élysée ou du projet de l'arche de la Défense, car « chaque chef d'État doit laisser quelque chose, un grand monument... » Dimanche, avant de quitter Paris, il a fait arrêter sa voiture près du Louvre ; il voulait contempler la perspective du Carrousel à l'Étoile. À ce souvenir son visage s'épanouit. Mais que l'on évoque les manifestions étudiantes, et il se ferme : « Ah, s'ils pouvaient rappeler Cohn-Bendit ! Ça leur ferait plaisir, hein ? »

Été 1984
Sous la coupole du Kremlin

Le 21 juin 1984, le voici au Kremlin. Il a retouché le texte de son « toast » jusqu'à la dernière minute. Quand le numéro un soviétique, Konstantin Tchernenko, s'avance à petits pas saccadés sous la coupole à motifs or et rose de la salle Vladimir, le président français apparaît pâle et solennel à ses côtés. À plusieurs reprises, les Soviétiques ont fait passer ce message menaçant : « Sakharov[1] ? C'est un cas unique chez nous, tandis que chez vous, il y a deux millions de chômeurs ! »

Jusqu'à la dernière minute, et malgré les pressions de ses hôtes pour disposer de son texte à l'avance, Mitterrand a entretenu le suspense. Ce n'est qu'à 22 heures que parvient à l'hôtel Rossia, où l'on a parqué les journalistes, l'enregistrement tant attendu. Un long discours alambiqué, célébrant « l'amitié entre nos peuples » et le souvenir de leurs révolutions. Le mot interdit – Helsinki – est enfin prononcé : « Les accords d'Helsinki, rappelle le président français, traitent de la liberté de circulation. C'est pourquoi nous parlons parfois de cas symboliques comme celui du Professeur Sakharov. » Et d'ajouter : « Vous savez que nous sommes en désaccord. »

Le lendemain, au déjeuner de l'ambassade de France, nous le retrouvons très détendu. Le nom de Sakharov, convient-il avec un fin sourire, a fait passer comme un « frémissement » dans l'assemblée.

« Somme toute, Monsieur le président, cela vous fait oublier les soucis de la politique intérieure ? »

Il rit, assez fier. Nous aussi.

---

1. L'illustre physicien à qui l'URSS doit la bombe H, a reçu le prix Nobel de la paix 1975. Arrêté en pleine rue à Moscou en 1979 pour avoir critiqué le régime totalitaire, il est maintenu à Gorki en résidence fermée, sous la surveillance de caméras, avec sa femme Elena Bonner, sans pouvoir faire soigner celle-ci, atteinte de deux cancers.

Sept ans après : la rechute

Printemps 1991
La guerre du Golfe, une victoire sur de Gaulle ?

Après des années de désamour, la guerre du Golfe est une sorte de résurrection pour le président socialiste. Elle ne lui donne pas seulement l'occasion de prouver aux Américains qu'il est un allié fiable. En décrétant l'opération Daguerre, Mitterrand réalise une quasi « union nationale » dont ne s'excluent que les gaullistes Jean-Louis Debré et Philippe Séguin et le socialiste pro-arabe Jean-Pierre Chevènement. À la fin de la brève intervention française, le soulagement est tel que 86 % des Français lui en rendent grâce. « Un record, s'extasie l'homme de Radio Londres, Maurice Schumann, atteint seulement par de Gaulle ! »

Ce vendredi 10 mai 1991, alors que les jardiniers disposent dans la cour de l'Élysée les orangers qui marquent le début de la saison estivale, Mitterrand peut savourer sa victoire. La guerre dans laquelle il a engagé la France seize semaines plus tôt contre le dictateur irakien Saddam Hussein s'achève sans déplorer la mort de plus de dix soldats français. Alors qu'il s'apprête à célébrer le dixième anniversaire de son arrivée à l'Élysée, il semble avoir retrouvé un « état de grâce ». Comment ne pas songer à de Gaulle ? Le 10 mai 1968, dix ans après son retour au pouvoir, le Général, lui, devait faire face à une insurrection étudiante qui gagnait bientôt tout le pays en grève aux cris de : « Dix ans, ça suffit ! De Gaulle, c'est fini ! »

Le président, qui me reçoit avec ma consœur Josette Alia[1], a le triomphe modeste. Assis derrière la table design gainée de

---

1. Grand reporter au *Nouvel Observateur*, elle est décédée en mai 2014.

cuir bleu qu'il a fait réaliser pour remplacer le bureau chargé de bronzes du Général, il explique sans emphase un choix qui a fait si peur aux Français avant de susciter leur adhésion.

« Ce qui était en jeu, c'était la place de la France, que ce soit au Moyen-Orient, au conseil de sécurité de l'ONU ou partout ailleurs dans le monde... »

Tout en parlant, il tourne entre ses doigts un éclat de marbre blanc, dont il caresse l'arête. « C'est un fragment de l'arche de la Défense, dit-il : poli d'un côté, rugueux de l'autre. » Il est souriant, disert. « Ça, c'est une croix celte en granit... Là, un petit cheval de bronze, un éléphant miniature... » Il les aligne avec une minutie de collectionneur et nous en conte l'histoire. Puis, toujours loquace, il nous montre, sur la cheminée, la photo de ses parents, déjà commentée dix fois. L'heure sonne à la pendule. Un huissier apporte discrètement un message au président, qui y jette un coup d'œil distrait. Le photographe suggère une pose devant la fenêtre. Mitterrand joue les coquets. Vraiment, cette veste en cachemire camel qu'il aime à porter le week-end, convient-elle ? Josette et moi nous demandons quelle secrète raison peut bien motiver cette humeur badine.

Un plaisir pervers

En sortant, vingt minutes plus tard, nous comprenons : le visiteur suivant, celui qui attend dans l'antichambre sous le regard faussement déférent des huissiers est le Premier ministre Michel Rocard, décidément voué à être humilié. Ce n'est pas qu'il ait démérité : dès sa nomination, en 1988, Rocard, confronté au drame de la Nouvelle Calédonie[1], a réussi l'impossible : amener les chefs des deux communautés à s'asseoir autour d'une table pour signer un accord. Le Premier ministre peut se vanter aussi d'avoir, grâce à sa recherche constante du

1. L'assaut de la grotte d'Ouvéa, commandé par son prédécesseur Jacques Chirac, avait fait vingt et un morts.

dialogue social, instauré le RMI (revenu minimal d'insertion), son « grand œuvre ». Mais trois ans de partage du pouvoir, c'était trop pour Mitterrand. Rocard aurait dû se souvenir de l'avertissement de son ancien camarade de Sciences-Po, Jacques Chirac, lorsque celui lui a transmis ses pouvoirs à Matignon, en mai 1988 :

« Méfie-toi de lui quand il devient aimable !... ça veut dire qu'il te prépare un mauvais coup. »

Une seule fois, Mitterrand aura été « aimable » avec lui sans arrière-pensées : le jour où, en plein Conseil des ministres, Rocard a fait un malaise – une crise de colique néphrétique. Le président a pris son Premier ministre par la main et l'a conduit dans sa propre chambre.

Mais Rocard l'a toujours agacé. À la faveur de la guerre du Golfe, qui a éclaté le 2 août alors que le Premier ministre, en vacances, voguait sur un voilier en Croatie, Mitterrand l'a marginalisé. Il va lui confirmer son renvoi. En attendant, il s'est servi de nous pour le faire lanterner.

« Le gouffre de Padirac »

Mitterrand le paiera cher : on ne renvoie pas un Premier ministre par convenance personnelle. En remplaçant Rocard par Édith Cresson, il signe sa propre chute. « Ce sera, lui avait prédit son duo de conseillers en communication – Gérard Colé et Jacques Pilhan – le gouffre de Padirac. » À la fin de cette glorieuse année 1991, sa popularité aura rechuté de plus de 60 points pour tomber à 22 %.

Deux ans plus tard, Pierre Bérégovoy ayant succédé à Édith Cresson, les élections législatives ramènent à l'Assemblée une majorité de droite. Mitterrand achève son règne sous le régime d'une seconde cohabitation : cette fois, avec Édouard Balladur. Il ne lui reste plus qu'à user ce Premier ministre courtois, mais qu'il juge arrogant. Pour soutenir le candidat socialiste à sa succession, Lionel Jospin ? Non : pour aider en sous-main Jacques

Chirac, naguère si détesté, à prendre sa revanche : sur « l'ami de trente ans »... et sur les socialistes.

En vérité, l'« empereur » ne voulait pas de successeur. Pas de successeur socialiste.

« L'argent, comme le lait qui déborde »

Au printemps 1995, je publie un premier « Journal intime » apocryphe de Jacques Chirac et le lui fais parvenir. Mitterrand m'envoie aussitôt un mot chaleureux :

« Quel talent et quel bonheur pour ceux que vous avez choisi d'épargner ! Avez-vous des projets en tête ? Nous pourrons en parler si vous le souhaitez. »

J'aurais dû rappeler aussitôt son secrétariat. Quelque chose m'a retenue. Il allait mourir. Je ne voulais pas voir sur son visage les progrès de la mort.

La dernière image qu'il me restera de lui, avant ses adieux télévisés et son « Je crois aux forces de l'esprit » sera donc celle de ses derniers vœux à la presse, en janvier 1995.

Après une longue attente dans la Salle des fêtes, François Mitterrand arrive enfin, blême et chancelant, appuyé sur le bras de son ami Pierre Bergé. Quand il le lâche pour s'asseoir, dans un silence impressionnant, chacun retient son souffle. Mais le président de la République a tenu à honorer ce dernier rendez-vous avec la presse. Nous sommes là pour lui poser des questions. Je me lève pour l'interroger sur le bilan de ses quatorze années de règne : il se promettait de terrasser « l'argent, l'argent qui corrompt, l'argent qui avilit... » Quelles victoires a-t-il remportées contre lui ? « L'argent va, vient, il franchit les frontières, me répond-il d'une voix blanche. On ne peut pas l'empêcher. Il est comme le lait qui déborde de la casserole... »

III

Jacques Chirac, l'homme qui souriait toujours

« Mon grand-père nous a transmis une règle qu'il mettait au-dessus de tout : ne jamais laisser voir sa peine ou son émotion. Se tenir debout, toujours simplement. »

Martin Rey-Chirac
(Discours prononcé le 20 juin 2016,
à l'inauguration de l'exposition Jacques Chirac
au musée des Arts premiers du quai Branly.)

1

L'interminable marathon de l'homme pressé

D'un mentor, l'autre

Le « bulldozer » de Pompidou

Lorsque je le croise pour la première fois à Bruxelles, où il ferraille des nuits entières contre ses collègues européens, Jacques Chirac est un grand jeune homme mince à lunettes, en costume gris trois pièces. Une cigarette fichée au coin des lèvres, il débite ses phrases d'une voix rauque. Le protégé du président Georges Pompidou me donne l'impression d'être un adepte de la méthode : « Plus c'est gros, mieux ça passe ! » Cela plaît beaucoup aux paysans, qui manifestent aux cris de « Chirac, tiens bon ! ».

S'il a été, à quarante ans, promu ministre de l'Agriculture, c'est qu'il y a urgence : Pompidou, l'homme au « grand dessein industriel », s'inquiète des mutations qui bousculent les agriculteurs. En dix ans, le remembrement des propriétés et la mécanisation ont poussé un million et demi d'entre eux à quitter leurs terres. Déracinés, les Auvergnats sont venus grossir dans les villes le flot des mal-logés. Certes, le programme commun de la gauche n'attire qu'une petite frange de l'électorat rural. Mais le malaise grandit.

À moi, les paysans ! Le nouveau ministre prend une série de mesures : attribution d'une aide aux jeunes agriculteurs qui s'installeront dans les régions défavorisées ; création de services qui leur permettront de partir en vacances, etc. Au total, trois projets de loi, dix-neuf décrets... et une rallonge budgétaire que Chirac, volontiers flagorneur, attribue « à la bienveillance toute particulière du ministre des Finances, Valéry Giscard d'Estaing ».

Été 1973
À l'assaut de l'Allemagne

Début août 1973, je le rencontre en Corrèze pour *Le Point*. Il me reçoit dans le jardin de la préfecture. Très affable, le plus jeune ministre du gouvernement Messmer[1] me complimente sur ma veste en soie gris-bleu et mon porte-documents en daim, dont il s'empresse de me décharger. Mais il « surjoue », comme d'habitude. Les photos de notre entretien sont saisissantes : les bras tendus, les mains aux doigts écartés, mon interlocuteur semble repousser avec véhémence le monstre qui menace la paysannerie française. Mais quel est donc cet adversaire ? Josef Ertl, son collègue allemand ? Ou bien le chancelier Willy Brandt lui-même ?

« À la veille des négociations commerciales avec les États-Unis, me dit-il, les Allemands ne veulent-ils pas amener une crise dans la Communauté européenne ?... L'Allemagne me préoccupe par les distances qu'elle prend avec l'Europe... » Suit une charge à propos du sucre et du soja : « Nos partenaires n'ont pas voulu faire de peine aux Américains en encourageant, en Europe, des productions concurrentes. Ils ont envoyé Lardinois[2] à Washington, chapeau à la main, demander : “Pardon, m'sieur, pourrait-on avoir du soja ?” »

Le ministre de l'Agriculture sait-il qu'en Europe des guerres ont été déclarées pour moins que ça ? Est-il conscient qu'il empiète sur le « domaine réservé » du président de la République ?

1. Pierre Messmer a remplacé Jacques Chaban-Delmas à Matignon le 5 juillet 1972.

2. Commissaire européen néerlandais.

Il a été convenu que je lui relise l'interview au téléphone. Quand je m'exécute le surlendemain, tremblant qu'il ne me fasse couper une bonne partie de ses déclarations explosives, je comprends que quelqu'un, à côté de lui, a pris l'écouteur et dicte les corrections. Une femme, me semble-t-il. La célèbre et redoutée Marie-France Garaud.

Sur le poing de la « belle Marie-France »

Chirac se trouve-t-il chez elle, dans son château du Poitou ? Ou bien participe-t-il à une réunion dans la Creuse, chez l'autre *éminence grise* de Pompidou, Pierre Juillet ? Ses propos, relus sous le contrôle de ses mentors, feront quelques jours plus tard la une de la presse nationale et internationale. Loin d'être une bévue de jeune homme trop impétueux, ils ont été « téléguidés ». Il s'agissait, pour l'Élysée, de lancer un avertissement aux gouvernants allemands et américains sans l'assumer tout à fait.

Pendant des années me restera cette image d'un homme débordant de vitalité, ouvrant les bras et riant en renversant la tête en arrière... mais sous influence. Capable de mentir de façon éhontée, mais incapable d'avoir une « vision » personnelle. « Un émouchet sur le poing de Marie-France Garaud », dit joliment Jacques Chaban-Delmas, l'ex-Premier ministre qui sait qu'il doit sa perte à « la belle Marie-France » et à celui qui a guidé ses pas dans les souterrains ténébreux du pouvoir, Pierre Juillet.

Ces deux mystérieux personnages n'accordent jamais d'entretien à la presse, mais le Tout-Paris politique prononce leur nom avec une révérence mêlée d'effroi. Râblé comme un paysan, la pipe vissée au bec, Pierre Juillet, né en 1921 dans la Creuse, est le fils d'un préfet. Nourri de Barrès, Maurras et de gaullisme héroïque – il a été résistant –, il fut, avant de servir Pompidou, avocat puis chef de cabinet d'André Malraux. Marie-France Garaud, née Marie-Françoise Quintard en 1934, est la fille d'un avoué de Poitiers. Elle aussi a exercé la profession d'avocat. Œil étincelant, chignon strict mais bouche gourmande, l'ancienne élève de l'Institution de la Providence est mariée à un avocat parisien. Elle a découvert, après les plaisirs de la chasse à courre, ceux, plus enivrants, du pouvoir. Redoutée des députés pour ses mots qui les transpercent comme des flèches, elle ne déteste pas s'encanailler, au point de se prendre d'amitié complice avec Charles Pasqua.

Le truculent fils de gendarme corse, qui se vante d'être l'un des organisateurs de la manifestation gaulliste du 30 mai 1968 sur les Champs-Élysées, n'a jamais rencontré de Gaulle. Ancien directeur de Pastis Ricard à l'allure de mafieux, il est plutôt fier que Marie-France Garaud, cette grande bourgeoise, l'introduise enfin au Château. Le trio redouté, Édouard Balladur et Michel Jobert (deux autres collaborateurs de premier rang de Pompidou), n'apprécient guère, a pris l'habitude de se retrouver presque tous les soirs, à l'heure du whisky, d'abord à Matignon puis à l'Élysée. On plaisante sur le dos des uns et des autres, on élabore des plans. Chirac les rejoint. Pasqua le fait rire par ses numéros d'imitation de Chaban. Le regard que posent sur lui Garaud et Juillet lui fait espérer une ascension rapide. Même si, déjà, tous deux le jugent « un peu juste » : « C'est un lieutenant de cavalerie, soupire Juillet : on lui donne un ordre, il part au galop, puis revient : il a oublié l'ordre... »

Pourquoi Chirac joue-t-il ce personnage? À cause d'un complexe d'infériorité qui se révélera face à Giscard puis à Mitterrand? Par cynisme? Pour masquer des ambitions que le couple Juillet-Garaud, en quête d'un successeur pour le président malade, a suscitées et encouragées? Pour préserver son jardin secret – ses amours, sa passion pour les Arts premiers? Ou bien plutôt pour dissimuler ses humiliations et ses chagrins? Je ne le découvrirai que plus tard : lorsqu'il a relu mon interview corrézienne, sa fille aînée, Laurence, qui passait ses vacances en Corse avec sa mère et sa sœur Claude, venait d'être hospitalisée en urgence. Il y a une force, sans doute, dans cette façon de cacher ses douleurs. Mais l'on n'y voit qu'inconstance et fragilité. Comme on ne voit, derrière chacun de ses « coups », qu'une fuite en avant.

Hiver 1974
« Son 18 Brumaire ! »

Le premier de ces « coups tordus » restera comme la tache de sang sur les mains de Lady Macbeth. C'est *l'Appel des 43* : le 12 avril 1974, dix jours après la mort de Pompidou, 43 élus et ministres que Chirac, promu ministre de l'Intérieur à la fin du règne pompidolien, a littéralement harcelés, publient un communiqué. Leur but est de faire obstacle à la candidature de Jacques Chaban-Delmas – un « gauchiste », selon le couple Juillet-Garaud. Ils appellent à promouvoir la « candidature d'union » du Premier ministre Pierre Messmer, héros des Forces françaises libres. Celui-ci s'effacera ensuite, prévoient-ils, laissant la voie libre à Valéry Giscard d'Estaing, l'homme du « oui mais » à de Gaulle, et lui offrant ainsi une caution gaulliste.

Deuxième action éclair : la prise de pouvoir, le 14 décembre 1974 avec le concours de Pasqua, à l'UDR – le parti gaulliste – dont, la veille encore, Chirac n'avait pas la carte. Dans l'escalier roulant du tout nouveau Palais des Congrès de la porte Maillot, le ministre gaulliste Robert Boulin, indigné par ce « vote truqué en arrière-cuisine » et cette mise en scène du triomphe chiraquien, me dit : « C'est son 18 Brumaire ! »

Troisième coup d'éclat du nouveau Bonaparte : sa démission de Matignon, le 25 août 1976, en forme de déclaration de guerre au président Giscard d'Estaing, qui l'a nommé Premier ministre deux ans avant pour prix de son soutien. Cette fois, c'est Marie-France Garaud qui tient la plume. En mère inquiète, elle lui fait même répéter son intervention télévisée.

L'apogée, en décembre 1976, est le sacre du président du RPR – Rassemblement pour la République, le nouveau nom de l'UDR – au Palais des Sports de la porte de Versailles devant 20 000 militants chauffés par Charles Pasqua.

Mais ce n'est pas fini : en mars 1977, au terme d'une campagne menée tambour battant contre le candidat giscardien, Michel d'Ornano, Jacques Chirac emporte la mairie de Paris.

Une audace et une chance dignes de Bonaparte, des mises en scène grandioses qui subjuguent les militants. Mais ces obscures manœuvres en sous-main et ces brusques virages politiques troublent les électeurs. Qui est Chirac, au fond ? À quoi croit-il ? D'ailleurs croit-il en quelque chose ? On l'a connu tour à tour radical-socialiste en Corrèze et populiste à Paris, au point d'être qualifié de « facho-Chirac », anti-Chaban du temps de Pompidou et réformiste façon Chaban du temps de Giscard ; on le connaîtra « travailliste à la française » puis libéral à l'américaine façon Ronald Reagan, anti-européen dans l'opposition puis pro-européen à l'Élysée...

Sous les visages successifs du « Chirac nouveau » que nous vendront, chaque automne à la saison du beaujolais nouveau, ses conseillers en communication, il me faudra des années pour découvrir « l'autre Chirac ».

Auparavant, c'est par les femmes que j'aurai entrevu les facettes cachées de sa personnalité.

Retour aux années 1950
Un étudiant anticonformiste ?

Il a dix-neuf ans, de longs bras, une voix de stentor, un large sourire. Il se fait déjà remarquer des professeurs de Sciences-Po et de ses camarades – y compris de ses aînés comme Michel Rocard – par son culot. Les filles, elles, le trouvent « si gentil, si chaleureux... et si beau ! »

« Il était... la vie ! » se souvient l'une d'elles, Béatrice de Andia, en me montrant des photos de leur groupe, rue Saint-Guillaume, en 1951. Une Schlumberger, une Seydoux, une Mitry... que des grands noms de la bourgeoisie ou de l'aristocratie. Sept filles minces et ravissantes serrées autour du grand garçon rieur.

« Certes, ajoute l'aristocrate[1], Chirac n'était pas le nom le plus connu, mais il n'en souffrait pas... »

Pas sûr. Le jeune homme n'a pas oublié la condescendance des « grandes familles » lorsque, son père étant promu au groupe Dassault, les Chirac sont montés à Paris. Marie-Louise avait gardé de sa province un accent à couper au couteau que les leçons de diction ne parvinrent pas tout à fait à corriger. Quelques années plus tard, recevant chez lui, pour une séance de travail, les camarades de sa conférence de Sciences-Po, des fils d'académiciens ou d'ambassadeurs comme Jean François-Poncet, son Jacques a surpris leurs regards sur le mobilier rustique et la grosse cafetière de Mme Chirac... Le beau gosse, signataire de l'Appel de Stockholm lancé par un Comité de la Paix suscité par Staline contre les armes atomiques, ne joue pas pour autant les révoltés. Il n'adhère ni au PCF ni même aux Jeunesses socialistes de Rocard. Mais il sait à quoi s'en tenir sur les codes de ce monde proustien. Plus tard, il lui arrivera de les braver ouvertement, pour le plaisir de voir sa femme Bernadette, née Chodron de Courcel, lever les yeux au ciel. En attendant, Chirac cultive déjà son jardin secret : il apprend le russe avec le professeur Delanovitch qu'il vénère ; il part à la découverte de l'Afrique comme pilotin sur un cargo et à la conquête de l'Amérique comme serveur de bar ; il se passionne pour l'art asiatique.

Façon de se prouver son indépendance à l'égard d'une société dont il épousera, finalement, bien des conformismes ? Agacement à l'égard des cuistres de toutes sortes qu'il a vus faire leur cour au normalien Pompidou ? Plus tard, il se proclamera « fana-mili » et affirmera n'avoir jamais été aussi heureux que durant son service militaire en Algérie, comme sous-lieutenant sur le pic de Souk-el-Arba. Mais apparemment l'histoire et la littérature françaises – sans parler de la musique ! – l'ennuient presque autant que les ouvrages selon lui « indigestes » d'Alexis de Tocqueville ou de Raymond Aron, qu'il faut avoir lus à Sciences-Po. À quoi bon, d'ailleurs, s'en infliger la lecture,

1. Entretien de Béatrice de Andia avec l'auteur, 2004.

puisqu'il trouvera toute sa vie de dévouées collaboratrices, à l'instar de l'étudiante Bernadette, pour lui rédiger des fiches? Il a un truc pour compenser ce déficit de culture nationale : jouer les ploucs bien de chez nous, adeptes de la tête de veau, de la politique «au cul des vaches», des banquets bien arrosés et des plaisanteries grivoises.

Printemps 1976
Titus aimait-il Bérénice ?

Un soir de printemps, alors que les boutiques du Faubourg-Saint-Honoré ont baissé leurs stores, notre quadragénaire fait arrêter son chauffeur devant celle de Cardin. Il déploie sa longue silhouette et vient cogner à la porte. À l'arrière de la voiture officielle, un courant d'air frais a fait frissonner sa belle. Il lui faut un châle rouge pour couvrir ses épaules. C'est l'intéressée, Marilyne C., journaliste au *Figaro* et au *Télégramme de Brest* au moment des faits, qui me raconte la scène. Cette très jolie blonde, vive, tendre et rieuse, a découvert un Chirac délicat, plein d'attentions.

Le coup de foudre a eu lieu en Corrèze, où elle a été chargée par son journal de suivre l'«homme qui monte» au gouvernement. Jacques couvre Maryline de lettres d'amour et de cadeaux. Il va jusqu'à l'amener en week-end au château en Poitou de Mme Garaud. Bien qu'âgée de deux ans de moins que le poulain de Pompidou, cette dernière joue en effet les duègnes pour maintenir sur lui son emprise. C'est chez elle que, pour la première fois de sa vie, Chirac étrennera un jean... avant de se coiffer d'une perruque dénichée au grenier pour emmener Marilyne manger des crustacés sur le port de La Rochelle.

Entre-temps, Pompidou est mort. Nommé Premier ministre de Giscard, dont il attrape le style – «Ils parlent, ironise Mitterrand, comme une poule pond un œuf» –, Chirac retrouve sa maîtresse en secret dans un petit appartement proche de Matignon. Il l'expose – et il s'expose – en l'emmenant en voyage officiel en Inde. Cette histoire passionnée se terminera tragiquement, pour Maryline, par un avortement et une dépression. Mais quarante ans plus tard, elle n'arrivera pas à en vouloir à son « Jacques », tiraillé par le devoir qui le lie à la mère de ses filles.

À la fin de sa vie, l'ancien sénateur Pasqua me décrira le Chirac de ces années 1970 comme un superbe étalon qu'il fallait tenir bride serrée : « Nous le rappelions sans cesse aux devoirs de sa fonction et de son ambition. "Mais enfin ! nous disait-il. Il faut bien que je vive[1] !" » Quelques années auparavant, déjà, Pompidou sermonnait son jeune ministre : « Si l'on veut faire de la politique, en France, on ne divorce pas ! »

Avec l'aide de Pasqua, Marie-France Garaud achève le travail de sape. Elle incite Bernadette à se montrer plus présente, elle poursuit Marilyne sur l'air de : « Vous portez atteinte à l'intérêt national ! » Elle ne cesse de mettre en garde Chirac sur les risques énormes qu'il prend. Elle va jusqu'à jouer les agents secrets : « Nous avons fait enlever ses lettres compromettantes chez la journaliste », me révélera Pasqua, l'œil malicieux. Finalement, Chirac-Titus va quitter Marilyne-Bérénice. Mais Titus aimait-il vraiment Bérénice ?

À quarante-deux ans, le goût du pouvoir s'est emparé de lui. Giscard en est la cause : au risque d'être qualifié de « traître » par les gaullistes, Chirac a fait de ce faux aristocrate le successeur de Pompidou ; il l'a admiré mais n'a reçu en retour que du mépris ! Toute sa vie, Chirac ressassera cette humiliation. Mais s'il prend son envol, c'est aussi grâce aux femmes : Marie-France Garaud – encore elle ! – dont il ne supporte plus le joug mais à qui il doit un précieux apprentissage. Et Bernadette, épousée par ambition, parce qu'elle le faisait entrer dans le monde de l'aristocratie gaulliste, et par commodité, parce qu'elle se comportait, à la manière des femmes corréziennes, en « humble servante du seigneur ».

Jusqu'au jour où Bernadette s'est rebellée.

1. Entretien de l'auteur avec Charles Pasqua, 2013.

Bernadette contre les mentors

Été 1979
La révolte de « l'humble servante »

Juste avant les vacances d'été, je suis conviée en tant que journaliste agricole à un déjeuner organisé au Pré Catelan pour couronner les plus belles roses de Bagatelle. En robe de soie fleurie, une coupe de champagne à la main, la femme du maire de Paris va de table en table, se posant ici ou là pour évoquer des souvenirs très politiques. « Vous vous souvenez, monsieur Delbard, de notre visite aux Floralies avec Anne-Aymone Giscard d'Estaing ? Lorsqu'elle s'est arrêtée si longuement devant vos rosiers et que personne n'a osé lui dire que sa rose préférée s'appelait Bernadette Chirac ? » Oui, il s'en souvient. Et il déplore vivement cette querelle Chirac-Giscard. « On en a assez de ces divisions de la majorité ! Où va-t-on ? » Bernadette soupire : « Ah, je suis bien de votre avis ! »

Soudain, la femme effacée dont les photos ne m'avaient révélé qu'une silhouette en apparence fragile, de grands yeux pleins d'angoisse et un front offert aux flèches, m'apparaît tout autre : forte, déterminée.

« Madame, lui dis-je, j'aimerais vous rencontrer...

— Venez me voir en Corrèze. »

Rendez-vous est pris pour un portrait à paraître dans le magazine *Elle*.

Armoire gothique et chemise hawaïenne

Un matin d'août, sous une pluie battante, je me présente donc à la grille du petit château de granit rose baptisé par *Le Canard enchaîné* «Château Chirac». C'est Jacques Chirac qui ouvre la porte et nous fait entrer dans le salon, le photographe et moi. En chemisette hawaïenne, pantalon de toile et mocassins indiens, le maire de Paris, même s'il boite encore, à la suite d'un grave accident de voiture, arbore une allure de vacancier. Il est entouré d'ados en jean et escorté de deux chiens remuants, dont Jasmine, un braque d'Auvergne offert aux beaux jours par Valéry Giscard d'Estaing. Mais à peine s'est-il assis sur le canapé de velours face à la cheminée monumentale, que les ordres fusent : «Claude[1] ! Tu nous donnes quelque chose à boire ! Vincent ! La table de ping-pong est sous la pluie ! Mon pied au cul si elle n'est pas rangée dans cinq minutes ! Catherine, vous voulez bien aller voir au pavillon s'il reste du champagne ?»

En attendant le retour de sa femme, j'admire la tapisserie du XVIIe et la superbe armoire gothique. Chirac me confie les avoir dénichées à Bruxelles, quand il était ministre de l'Agriculture. Il adore les antiquaires, connaît «tous ceux de Paris», les fréquente depuis l'âge de treize ans... Régenterait-il tout, à la maison comme au dehors ? Justement, on sonne au portail. Des habitants de la commune voisine, venus voir leur maire adjointe et conseillère générale, Bernadette. Elle est au marché, mais qu'à cela ne tienne : les électeurs, c'est pour lui. Il les reçoit dans le petit bureau où trône, dans un cadre d'argent, la grande photo dédicacée de Georges Pompidou.

Bernadette ne s'en offusque pas. De retour du marché, bronzée par un bref séjour aux Seychelles, élégante dans sa jupe blanche et son chemisier à rayures bordeaux, elle m'offre de

1. Claude Chirac, sa fille cadette, alors âgée de 16 ans ; Vincent Lindon, un ami de Claude, alors âgé de vingt ans, devenu depuis un acteur célèbre.

visiter la maison, « une simple gentilhommière, insiste-t-elle, comme il en existe des dizaines dans la région ». Les Chirac l'ont achetée en 1971, quand Jacques n'était encore que secrétaire d'État aux Finances. Pompidou fut fâché de l'apprendre. Il avait raison : *Le Canard enchaîné* ne tarda pas à épingler le nouveau châtelain. Mais Bernadette feint de l'ignorer : « Je suis tombée amoureuse de cet escalier de granit rose... » Les petits salons de lecture dans les tourelles rondes, c'est elle qui les a fait aménager. Les chambres d'amis aux murs tapissés de toile damassée portugaise, aussi. Elle rit : « L'été dernier, les amis des filles arrivaient si nombreux que maman[1] a dû aller se poster au portail pour leur dire : "C'est complet !" Mais eux insistaient : "Madame, laissez-nous juste un coin pour camper !" »

À déjeuner, autour de la longue table de couvent, les plats se vident gaiement. Bernadette est cette fois aux commandes : « Claude Chirac, ma fille, tu nous changes les assiettes ? », lance-t-elle d'une voix de stentor, à la manière de son mari. Jacques Chirac, maire de Paris, vous nous passez la mousse au chocolat, si vous nous en avez laissé ? »

Le café aussitôt avalé, Mme le Conseiller général part faire la tournée de son canton : neuf villages de granit rose enfouis sous les chênes et les châtaigniers.

« Elle me prenait pour une parfaite imbécile »

Je l'accompagne munie de mon cahier de notes. Halte à la Rebeyrotte, chez un couple d'agriculteurs retraités. À Vitrac, chez le jeune patron d'une petite entreprise de menuiserie. Partout, l'accueil est chaleureux. À peine la Peugeot 304 de Bernadette s'arrête-t-elle devant la barrière, que ses électeurs paraissent sur le pas de leur porte : « Vous prendrez bien un petit quelque chose, madame Chirac ? » Elle entre : « Non, non, pas de liqueur pour moi ! Je ne suis pas comme mon mari qui

1. Mme de Courcel.

fait semblant de boire, plaisante-t-elle, les coudes solidement plantés sur la toile cirée. Moi, je dis toujours la vérité ! »

Dans la voiture, elle se confie : « Depuis mon enfance, j'ai été habituée à faire face. » La voilà petite fille, en pleine guerre, à la campagne : « Seize kilomètres à faire à bicyclette pour aller à l'école, et pas question de se plaindre ! » La voici étudiante à Sciences-Po, croisant le chemin de Jacques Chirac « par un hasard heureux ou malheureux... » Elle tape ses exposés à la machine. Ils se marient, ils ont deux filles ; et elle découvre que la femme d'un homme politique est condamnée à être terriblement seule. « Il y a beaucoup de choses dont j'ai souffert, dit-elle avec brusquerie. Pas la peine de s'y arrêter. »

Face à nous, dans le virage, une camionnette surgit. Brusque embardée vers les fougères. Habile, Bernadette redresse le volant. Les petites routes sinueuses de Corrèze, elle les connaît comme personne. Dès 1966, quand le jeune technocrate décide de s'y faire élire député, il prend chaque week-end le train pour Ussel ; accompagnée de Laurence, sa petite fille de quatre ans elle prend le relais chaque semaine par le train de nuit qui la dépose à quatre heures du matin à Ussel. Elle sillonne les routes dans la brume, tient la permanence du député. Soumise ? Elle me jette un regard de défi : « J'étais furieuse, car je me rendais compte qu'il entrait dans un engrenage et qu'il allait être bouffé. Mais je n'avais pas le choix : il fallait que je prenne le train en marche ou que je m'en aille. »

De « belles bagarres », ils en ont connu d'autres : en 1972, Bernadette décide de s'inscrire à l'université pour préparer une licence d'archéologie. « J'en avais un peu ras-le-bol d'être toujours dans l'ombre de mon mari. » Mais le mari, ministre, n'a aucune envie de voir sa femme aux prises avec des étudiants gauchistes sur le campus de Nanterre. « Il m'a dit que j'allais provoquer des scandales et lui briser sa carrière. Je lui ai répondu : "Écoutez, mon vieux, je suis assez grande pour me débrouiller !" »

Déjà, couve un autre conflit, bien plus violent : il va opposer Bernadette à Pierre Juillet et surtout, à Marie-France Garaud.

Quand les deux ex-conseillers de Pompidou poussent son mari à démissionner avec éclat, en août 1976, au bout de deux années à Matignon, elle le comprend : le président Giscard d'Estaing a commencé par imposer à son Premier ministre le choix de ses ministres – en particulier le directeur de *L'Express*, Jean-Jacques Servan-Schreiber et son bras droit, Françoise Giroud dont la nomination constituait une véritable provocation à l'égard des gaullistes. Puis il n'a cessé de réduire les champs d'intervention de son Premier ministre. Mais lorsque les deux comparses de l'ombre entraînent Chirac dans une escalade verbale contre Giscard, en le comparant à Pétain, Bernadette flaire le danger.

Rejouer de Gaulle contre Pétain ?

La scène se passe le 6 décembre 1978 à l'hôpital Cochin, où Chirac a été transféré depuis l'hôpital de Tulle. Quelques jours plus tôt, sa voiture a dérapé sur le verglas en Corrèze et s'est écrasée contre un arbre. Il souffre de plusieurs fractures. Pierre Juillet vient rendre visite au blessé. Il a dans la poche le texte d'un appel rédigé avec Marie-France Garaud en réaction à la proposition giscardienne d'élire le Parlement européen au suffrage universel. Abruti de calmants, Chirac le signe. Bernadette, qui a laissé son mari en tête-à-tête avec le visiteur, est d'autant plus scandalisée que Juillet se dit choqué de « n'avoir pas vu l'épouse de Jacques à son côté » !

Mais que dit l'Appel de Cochin, rédigé dans une langue très XVIIIe siècle, sur une musique qui rappelle étrangement celle de l'Appel du 18 Juin ?

« Il est des heures graves dans l'histoire d'un peuple où sa sauvegarde tient toute dans sa capacité de discerner les menaces qu'on lui cache [...] »

Comme toujours, lorsqu'il s'agit de l'abaissement de la France, le parti de l'étranger est à l'œuvre, avec sa voix paisible et rassurante. Mais comme toujours, lorsqu'il s'agit de l'honneur de la France, partout des hommes vont se lever pour combattre les partisans du reniement ! »

C'en est trop ! Appeler à la Résistance contre le président légitimement élu, c'est une folie pour son mari, pour la majorité, et surtout, dit-elle sans sourire car il ne faut jamais oublier que son oncle fut aide de camp de De Gaulle à Londres, « pour la France ». Bernadette se lance alors dans une bataille sans merci contre « Mme Garaud ». « C'est une femme très intelligente et pleine de charme, commente-t-elle, mais elle a beaucoup de mépris pour les gens. Elle les utilise, puis elle les jette. Moi, elle me prenait pour une parfaite imbécile. »

Je comprends ce qui l'a décidée à franchir le pas : la peur de voir revenir la « mauvaise fée ». Après le calamiteux Appel de Cochin, Bernadette a vu son mari se perdre. Amaigri, le visage tordu par un rictus de douleur, il s'est lancé, en claudiquant sur ses béquilles, dans la campagne pour les élections européennes de juin. À coups de discours cocardiers, il n'a cessé de harceler le gouvernement Barre auquel appartiennent d'anciens ministres du Général comme Alain Peyrefitte.

« Vous n'avez pas l'étoffe d'un président ! »

Le 10 juin 1979 au soir, il faut se rendre à l'évidence : c'est la catastrophe ! La liste européenne UDF – le parti libéralo-centriste de Giscard – conduite par Simone Veil obtient 27, 5 % des suffrages. Celle du RPR, menée par Chirac, arrive loin derrière le PS et le PCF, avec 16,5 %...

À minuit, alors qu'un orage d'une violence inouïe éclate sur Paris, faisant crépiter les vitres des hautes fenêtres de l'Hôtel de Ville, Bernadette va frapper à la porte du directeur de cabinet et conseiller « religion » de son mari, Bernard Billaud. « S'il vous plaît, implore-t-elle, n'abandonnez pas mon mari ! » Elle éclate en sanglots dans les bras de l'austère catholique, qui me racontera la scène. Tout à coup, elle prend peur : Jacques serait capable de lui lancer à nouveau cette phrase qui lui a fait si mal : « Vous ratez tout et vous faites tout rater aux autres ! » Mais quoi, une Chodron de Courcel se laisser aller ? En regagnant ses appartements, Bernadette se répète : « Ce sera elle ou moi. »

Marie-France Garaud prend les devants : le lendemain à 9 heures, elle franchit la porte de l'immense bureau du maire de Paris : « Je ne reviendrai plus, Jacques. Nous n'avons pas la même appréciation de la ligne à suivre. » Avant de tourner les talons, elle décoche un dernier trait empoisonné à celui qu'elle appelait naguère *poussin* : « Il y a longtemps que j'ai compris que vous n'aviez pas l'étoffe d'un président de la République. »

Chirac n'en a pas pour autant fini avec elle.

Il n'en n'a pas fini non plus avec Bernadette. Notre entretien paraît dans le numéro de *Elle* daté du 17 septembre 1979. Il fait scandale. Chirac me téléphone : « C'est Hiroshima ! », lâche-t-il dans un éclat de rire forcé. Bernadette, elle, semble d'abord satisfaite de son « coup » : elle m'invite à un concert à l'Hôtel de Ville. Mais bientôt, désireuse d'apaiser le climat familial – à moins qu'elle ne se soit laissé persuader que j'ai agi sur ordre de giscardiens acharnés à démontrer la « fragilité » de son mari – elle me raye des listes. Ma *quarantaine* va durer seize ans – le temps qu'il faudra à Chirac pour devenir enfin, après maintes défaites, président de la République.

Deux défaites, deux victoires et une cohabitation

Hiver 1980-1981
Le scénario rêvé de Pasqua

Depuis juin 1980, la France est repartie en campagne présidentielle. Après Michel Debré, qui fut Premier ministre du général de Gaulle, Marie-France Garaud descend dans l'arène. En confirmant sa candidature un dimanche soir au « Club de la presse » d'Europe 1 auquel je participe, elle subjugue mes confrères. Le directeur de *Libération*, Serge July, s'émerveille : « Quel superbe animal politique ! »

Chirac, cependant, tarde à se déclarer. Va-t-il se présenter contre Giscard, qui affronte déjà Mitterrand ? De méchantes rumeurs convoquent son passé de « traître » ; la presse redouble de questions : qui est-il, ce « Chirac inconnu » ? Un héritier du radicalisme ? Du boulangisme ? À moins qu'il ne passe par « des sincérités successives » ?

Désormais le principal sinon le seul conseiller du président du RPR, le sénateur Pasqua multiplie les meetings pour ouvrir la voie. Non content de démolir la politique de rigueur du Premier ministre Raymond Barre, « le plus grand diviseur commun de la majorité », et d'accuser le président Giscard d'Estaing d'avoir « laissé se développer un collectivisme sournois », il propose aux militants ce scénario rêvé : « Mitterrand peut être éliminé au premier tour ! Chirac, resté seul face à Giscard, peut l'emporter ! » Mais comme il sait bien que cela ne suffit pas, l'ancien dirigeant du SAC prépare en coulisses l'arme absolue : l'affaire des diamants.

Chirac n'a plus qu'à entrer en scène, vêtu de probité et de lin blanc. Il me reçoit dans son immense bureau de l'Hôtel de Ville en affectant de prendre ses distances. « Parlez-moi plutôt de la couleur de mes chaussettes... ou de Kandinsky ! », suggère-t-il, avant de concéder : « Du sang radical coule dans mes veines. » Puis : « Mon image de fonceur arrange mes adversaires... » Mais n'est-ce pas ainsi qu'il plaît ? La jeune photographe qui m'accompagne est séduite : le maire de Paris lui a promis avec empressement de régler son problème d'appartement.

Vive la bouffe ! Sus à la bureaucratie !

Enfin, le voici en route pour sa première présidentielle « à son compte ». Je le retrouve assis dans un fauteuil club à l'aéroport du Bourget, où son attachée de presse m'a donné rendez-vous à 16 heures. Vêtu d'un costume gris-bleu trois pièces, cravate claire à rayures, Chirac dévore à belles dents un sandwich au poulet : « J'en ai marre de ne pas bouffer ! », s'exclame-t-il. À ses pieds, un sac en plastique dont il a extrait deux canettes de bière tiède et une bonne demi-douzaine d'autres sandwichs qu'il aura engloutis d'ici notre décollage pour Grenoble. Il sort à peine, pourtant, d'un déjeuner de presse. « Mais, proteste-t-il, pendant que vous autres, les journalistes, déjeunez, moi, je parle. » Tous les jours, midi et soir, la même privation lui est infligée. Encore heureux s'il peut être de retour à l'Hôtel de Ville à minuit pour se faire une omelette de huit œufs avant d'entamer ses trois heures de courrier et de paperasse. « Car je ne veux pas qu'on dise que je néglige la mairie de Paris... » Faudrait-il donc plaindre le candidat RPR ? Allons donc ! À l'entendre affirmer qu'il est « le seul à avoir beaucoup de cartouches dans sa cartouchière », on en oublierait les enquêtes d'opinion qui donnent, à trente jours du premier tour, Giscard à 29 %, Mitterrand, à 24 % et lui, loin derrière !

Mais Pasqua lui a donné son truc : se répéter intérieurement « CTML » – cause toujours, mon lapin.

19 heures. Dans la salle du Palais des Sports de Grenoble tapissée d'affiches « Jacques Chirac maintenant », le candidat réunit 300 « socioprofessionnels » : ingénieurs, petits patrons du commerce et de l'industrie. « Si cela continue, lance-t-il, histoire de renouveler son numéro sur la bureaucratie, on ne pourra plus aller déjeuner qu'entre 12 h 35 et 13 h 35, et en passant obligatoirement par le service des déjeuners... » Succès assuré.

20 heures. On dîne ! Charles Pasqua a bien fait les choses : un vrai dîner avec jambon persillé et mousseline de brochet arrosés de vin d'Arbois. Chirac, servi le premier à table, a nettoyé son assiette quand le plat parvient à sa voisine. Une nouvelle épreuve sportive l'attend.

21 h 15. En quelques enjambées, il est à la tribune, au milieu de plantes vertes sur fond bleu ciel. Cinq cents personnes debout scandent : « Chi-rac, Chi-rac ! » Et c'est parti pour une philippique d'une heure. Caché derrière un ficus, Pasqua savoure son triomphe tandis que son poulain entonne un couplet très applaudi sur les « chercheurs qui doivent passer plus de temps à remplir les formulaires qu'à chercher ».

À peine sortis de la salle, nous apprenons la nouvelle : à l'issue d'une réunion au Hilton de Washington, cinq coups de feu ont été tirés contre Ronald Reagan. Le président américain a été blessé d'une balle en plein poumon.

Soudain, la campagne présidentielle prend un tour tragique. Le « moment Chirac » serait-il passé ?

Printemps 1981 : deux fois écrasé par Mitterrand

Le samedi 11 avril, ils sont encore 40 000 partisans à l'ovationner au Parc des Princes, en jurant que « l'UDF de Giscard va éclater », et que « Chirac va passer ».

Mais la défaite est plus humiliante encore que prévu : au soir du dimanche 26 avril, Chirac, loin derrière VGE et Mitterrand, dépasse de justesse, avec ses 17,9 % de voix, le communiste Georges Marchais. Contraint et forcé, il diffuse un appel à se rallier à Giscard. Mais l'on sait que, de manière souterraine, Pasqua fait passer la consigne de voter Mitterrand. Et l'on murmure que Chirac et Mitterrand se sont rencontrés autour d'un plat d'œufs pochés aux épinards chez la socialiste Édith Cresson.

François Mitterrand élu président, la droite en état de choc veut croire à un « sursaut » aux législatives. Jean Lecanuet, le président de l'UDF et sénateur-maire de Rouen, me résume, sous le porche de sa cathédrale, la nouvelle stratégie : « Mitterrand est prisonnier de son alliance avec les communistes. Il faut l'aider à s'en libérer. »

Les jours de soleil, Chirac et Lecanuet laissent ainsi entendre qu'ils pourraient participer à un gouvernement socialiste. Mais les jours de pluie, ils agitent le vieil épouvantail du « collectivisme ».

En vain. Au second tour des législatives, en juin, le raz-de-marée en faveur de la gauche est sans appel : après avoir perdu la bataille de mai, le chef du RPR a perdu celle de juin.

Printemps 1983 : petit retour de flamme

Chirac devra attendre deux longues années pour se remettre en selle. Les municipales de mars 1983 lui en donnent enfin l'occasion : dès le premier tour, l'opposition enlève Brest, Grenoble, Nantes, Reims... Au soir du second tour, le dimanche 13 mars, une foule avide se presse dans les escaliers, les galeries et les vastes salons de l'Hôtel de Ville, éclairés par de grands lustres. Grimpé sur une estrade, le dos aux tableaux où l'on a inscrit en bleu les scores de ses poulains dans 18 arrondissements sur 20, le maire de Paris triomphe : « C'est un avertissement sans équivoque au gouvernement. »

À nouveau, les élus RPR, si critiques sur sa ligne et son style, se rapprochent, aimantés par la présence du champion.

Le vendredi 30 septembre 1983, sur le marché de Carpentras, il est accueilli en héros. Bousculant les étals croulant de raisin, de figues et d'aubergines, la foule se précipite au-devant des trois gros cars bleus loués par le RPR pour ses assises parlementaires. Chirac, descendu le premier, commence à serrer les mains. Derrière lui, épanoui, Toubon fonce à grandes enjambées, Pasqua arbore son sourire à la don Camillo... La famille RPR, avec ses pères nobles, ses vieux oncles baroudeurs, ses jeunes loups et ses cousins gourmés qui ne doutent pas que le pouvoir leur revienne. « Bonjour, madame, vous en avez, un beau petit chien ! », démarre Chirac. Et le cortège s'engouffre dans la rue de la République, précédé d'admiratrices sautillantes qui réclament des photos. Gentiment, Chirac prend la pause avec elles.

Sous les sourires, cependant, pointe l'inquiétude : et si, par le jeu de la proportionnelle, Mitterrand faisait éclater l'opposition ?

Printemps 1986 : première cohabitation

Mais si la proportionnelle permet à Jean-Marie Le Pen d'entrer à l'Assemblée avec trente-deux de ses amis FN, elle ne masque pas le reflux de la gauche. Une fois encore, Chirac mène ses troupes à l'abordage et emporte, aux législatives du dimanche 16 mars 1986, une large victoire[1].

Mitterrand en tire sans attendre la conclusion : il lui propose de prendre la tête du premier gouvernement de « cohabitation ».

Et c'est ainsi que, le jeudi 30 mars à 16 heures, il traverse la cour de l'Élysée sans un regard pour les journalistes. Juste avant de gravir la première marche du perron, il lève les yeux vers l'impressionnant échafaudage de caméras. Mais pas un sourire.

Chirac aurait-il un pressentiment ? Le jour même de sa nomination, un attentat terroriste sur les Champs-Élysées fait 2 morts et 128 blessés.

---

1. Le RPR et l'UDF enlèvent 277 sièges à l'Assemblée nationale contre 199 au PS et 35 au PCF.

L'ascension de Balladur, nouveau mentor

Des murs tendus de satin rouge broché, un grand tableau, *Judas et le Christ*, d'après Rubens : c'est dans ce décor prémonitoire que le ministre d'État de l'Économie et des Finances, Édouard Balladur, dont les chaussettes pourpres achetées à Rome chez le fournisseur des prélats sont déjà célèbres, fait son entrée dans un salon du palais du Louvre. « Je suggère, dit-il d'une voix suave, que vous preniez la peine de vous asseoir. » À travers le crépitement des flashes, on discerne les quelques mots par lesquels il voudrait définir son action : « Rapide... simple... efficace. » Personne n'ose crier : « Plus fort ! » C'est que, dès qu'il tente de la forcer, la voix de Balladur devient pointue, un peu comme celle de l'ancien Premier ministre Raymond Barre. Cela nous contraint à un silence respectueux tandis qu'il déclare : « Pour modérés que nous soyons, nous n'en sommes pas moins déterminés... »

Le ministre, dont on a noté le « nous » royal, ne veut rien nous dire de plus avant que le Premier ministre ait prononcé son discours de politique générale. Au fait, quel Premier ministre ? « Il y a trois mois, me glisse un confrère allemand, je ne savais pas qui était Balladur. Aujourd'hui, quand je le vois en couverture de tous les magazines, je finis par croire que c'est lui, le nouveau Premier ministre. »

Le gouvernement n'est pas installé depuis dix jours qu'on ne parle que de Balladur. *Le Canard enchaîné* le baptise « Sa Suffisance », mais la droite adore ses manières raffinées et son programme libéral.

Devant l'Assemblée, le mercredi 9 avril 1986, le Premier ministre en titre, Jacques Chirac, annonce que dix milliards de francs seront consacrés à l'emploi des jeunes. Mais l'on retient surtout de son long discours, ennuyeux comme il sait les faire pour imposer le « sérieux » requis par Balladur, l'annonce que onze groupes industriels et quarante-deux établissements financiers seront privatisés. Le ministre de l'Économie aurait-il tenu la plume ? Marie-France Garaud le surnomme la « nounou » du Premier ministre. Mais Chirac, indifférent aux railleries, se félicite du « couple » qu'ils forment. Me recevant à déjeuner en tête à tête, Balladur, lui, me vante « l'énergie, la rapidité de décision, la détermination, le courage – oui, le courage » du chef du gouvernement.

Nounou, Richelieu, ou Mazarin ?

Un an plus tard, le 10 septembre 1987, se fait entendre la première fausse note : le ministre de l'Économie et des Finances est, pour la première fois, l'invité d'une grande émission télévisée, « L'Heure de vérité ». Un événement ! Sous le titre « L'homme le plus puissant du gouvernement », *Le Figaro* lui consacre une page. *Le Point* titre « Balladur à la barre » et dresse de lui le portrait d'un « mélange de Richelieu pour le sens de l'État et de Mazarin, dans l'âpreté feutrée des rapports de force ». Mais lorsque le journaliste-animateur de l'émission, François-Henri de Virieu, évoque un « ticket Chirac-Balladur » pour la présidentielle de 1988 et suggère : « En cas de victoire de Chirac, vous seriez Premier ministre... », Balladur le coupe : « Il ne faut pas en parler, parce que je ne le serai pas ! »

Cherche-t-il ainsi à rassurer les jaloux que n'a pas manqué de susciter son ascension ? Ou bien celui qui fut secrétaire général de l'Élysée dans les derniers jours du règne de Pompidou juge-t-il décidément que Chirac « n'a pas l'étoffe » ? Tandis que Mitterrand... Abandonné des siens, le président socialiste réussit à séduire, un à un, les ministres de droite. Avec une courtoisie toute impériale, il accueille son Premier ministre au G8 à Tokyo. De retour à Paris, cependant, il refuse de signer ses ordonnances sur les privatisations... avant de le narguer en recevant, au fort de Brégançon, les grévistes CGT de la SNCF.

Printemps 1988
Mitterrand attaque : « Des clans, des bandes... »

Deux années à peine ont passé et voici de nouveau Mitterrand et Chirac en campagne l'un contre l'autre. Un climat de rare tension s'installe, encore attisé lors de la prise en otages de gendarmes français par les indépendantistes de Nouvelle-Calédonie. La répression brutale ordonnée par le gouvernement provoque la fureur présidentielle.

Jacques Chirac démarre sa campagne par un spectaculaire meeting à l'hippodrome de Vincennes. Édouard Balladur accepte d'y jouer les vedettes américaines. Surgi, tel Johnny Hallyday, d'une pyramide kitsch sillonnée de lettres fluo, il annonce le doigt levé : « Un homme courageux, solide, généreux ! »

François Mitterrand, lui, fait attendre sa déclaration de candidature. Lèvres serrées, regard glacial, il s'en prend méchamment, lors d'une simple interview sur Antenne 2, à « des esprits intolérants qui veulent tout, des clans, des bandes... ». On se souviendra surtout du duel télévisé, dans l'entre-deux tours, quand Mitterrand, méprisant, impose son rapport de force à Jacques Chirac. Celui-ci insistant : « Ce soir, je ne suis pas le Premier ministre et vous n'êtes pas le président de la République, nous sommes deux candidats », Mitterrand réplique : « Mais vous avez tout à fait raison, monsieur le Premier ministre... » Les jeux sont faits. Le verdict du 8 mai est accablant : le vieux président écrase son adversaire par 54 % contre 46 %. Combien de défaites faudra-t-il encore pour que Chirac renonce à la politique ?

La faute à Mitterrand ? La faute à Balladur ?

On le dirait en caoutchouc. À peine relevé de sa chute, il repart en campagne pour les législatives. Perdues d'avance, il le sait. Il visite, dans le 10e arrondissement de Paris, plusieurs rues peuplées d'immigrés turcs. Je l'accompagne, guettant sur son visage et dans sa voix les signes du désespoir : « C'est Mitterrand qui les a fait venir ! s'exclame-t-il soudain avec rage. Il les a voulus. C'est lui qui a fait Le Pen ! Maintenant, à lui de s'en dépêtrer ! »

Une heure après, nous sommes attablés à la brasserie Chez Julien. Après avoir englouti un bœuf en croûte et une bière, Chirac se laisse aller, pour la première fois devant moi, à une réflexion pleine de nostalgie. L'un de ses compagnons ayant évoqué la défaite de Yannick Noah, la veille, à Roland Garros, il confie : « J'ai trouvé qu'il avait fait un très beau match. Je lui ai écrit cette nuit pour lui dire que seuls le sort et la douleur l'avaient vaincu. »

Et lui, Chirac ? Pourquoi a-t-il été vaincu ? Tour à tour obnubilé par la menace Le Pen et impressionné par la popularité nouvelle du centriste Raymond Barre, n'a-t-il pas « godillé » de droite à gauche alors que Pasqua le pressait de rassembler toute la droite, électeurs FN compris ? N'a-t-il pas eu tort de laisser Balladur prendre la main ? C'est la thèse de Séguin : « La suppression de l'impôt sur la fortune n'a pas été un cadeau à la droite, mais un cadeau à la gauche ! »

Chirac ne répond pas. Une admiratrice vient le saluer. « Vous venez de Corrèze ? feint-il de s'étonner. Ah, ça fait plaisir ! » Il commande une seconde bière.

Face au complot Pasqua-Séguin

Hiver 1989-1990
Chirac va-t-il perdre le parti ?

Il est seul, maintenant, il le sait. Les *compagnons* ne veulent plus de lui. Séguin, le premier, dit à voix haute ce que les autres murmurent à voix basse dans son dos : « Ce parti a autre chose à dire et à faire que de soutenir les campagnes présidentielles de Jacques Chirac ! » Et voilà que Pasqua dénonce la « dérive droitière » du mouvement gaulliste ! Balladur, visé par ces nouvelles attaques, s'installe à son compte dans un bureau tout blanc du boulevard Saint-Germain pour réfléchir, entouré d'une équipe de jeunes gens, aux erreurs de la cohabitation passée. « La prochaine, avance-t-il, devrait être marquée par une certaine paix. Celle-ci ne serait obtenue que si le Premier ministre et le président n'étaient pas en compétition ». Et Balladur de conclure : « Le Premier ministre désigné en 1993 ne devrait pas être candidat à l'élection présidentielle deux ans plus tard. » L'ancien ministre d'État se voit-il lui-même dans ce rôle ?

Chirac n'entend pas sa petite musique. Il doit faire face au « complot » Pasqua-Séguin mais aussi à la rébellion de douze jeunes élus RPR et UDF dits *rénovateurs*. Ces derniers proclament, avec le maire de Lyon, Michel Noir : « On en a assez de perdre les élections à cause des divisions de nos chefs ! » Chirac refuse donc de voir Balladur « cheminer sans bruit, à grands pas ».

Le chef du RPR n'est plus qu'un animal blessé qui rugit en lisant la motion Pasqua-Séguin : « Un coup de poignard dans le dos ! » À cinquante-huit ans et après vingt-trois ans de vie politique, il lui faut livrer un combat fratricide afin de sauver sa tête de chef de l'opposition. Seul Alain Juppé, quarante-quatre ans, devenu deuxième adjoint au maire de Paris et promu secrétaire général du RPR, l'y pousse. Visé par les insurgés qui lui reprochent d'incarner une « ligne technocratique », il exige : « Nous nous battons solidairement, ou je m'en vais. » Chirac se décide alors à entamer son énième tour de France.

Un soir de brume de janvier 1990, nous décollons du Bourget pour Colmar dans un jet blanc. Bien calé dans son fauteuil en cuir fauve, la ceinture bouclée sur son loden, il éventre d'un geste brusque le carton coincé entre ses longues jambes et, dédaignant les plateaux de canapés au crabe, « ces petites nourritures pour chipoteux », en extrait de volumineux sandwichs.

« Un chef, c'est fait pour cheffer »

J'ai l'impression de revoir un vieux film cent fois visionné : Trente ans de campagnes. Tout ça pour ça. N'en est-il pas las ?

Chirac se redresse, arbore son sourire mécanique. Ses puissants maxillaires font penser à ceux d'un boxeur. D'ailleurs, on dirait qu'il a reçu un coup de poing sous l'œil droit... à moins que le coup ne l'ait touché au cœur ; il n'est pas près d'oublier le communiqué de Pasqua, cosigné de Séguin, et diffusé trois semaines plus tôt : « L'idée de la France dont nous étions porteurs, nous sommes en train d'en être dépossédés. » Passe encore pour Séguin : Chirac s'est toujours méfié de lui. Mais Pasqua ! Charles qui disait : « Le rêve de ma vie serait accompli si le chef du RPR devenait président de la République ! »

Chirac cite en exemple de Gaulle, démissionnaire en 1969 le lendemain même du « non » à son référendum. S'il est désavoué par les siens, lui aussi partira. « Un chef, conclut-il, triste et résolu, c'est fait pour cheffer. »

Au moment où le petit jet amorce sa descente, je l'interroge sur le projet de fusion de l'opposition avancé par Balladur. « Ses propositions, comme ses idées sur l'Europe, n'ont jamais été les miennes », tranche Chirac, impatienté.

Balladur : « Avec quelle gentillesse vous traitez vos amis ! »

Comme tous les samedis lorsqu'il est à Paris, Édouard Balladur se rend au marché pour acheter fromages et journaux. En découvrant dans *Le Figaro Magazine*[1] la confidence de son « ami », le député du 15e arrondissement sursaute : ainsi, Chirac avoue qu'il se sent plus proche de reîtres comme Pasqua que de lui, qui ne lui a jamais manqué ! Balladur saisit une paire de ciseaux, découpe l'article et l'envoie par porteur à Chirac avec une carte de visite : « Je suis toujours frappé de voir avec quelle gentillesse vous traitez vos amis ! » En près de trente ans à Matignon, à l'Élysée, puis rue de Rivoli, il a jaugé Chirac : une absence de vision, aucune réelle stratégie de rassemblement, mais un flair assez sûr et surtout, une prodigieuse présence physique – une beauté, oui – que tous lui envient. Il n'est pas surpris de ses façons discourtoises, mais il en est blessé. Chirac, lui, est embêté. Il sait ce qu'il doit au pompidolien Balladur mais il lui en veut d'avoir éloigné son cher grognard, Pasqua.

Une semaine plus tard, lorsque le président du RPR obtient finalement, au terme d'une campagne solitaire, le soutien de 95 % des militants, il oublie tout simplement de donner la parole à l'un des dix-neuf orateurs inscrits : Édouard Balladur.

Combien sont-ils, ce dimanche de février 1990 au Bourget, descendus des cars en rangs serrés, avec leurs chapeaux à rayures tricolores, à lutter contre le vent glacial ? Trente mille ? Quarante mille ? Et pourtant la joie est absente. Au bar de la presse Jacques Toubon résume crûment la situation : « Il y a ceux qui pensent que Chirac est cuit, et ceux qui pensent qu'il ne l'est pas encore. »

Quatre longues années de plus à attendre.

Revoilà Marie-France Garaud : aux côtés de Philippe Séguin et de Charles Pasqua, elle s'engage dans la bataille contre la ratification du traité européen de Maastricht. Ses flèches

1. « La semaine de Christine Clerc », 3 février 1990.

s'abattent sur Chirac : « D'Isabeau de Bavière à Pétain, l'Histoire, rappelle-t-elle perfidement, n'a pas été tendre avec ceux qui ont compromis la souveraineté nationale. »

Printemps 1992
Balladur le bien-aimé

Pendant ce temps, Balladur connaît un état de grâce.

Le voici à Amboise, le fief de la famille Debré. On le conduit à la Pagode de Chanteloup, où Choiseul, exilé de Versailles par Louis XV, reçut toute la cour. Mains dans le dos, un peu raide dans son pardessus de whipcord à double poche cavalière, Balladur écoute patiemment deux responsables d'associations culturelles lui donner lecture des mémoires de Saint-Simon. Puis, quelques sonneurs de trompe en habit vert, bientôt rejoints par tout un équipage de chasse à courre, sonnent les honneurs. L'ancien ministre d'État, songeant à la manière dont *Le Canard enchaîné* le croque en chaise à porteurs, ironise : « Je crains que cela n'accentue un peu mon image. » Surtout, ne pas avoir l'air dupe ! Ni des honneurs, ni des ambitions qu'on lui prête. Le soir, alors qu'il tient meeting à Poitiers, un millier de militants scandent : « É-douard ! É-douard ! » Au retour, dans le petit jet privé qui nous ramène à Paris, il se fait servir un verre de champagne – avec des glaçons, comme à son habitude – et me glisse, l'œil amusé : « Vous ne vous doutiez pas, n'est-ce pas, que j'avais été tant aimé rue de Rivoli ? »

Non, et Chirac, pas davantage. Il n'avait pas vu venir le « putsch » de ses compagnons. Il n'a jamais pensé non plus qu'Édouard serait capable d'avoir l'audace, la ruse et la brutalité d'un vrai politique. Il le croit, en outre, dépourvu de charisme. Toute sa vie, Chirac a-t-il fait autre chose que courir, sans voir grandir autour de lui les caractères et les ambitions ?

Printemps 1993
« J'ai voulu être libre »

Le 28 mars a lieu le second tour du dernier scrutin législatif du long mandat de François Mitterrand. Lorsque le chef du RPR arrive à 23 heures au siège de son parti[1], le champagne coule à flots. On fête l'élection de 449 députés RPR et UDF. Cette victoire aux législatives, c'est la sienne ! « Chirac à l'Élysée ! crient ses partisans, Mitterrand, à Latche ! » La présidentielle qui doit avoir lieu dans deux ans paraît jouée. Mitterrand ne pourra pas se représenter en 1995 pour un troisième mandat. Et il n'appuiera personne de son camp. C'est plutôt de ses propres amis – et de lui-même – que doit se méfier Chirac.

Respectueux des règles de la démocratie, le président de la République propose au chef de l'opposition victorieuse de redevenir son Premier ministre. Chirac décline l'offre. « L'enfer de Matignon », il l'a déjà connu deux fois. La troisième serait celle de trop. Il suggère à Mitterrand de choisir Balladur.

Balladur, nouveau calife

Le samedi 3 avril 1993, au lendemain de la messe célébrée pour le dix-neuvième anniversaire de la mort de Pompidou en l'église Saint-Louis-en-l'Île, à laquelle ils ont assisté côte à côte, le nouveau Premier ministre reçoit, à l'heure du petit déjeuner, son ami Jacques. Le fidèle lieutenant de ce dernier, Jean-Louis Debré, a été convié, ainsi que les deux plus importants ministres RPR du gouvernement : Alain Juppé – Affaires étrangères – et Charles Pasqua – Intérieur. Debré me décrit la scène : un bouquet de roses mauves au milieu de la table, la condescendance de Balladur qui fait apporter de la baguette

1. Le RPR est alors installé rue de Lille, juste à côté de l'Assemblée nationale.

beurrée à Chirac – « Ça, c'est vraiment gentil, Édouard », s'exclame l'intéressé. – tandis que lui grignote un toast. La conversation évite soigneusement les sujets politiques. Lorsque les ministres se sont esquivés, Chirac s'apprête à aller embrasser son ancienne secrétaire, Denise Esnous, qui a accepté d'organiser le secrétariat du nouveau Premier ministre. Balladur lance alors de son air pincé :

« À propos, Jacques, on me dit que vous vous êtes fait relier à l'interministériel ? Je vous avoue avoir été un peu surpris que vous ne m'ayez pas prévenu.

— Comment ? Je ne l'ai pas fait ? s'étonne Chirac. J'étais sûr, pourtant... Mais convenez que ce sera plus commode pour nous deux. »

Dans la voiture qui les ramène à la mairie de Paris, Chirac commente : « C'était bien sympathique, ce petit déjeuner. » Debré, lui, enrage : « Je vous l'avais dit : en laissant Balladur aller à votre place à Matignon, vous vous mettiez dans une logique d'affrontement. C'était inéluctable. J'ai connu cela avec mon père en 1962. » Chirac fait mine de ne pas entendre ; il a ouvert l'un des parapheurs emportés pour les signer en route. Debré poursuit quand même : « En 1962, quand de Gaulle l'a nommé, on disait que Pompidou n'était pas un homme politique, qu'il n'était là que pour la transition. Mais dès qu'il est entré à Matignon... »

Debré a vu juste. Une photo, quelques mois plus tard aux assises parlementaires de La Rochelle, résume la nouvelle situation : Chirac faussement décontracté, les mains dans les poches de son pantalon, son veston gris clair ouvert sur une chemise bleu ciel, se balade sur le port au côté du Premier ministre en costume sombre-cravate, la main dans la poche cavalière de la veste coupée à l'anglaise. Toute la presse la publie, avec ces titres éloquents : « Deux volontés en parallèle » pour *Le Figaro* ; « La mésentente cordiale » pour *Le Parisien ;* « La paix armée » pour *Libération.* On apprend que, lassé des appels répétés du président du RPR, le Premier ministre ne le prend plus au téléphone. Mais Chirac, affectant d'ignorer ces commentaires, lance sa campagne présidentielle : « Mes chers compagnons... si nous voulons garantir les solidarités essentielles et chasser l'exclusion, il nous faudra de l'imagination, de l'audace et du courage... Voilà pourquoi j'ai voulu être libre ! »

Il n'avait pas prévu que Balladur susciterait un tel engouement. Les Français n'apprécient pas seulement chez le nouveau « calife » sa volonté de rassemblement manifestée par ses avances aux centristes, mais aussi son style. Balladur passe-t-il quelques jours d'été avec sa femme Marie-Josèphe dans leur villa désuète à colombages, à deux pas de l'hôtel Normandy de Deauville ? Des journalistes, mais aussi des élus comme le jeune maire de Neuilly, Nicolas Sarkozy – qui dirige « l'antenne présidentielle » de Chirac – s'y précipitent. Et bien sûr ils ont lu le dernier ouvrage du maître, *Le Dictionnaire amoureux de la réforme*. S'installe-t-il dans son chalet de Chamonix ? De tout l'hexagone affluent les commandes de jambon du col de Balme – celui que le Premier ministre savoure, dit-on, lors de ses pique-niques savoyards.

« Munich social », l'arme fatale anti-Balladur

Cependant, le chômage continue de progresser. À Mantes-la-Jolie, où Chirac vient à la rencontre des jeunes, il touche plus de 50 % des moins de vingt-cinq ans. Au printemps 1994, quand le gouvernement lance son projet de SMIC-jeunes dans l'espoir de favoriser leur embauche, les étudiants descendent dans la rue. L'expression « explosion sociale » est sur toutes les lèvres.

Invité à un colloque du cercle Périclès, le député-maire d'Épinal, Philippe Séguin, décide de s'y rendre en porte-parole des chômeurs. « Le chômage ? On dit que c'est la grande préoccupation des gouvernements, lâche-t-il de sa voix de basse. Il n'en est rien ! » Deux jours plus tard, il récidive devant un *forum* de vieux gaullistes : « En réalité, et je pèse mes mots, nous vivons depuis trop longtemps un véritable Munich social ! » La salle s'agite. Mais Séguin poursuit d'une voix forte : « Cette comparaison avec Munich s'impose d'autant plus que nous trouvons, sur la question du chômage, tous les éléments qui firent conjuguer en 1938 la déroute diplomatique et le déshonneur : aveuglement sur la nature du péril, absence de lucidité et de courage... »

« Munich social » ! Séguin a trouvé là le mot qui va permettre au chef du RPR de rallier les nostalgiques d'un « gaullisme social » et de gagner des voix socialistes.

Avec le zèle d'un nouveau converti, Chirac rend visite à sœur Emmanuelle dans le couvent de l'arrière-pays niçois où elle a pris sa retraite. Ils évoquent « le besoin de générosité, si fort dans le cœur des jeunes », et il demande à la petite sœur des chiffonniers du Caire de prier pour lui. Le Chirac nouveau se prend aussi d'amitié pour « le bon docteur » Xavier Emmanuelli. Cet ancien communiste, fondateur de Médecins sans frontières, est devenu à l'hôpital de Nanterre « le médecin des pauvres ». Il lui décrit la vie des SDF – clochards, jeunes drogués, immigrés – dont il évalue le nombre à plus de 50 000 dans la capitale : leurs œdèmes, leurs plaies violettes, boursouflées, leur puanteur... Ému, Chirac décide de créer à Paris un SAMU social. Quelques mois plus tard, le sociologue Emmanuel Todd lui souffle le mot-clé de sa campagne : la fracture sociale. Cela fait ricaner. Plantu le dessine à la une du *Monde* prenant l'abbé Pierre par l'épaule et lui proposant : « On pourrait écrire un livre ensemble ? » Mais jour après jour Chirac le « traître », le « battant », le politicien sans scrupules, convainc « les petits, les obscurs » qu'il est l'un des leurs.

Aurait-il basculé du côté des sans-grade ? Serait-il devenu un *loser* ?

C'est la conviction de Nicolas Sarkozy.

Automne 1993
Sarkozy : « Auprès de vous, que de défaites ! »

Le mercredi 10 novembre 1993, la presse salue le succès de l'emprunt Balladur. Le jeune député-maire de Neuilly, Nicolas Sarkozy, ministre du Budget et porte-parole du gouvernement, se lance, au bureau politique du RPR, dans un fougueux plaidoyer pour son nouveau patron : « La méthode Balladur, ce n'est pas la faiblesse, mais le dialogue et la tolérance ! » Chirac l'invite dans son bureau. « Tu es intelligent, commence-t-il. Tu as de l'ambition, de la volonté, beaucoup de qualités ! Mais tu ne dois pas mettre tous tes œufs dans le même panier : l'assise de Balladur est fragile... » Le jeune impétueux réagit vivement : « Vous croyez vraiment que si, pour moi, la politique était une histoire d'œufs dans un panier, je serais resté dix-huit ans avec vous ? Vous croyez que je vous aurais suivi quand nous avons échoué en 1981 ? Et quand nous avons à nouveau échoué en 1988 ? Franchement, il y avait des choix plus judicieux à faire ! Car enfin, Balladur n'était pas encore populaire ! Et auprès de vous, j'ai connu, en dix-huit ans, plus de défaites que de victoires[1] ! »

Un à un, ses amis politiques vont ainsi quitter Chirac. Il ne se plaint pas. Lui-même, en 1974, ne fut-il pas encore plus brutal avec Jacques Chaban-Delmas ? Et si partager, le temps d'une campagne, le sort des exclus, était finalement sa chance ?

Quelques jours après la rupture avec « Nicolas », il tient une réunion à Aix-en-Provence. L'amphithéâtre est bourré d'étudiants. Il leur parle des chômeurs longue durée, rencontrés à l'ANPE de Beauvais. Et des 400 000 sans-abri qui couchent dans des cartons à la merci des chiens et du froid. « Tout juste si l'on ne marche pas sur leur corps, sur le trottoir. Regardez-les ! Tendez-leur la main ! » Les jeunes l'applaudissent longuement.

1. Nicolas Sarkozy, *Libre*, Robert Laffont, 2001.

Quinze jours plus tard une vague de froid traverse le pays. Sept SDF meurent dans la rue. Le maire de Paris présente son projet de SAMU social : la capitale disposera bientôt de 600 lits d'accueil... Le Premier ministre, présent comme élu du 15e arrondissement, renchérit : l'État va créer 10000 places en Île-de-France...

Désormais, c'est coup pour coup.

Été 1994 :
Mitterrand au secours du « Chirac nouveau »

À la veille de Noël 1993, François Léotard, ministre de la Défense, et Simone Veil, ministre des Affaires sociales, de la Santé et de la Ville, enfreignent la consigne officielle : ils déclarent, le premier à la radio, la seconde à la télévision, que Balladur ferait un formidable président. Mais début janvier, à l'occasion des vœux à l'Élysée, François Mitterrand, lui, fait un pas vers le «Chirac nouveau». «Vous avez raison, lui déclare-t-il, de vous inquiéter du développement de la misère.» Sur quoi, tandis que les autres invités se dirigent vers le buffet, le président entraîne son ancien Premier ministre dans son bureau. Et là, presque chaleureux, il lui prédit : «Vous allez connaître votre année la plus dure. J'ai traversé cela, moi aussi. En décembre 1980, mes amis ne me donnaient pas plus de 15 % contre Giscard...»

Comme Chirac, ému par sa pâleur, lui renouvelle ses vœux pour sa santé, Mitterrand ajoute : «Les amis de M. Balladur voudraient bien m'enterrer, mais je suis plus résistant qu'ils ne le croient...»

Le président de la République, agacé par un Premier ministre qu'il voit empiéter sur le «domaine réservé» de la politique étrangère, veut-il lui infliger un camouflet? Ou bien, lassé d'un PS qui ne lui obéit plus, a-t-il résolu de n'avoir pas de successeur de son camp? Sa préférence pour Chirac va devenir, de mois en mois, plus visible.

Le 25 août 1994, les trois hommes se retrouvent sur la place de l'Hôtel-de-Ville pour célébrer le cinquantième anniversaire de la libération de Paris. Trois fauteuils de velours grenat ont été installés à leur intention au premier rang. Mais avant le début de la cérémonie, le président de la République est invité par le maire de Paris à signer un livre d'or... acheté en toute hâte, me racontera son conseiller culture Jean-Jacques Aillagon, le matin même au BHV. Complices, les deux anciens adversaires s'attardent dans les salons. Mitterrand remercie Chirac du bouquet de roses qu'il a fait envoyer à sa femme Danielle, hospitalisée. Et pendant tout ce temps, Balladur attend dehors, immobile, les mains sur les genoux, le regard droit devant lui, sous l'œil cruel des caméras.

2

La victoire

La peur au ventre et le sourire éclatant

Automne 1994
L'annonce faite au pays chez le Général

Pour démarrer officiellement sa campagne, le candidat de « la fracture sociale » a choisi un hôpital. La date de l'annonce a été gardée secrète jusqu'au dernier moment : ce sera le 4 novembre, quelques jours avant l'anniversaire de la mort de De Gaulle[1]. Jacques Chirac est venu à Lille se recueillir dans la maison natale du Général. Il fait sa déclaration très sobrement dans un entretien publié par le quotidien *La Voix du Nord*. Puis il gagne le centre hospitalier régional pour y rencontrer, durant trois bonnes heures, des syndicalistes, des médecins et des étudiants. Évoquant les dépenses de santé, il martèle, assuré de créer la surprise : « Leur réduction est absurde. C'est une question de choix de société ! »

Je me souviens de l'arrivée du maire socialiste, Pierre Mauroy, l'œil rieur, faisant mine de s'étonner de voir tant de photographes et cameramen juchés sur les tables et les chaises : « Tiens, que se passe-t-il ? » Mauroy me confie qu'il rend visite

1. Né le 22 novembre 1890 à Lille, Charles de Gaulle est mort le 9 novembre 1970 à Colombey-les-Deux-Églises.

chaque semaine à Jacques Delors, à Bruxelles, pour tenter de le convaincre de porter les couleurs de la gauche. Mais le maire de Lille n'y croit guère, et même, je sens chez lui une certaine complicité envers le maire de Paris, si longtemps sa cible. Après tout, Chirac ne s'est-il pas métamorphosé, face à Balladur, en candidat de gauche ?

Avant le banquet d'élus et de militants dans un grand hôtel, Lydie Gerbaud, l'attachée de presse du candidat, a prévu un bref entretien à l'arrière de sa voiture.

« Que ferez-vous, si vous êtes élu ?

— Dans les six premiers mois, je prendrai des mesures énergiques contre le chômage et l'exclusion. Dans un second temps, j'entamerai des réformes en profondeur comme celle de la Sécurité sociale. »

Il parle d'un ton pénétré. Il a vraiment l'air d'y croire, même si nous sommes tous stupéfaits de l'entendre affirmer que la réduction des dépenses de santé n'est plus un objectif. Plus tard j'apprendrai qu'il s'est vanté ainsi devant des proches : « Je vous étonnerai par ma démagogie ! »

En attendant, il continue d'encaisser les coups avec un inoxydable sourire. Un soir de novembre, Philippe Séguin doit prendre la parole au meeting prévu sur la pelouse de Reuilly. Mais « Philippe », furieux que Chirac ait laissé l'intérim de la présidence du mouvement à Alain Juppé, ne viendra pas. Un matin de décembre, le destin sourit à Balladur. Après trois jours d'angoisse pour les 173 otages de l'avion Air France à Alger, le Premier ministre annonce sur fond de tentures de velours le succès de l'opération lancée par son ministre Charles Pasqua pour leur libération. Nous voici en janvier 1995. Balladur paraît invincible. Sarkozy jubile : son patron, affirme-t-il, sera élu dès le premier tour. Dans la foulée, la direction du RPR devra changer de main.

Quelle imprudence !

Depuis Château-Chinon, où il est venu voir ses fidèles électeurs, Mitterrand s'inquiète de l'« obligeance des médias » envers Balladur. Séguin, attiré par l'odeur de la poudre, remonte en scène pour lancer à une salle comble : « Arrêtez de croire qu'il va y avoir une campagne, un débat, des explications, toutes ces choses si vulgaires ! Le vainqueur a déjà été désigné, proclamé, fêté, encensé, adulé... Circulez, il n'y a rien à voir ! » Mais soudain, les sondages frémissent. Le « vaincu désigné », Chirac, qui présente son nouveau petit livre *La France pour tous*[1] avec un pommier en couverture, devient à la mode. Des intellectuels de gauche comme Régis Debray et Alexandre Adler se pressent à ses réunions. *Le Nouvel Observateur*, qui lance le slogan « TSB » – « Tout sauf Balladur » – le représente en couverture, le visage noirci de suie, sous un casque de mineur de *Germinal*.

Printemps 1995
« Un candidat en si faible position »

Dimanche 23 avril 1995. Après avoir parcouru vingt-cinq mille kilomètres, visité 52 départements, tenu 35 meetings et participé à 38 tables rondes, après avoir proclamé cent fois la République menacée et répété mille fois : « La politique, c'est l'art de rendre possible ce qui est nécessaire... », Chirac attend le résultat du premier tour à l'Hôtel de Ville avec sa fille Claude. À 18 heures tombe une première fourchette : avec 19 % des voix, il est seulement à égalité avec Balladur ! Claude est décomposée, son père, figé. Être l'éternel perdant, serait-ce donc désormais son destin ?

Et puis, l'aiguille du cadran oscille jusqu'à s'arrêter à 20,84 % contre 18,58 % à Balladur. Celui-ci est éliminé. Restent donc en piste Lionel Jospin – qui s'est imposé à gauche après la défection de Jacques Delors et obtient 23,30 % des voix – et lui, Jacques Chirac. Jamais, rappellent les commentateurs, « Un candidat en si faible position au premier tour » n'a réussi à se faire élire.

1. NiL Éditions, 1994.

Les épaules couvertes de pluie, Chirac rejoint son QG de l'avenue d'Iéna où il lance un appel à «oublier nos divisions partisanes». Quelques minutes plus tard, depuis son QG de la rue de Grenelle, Balladur fait taire ses partisans, qui sifflent l'apparition du rival sur les écrans, d'un furieux : «Je vous demande de vous arrêter!» Il appelle à voter Chirac. Mais va-t-il être obéi? Et que feront les électeurs de gauche? Au cours d'un débat télévisé digne, sérieux, un peu ennuyeux contre Jospin, le champion de la droite prend garde de ne pas les braquer. Ses militants qui attendaient un pugilat sont déçus, mais la victoire est à ce prix.

Il l'apprend à 18 h 30, le dimanche 7 mai, dans son bureau de l'Hôtel de Ville : 52,64 %! Une belle, franche victoire, pour lui qu'on appelait *le loser*! Il n'est pas seul avec sa fille, cette fois. Juppé, Séguin, Debré, Madelin, Toubon, en bras de chemise, explosent de joie et l'embrassent tels des joueurs de foot après un but. Quand il arrive avenue d'Iéna, souriant toujours, la foule danse, rit, pleure, veut le toucher, l'embrasser, arracher ses vêtements. Il monte au balcon, elle crie encore son nom, réclamant des baisers à n'en plus finir. Il tend le bras, et c'est du délire. Ses amis se penchent avec lui, on croit qu'ils vont tomber. Mais non, la joie les porte aussi; un grand concert de klaxons monte de tout Paris.

17 mai 1995,
Mitterrand quitte le palais : « Maintenant, c'est à vous. »

Dix jours plus tard a lieu la passation de pouvoirs à l'Élysée. C'est un Mitterrand amaigri, chauve, blême, épuisé que Chirac raccompagne à sa voiture, jusqu'au bout du tapis rouge disposé sur les marches du perron, mais un Mitterrand président jusqu'à la dernière minute : le 8 mai, jour anniversaire de l'armistice, il a tenu à se rendre à Berlin pour y prononcer, en guise de testament politique, un dernier discours européen sur «l'étrange, cruelle, belle et forte aventure que celle de ces peuples frères auxquels il aura fallu plus d'un millénaire pour s'admettre et s'unir». Il a même rendu un hommage singulier au courage des jeunes soldats allemands. Quelle leçon !

Quand la voiture démarre doucement, le nouveau président la regarde partir, immobile, gagné soudain par l'émotion. « Maintenant, lui a dit Mitterrand, c'est à vous. »

3

Sisyphe à l'Élysée

Premiers craquements

Printemps 1995
Avis aux ministres

En rose, en jaune, en mandarine et en coquelicot, elles sont douze femmes ministres à poser sur le perron de l'Élysée autour du nouveau Premier ministre, Alain Juppé, quarante-neuf ans. Corinne Lepage, Françoise de Panafieu, Élisabeth Hubert... Elles sont gaies, naturelles, mais toutes choisies pour leur sérieux. Chirac et Juppé ont prévenu les membres du gouvernement : le pays attend d'eux des résultats.

Avec la suppression du GLAM[1] – les avions mis à la disposition du gouvernement –, la réduction des effectifs des cabinets ministériels, l'obligation de respecter les feux rouges et celle de démissionner en cas de mise en examen, les Français comprendront que les ministres ne sont pas là pour prendre du bon temps, mais pour servir. Lors du premier Conseil des ministres, le président répète le message lu aux deux assemblées : «Je veux un État vigoureux, impartial, exigeant pour lui-même et soucieux d'une bonne utilisation des deniers publics.» Ce que le brillant ancien directeur de cabinet de Juppé au Quai

1. GLAM : Groupe de liaisons aériennes ministérielles.

d'Orsay, Dominique de Villepin, promu secrétaire général de l'Élysée, résume ainsi : « Pas de chapeaux à plumes, des résultats concrets. » Pas de bavardages non plus. Les ministres sont priés de tenir leur langue. Le temps de la cohabitation, quand l'Élysée et Matignon étaient devenus des ruches bourdonnantes d'où s'envolaient mille confidences que les journaux attribuaient à « un proche de la présidence » est révolu. D'ailleurs, Villepin avertit les membres de l'équipe du palais, réunis chaque matin debout dans son bureau : il se fera remettre la liste de leurs visiteurs.

Discipline et action sont désormais les mots d'ordre, soufflés par le nouveau conseiller en communication de Chirac, Jacques Pilhan, auparavant le conseiller du président Mitterrand. Ce petit homme imaginatif, atteint d'un léger zozotement, mais vif et malin sous ses airs candides, livre ainsi son diagnostic : « Tout au long de votre vie politique, vos ennemis ont tenté de vous enfermer dans quelques mots assassins : Giscard vous a taillé un costard d'"agité", Barre, d'"incompétent", Mitterrand, de "chef de clan" et Balladur, de "démago". Or l'homme que je découvre est le contraire de tout cela. Il est doué d'une intuition très forte qui lui permet de juger vite et d'accorder sa confiance avec une rapidité qui surprend. Il ne cherche pas de satisfaction pour son *ego*, il veut "faire". Conclusion : "C'est par l'action, debout, en mouvement, que vous faites passer vos messages." »

Avis aux préfets

Le lundi suivant, 22 mai, Juppé ayant organisé une réunion de préfets Place Beauvau, Chirac s'y invite à l'improviste pour tenir un discours presque menaçant : ces grands serviteurs de l'État vont devoir changer leur comportement pour relancer l'emploi. Le président suivra « personnellement » leur action et traitera « sans ménagement » ceux qui se contenteraient d'observer la dégradation de la situation.

Impatience de nouveau chef d'État, après une si longue attente ? Ou pressentiment soudain ?

Déjà les experts de Bercy font leur travail de sape : le Contrat Initiative Emploi, répètent-ils dans leurs notes au ministre de l'Économie, Alain Madelin, ne pourra être financé que si l'on augmente la TVA. Madelin, le libéral prêt à toutes les audaces, s'en trouve paralysé. La direction du Trésor, elle, annonce un déficit public de 332 milliards de Francs. Ses hauts fonctionnaires découvrent que l'ancien ministre du Budget, Nicolas Sarkozy, a escamoté, dans la présentation du bilan d'Édouard Balladur, une bonne trentaine de milliards ! Quant au gouverneur de la Banque de France, il inonde Juppé de notes alarmistes : sans réduction drastique des dépenses publiques, pas de baisse des taux d'intérêt.

Un héritage « calamiteux »

Le Premier ministre réagit en faisant savoir que son prédécesseur Balladur lui a laissé des « déficits calamiteux ». La presse s'en empare : *Le Monde* du 22 juin raconte que le président Chirac aurait piqué un coup de sang contre le plan « trop balladurien » de Juppé et « rappelé son Premier ministre au respect de ses engagements électoraux » en exigeant l'augmentation immédiate du SMIC.

Mais Chirac est déjà appelé sur d'autres fronts. Président, il entend bien signifier au monde que la France est de retour sur la scène internationale.

Il décide d'intervenir très vite en Bosnie. Les sbires de Radovan Karadžić ont fait prisonniers 300 casques bleus, dont une centaine de Français, ligotés à des pylônes comme boucliers humains. Deux d'entre eux ont été tués. Au retour de leurs obsèques, à Vannes, le président réunit sa cellule de crise. Accusé d'avoir laissé nos soldats « déshabillés », l'amiral Jacques Lanxade, chef d'état-major, présente sa démission. Chirac la refuse : il a encore besoin de lui pour monter, en accord avec le Premier ministre britannique John Major, une « brigade d'intervention rapide » en Bosnie : plus de 3 000 hommes sous le commandement d'un général français.

Quelques jours plus tard, le président français s'envole pour Washington, décidé à nouer des liens de sympathie avec Bill Clinton, ce qui ne devrait pas l'empêcher de tendre la main à Boris Eltsine, l'imprévisible et folklorique chef du Kremlin.

À son retour, il annonce la reprise des essais nucléaires qui avaient été interrompus par Mitterrand. Il en faudra huit pour mettre à jour notre force de dissuasion. Après quoi la France signera le traité prévoyant l'arrêt de toute expérience nucléaire.

L'action, toujours l'action. Le chancelier allemand Helmut Kohl s'incline. Mais les dirigeants italiens, vexés de n'avoir pas été consultés, joignent leurs sermons de morale à ceux des Belges et des Danois. Les Japonais, encore sous le choc d'Hiroshima, sont outrés. En France, les adversaires du nucléaire ressortent leurs banderoles à têtes de mort.

Le drame Juppé

Été 1995
« Les enfants, on va se retrouver en slip ! »

Chirac se bat sur tous les fronts. Il ne doit pas seulement mener la guerre contre Milošević en Bosnie et affronter les adversaires de la force nucléaire qui l'accueillent au Parlement de Strasbourg par des insultes et des sirènes, mais faire face au désamour des Français. Dès juin, les élections municipales marquent un net reflux de la majorité présidentielle. Quinze jours plus tard éclate l'affaire Juppé.

Le mercredi 28 juin 1995, *Le Canard enchaîné* publie, en une, un long article : « Comment la mairie de Paris offre à ses amis des logements et services ». Le journal satirique y révèle que le Premier ministre mais aussi son fils et même son ex-femme bénéficient d'appartements aux loyers modiques dans les 6e et 7e arrondissements de Paris. C'est un séisme qui va contraindre le président de la République à consacrer énormément de temps et d'énergie à protéger son Premier ministre.

La veille du jour fatal, je suis dans le bureau tendu de soie vieux rose du secrétaire général de l'Élysée, Dominique de Villepin. Comme il le fait souvent, Chirac surgit à l'improviste, en bras de chemise. Il m'embrasse, me félicite de mon teint bronzé.

« Ça fait plaisir de vous voir, Christine. Où étiez-vous en vacances ?

— En Grèce, Monsieur le président.

— Ah, magnifique ! Mais est-ce qu'on bouffe bien, là-bas ? Vous pourriez m'indiquer quelques bons bistros ? »

Toujours le numéro du Chirac en campagne : bouffeur, bretteur, hâbleur.

Quelques instants plus tard, alors que le président a regagné le bureau du Général, Villepin reçoit un appel téléphonique. Visiblement, son interlocuteur est un proche d'Alain Juppé. Une affaire grave est évoquée. Je fais mine de me lever pour sortir mais Villepin me retient d'un geste impérieux. Je le sens très énervé. Soudain, il éclate :

« Il faut qu'il déménage ! Vous m'entendez ? Qu'il déménage sans attendre ! Sinon, les enfants, on va se retrouver en slip ! »

Juppé : « Droit dans mes bottes »

Il faut sauver le soldat Juppé. Chirac sait bien qu'à travers son Premier ministre, c'est lui qu'on cherche à atteindre. Il réunit quelques fidèles dans le vaste bureau de l'Hôtel de Ville qu'il n'a pas encore abandonné à son successeur Jean Tibéri : Villepin, Toubon et bien sûr l'indispensable Pilhan. Ce dernier suggère une émission de télévision où Juppé irait s'expliquer calmement : « Voici les faits. Vous voyez qu'il n'y a pas de quoi fouetter un chat ! Maintenant, laissez-moi travailler ! »

Quatre jours plus tard Juppé est interrogé sur TF1 par Patrick Poivre d'Arvor. Le Premier ministre, amaigri, paraît tendu. Humblement, il sort sa feuille de loyer, explique que l'appartement de son fils se trouve au troisième étage sans ascenseur et qu'il paie le studio de sa fille de sa poche, 2 500 francs par mois.

« Je reste droit dans mes bottes, affirme-t-il, et je ferai mon travail. »

On le sent profondément blessé. « C'est un cheval d'orgueil, me dit Villepin, mais aussi un monument de modestie. »

Villepin, l'« abracadabrantesque »

Héritier d'une longue lignée de militaires au service du roi de France, Villepin, né au Maroc, est passé par le collège français de Caracas (Venezuela) puis par le lycée français de New York. À sa sortie de l'ENA, il a d'abord été engagé comme chargé de mission au Quai d'Orsay. Directeur du service de presse de l'ambassade de France à Washington, il est ensuite devenu, en Inde, ministre-conseiller à l'ambassade. Revenu à Paris, il a été le directeur de cabinet d'Alain Juppé au Quai d'Orsay sous le gouvernement d'Édouard Balladur. Enfin, au moment où plus personne ne misait sur l'avenir politique de Jacques Chirac, cet ambitieux, âgé alors de quarante et un ans, a fait le pari que le maire de Paris entrerait à l'Élysée. Comme Marie-France Garaud, c'est un personnage tout droit sorti d'un roman d'Alexandre Dumas. Avec sa haute taille et ses longues mèches d'artiste, il affiche sa passion pour l'épopée napoléonienne ainsi que pour l'art contemporain et la poésie de Rimbaud. Ses gestes impérieux accompagnent ses envolées lyriques mais aussi des propos féroces : il qualifie ainsi de « bac à sable » la traversée du désert de Sarkozy.

Son influence auprès de Chirac a grandi durant la campagne présidentielle, alors que Juppé, trop occupé à défendre ses prérogatives de ministre des Affaires étrangères contre le Premier ministre Balladur, gardait ses distances. Villepin serait-il devenu le nouveau mentor de Chirac ? Un jour que le candidat parlait des « amis que vent emporte » et montrait des signes de découragement, Villepin eut cette remarque cinglante : « Je ne me suis pas engagé pour un farfadet ! » Le « farfadet » devenu roi, il va se battre de plus belle pour le servir. Mais aussi pour servir sa propre ambition.

Bernadette au placard

La fête du 14 Juillet offre une trêve. Sur les pelouses du parc de l'Élysée, autour des buffets « populaires » où l'on sert potée auvergnate, saucisson corse et boudin antillais, se pressent 4 000 jeunes invités, souvent en jean, parfois avec des casquettes de rappeurs et des piercings dans l'oreille ou les narines. Avant de plonger parmi eux, Chirac prend la défense de son cher Juppé devant les caméras de télévision : « Des dizaines de milliers de gens en France, qui sont loin de rendre autant de services que lui à la collectivité nationale, bénéficient de logements de fonction qui ne leur coûtent pas un centime. »

Bernadette, elle, est navrée de voir les pelouses massacrées. Mais il y a pire : son propre époux a accepté qu'on lui interdise l'accès à la salle à manger où elle a organisé un déjeuner de jeunes agriculteurs et artisans ! L'omniprésent Pilhan l'attend à la porte : « Désolé, madame, ça ferait trop papa, maman et les enfants ! » Sa fille Claude, en revanche, a sa place à table. « Je ne suis personne, soupire “la première dame”. Le président de la République est veuf. »

Vel d'Hiv : « La faute irréparable »

À Srebrenica, Milošević et ses sbires trient la population comme du bétail et font monter hommes, femmes et enfants dans des camions séparés, comme naguère les nazis avec les Juifs.

Le samedi 15 juillet, le président de la République doit justement présider une cérémonie en mémoire des 13 000 Juifs de la région parisienne arrêtés au petit jour, il y a cinquante-trois ans, par des policiers français, entassés au Vel d'Hiv – le vélodrome d'hiver – puis déportés au camp d'extermination d'Auschwitz. En dépit de gaullistes comme Séguin qui ont toujours refusé d'admettre que le régime de Vichy ait représenté la France,

Chirac prononce un discours qui est une rupture : pour la première fois dans l'histoire de la Ve République un président reconnaît « la faute irréparable » de l'État français. Il souligne notre « dette imprescriptible » envers les victimes parmi lesquelles d'anciens combattants de la Grande Guerre qui avaient « donné leur sang pour la France ». Mais ce discours déchaîne de nouveaux orages.

« Jacques Chirac, ricane Jean-Marie Le Pen, a payé sa dette électorale à la communauté juive. »

Seul le vieux camarade socialiste Michel Rocard salue « les mots justes que l'on attendait pour une réconciliation nationale ».

Août arrive. Enfin les vacances ! Les Chirac séjournent à Brégançon. Du matin au soir suspendu à son téléphone, le président prépare un référendum sur l'Éducation nationale et des mesures pour les petites et moyennes entreprises. C'est alors que le ministre de l'Économie, Alain Madelin, fait scandale sur Europe1en s'en prenant aux RMistes « qui gagnent, dit-il, plus que, sur le même palier, la famille où l'on se lève tôt le matin pour gagner le SMIC ». Madelin a manqué de prudence, Juppé est furieux : « On va dire que nous confondons la lutte contre les privilèges avec la remise en cause des acquis sociaux ! » Le Premier ministre exige la tête de Madelin. Le président la lui donne.

Automne 1995
« J'ai le temps. Et j'aurai le caractère »

Septembre, déjà. Quatre mois ont passé et le combat contre la « fracture sociale » s'enlise. Pour remobiliser les énergies, Chirac entreprend une tournée en province. Il commence par Le Havre, la ville ouvrière où un maire gaulliste issu de la grande bourgeoisie, Antoine Rufenacht, a réussi à mettre fin à vingt-trois ans de règne communiste. Selon la méthode éprouvée durant la campagne présidentielle, Claude a organisé des réunions de terrain où il prendra le temps d'écouter les doléances de ses interlocuteurs. Au rez-de-chaussée d'une cité HLM avec vue sur les raffineries de pétrole qui crachent leur feu jour et nuit, Chirac a rendez-vous avec des « grands frères », responsables d'associations de jeunes de quartiers. Faouzi et Farid sont loin d'être intimidés par l'arrivée du président de la République encadré d'un préfet et de gardes du corps et suivi d'une journaliste. Le premier juge inutile, lorsqu'il prend la parole, de dire bonjour, « puisqu'on se l'est déjà dit en arrivant ». Le second suggère que Chirac enlève la montre qu'il porte au poignet : un rayon de soleil la fait briller, ce qui l'éblouit. Le président s'exécute avec humilité, puis écoute très attentivement, en prenant des notes comme un élève appliqué, un long discours qu'il connaît par cœur – la discrimination à l'embauche, les contrôles au faciès...

Mais pourquoi se laisse-t-il traiter ainsi ? Mitterrand, lui, se serait levé. Il aurait exprimé sa colère avec un ton et des mots qui auraient fait taire ces garçons. Chirac veut encore jouer au grand frère. Le docteur Emmanuelli me confie sa surprise lorsque, traversant la place de l'Étoile dans la voiture officielle à ses côtés, il a vu des automobilistes lui couper la route pour l'interpeller : « Hé, Jacquot ! Salut Jacquot ! » et le président, ravi, leur répondre d'un joyeux signe de la main.

Suit la réception à l'Hôtel de Ville. Au loin, sur la mer, on aperçoit des voiles blanches ; au premier plan, sur le parvis, des parachutistes sont au garde-à-vous et des enfants agitent de petits drapeaux : un vrai tableau de Dufy ! L'image d'une France heureuse, si l'on oublie les manifestants qui crient contre les licenciements et le discours du maire rappelant que « l'on ne peut pas faire du social sans projets de développement industriel ». Le président, cependant, réaffirme sa volonté de « garder le cap » et de « réduire la fracture sociale ». Mais c'est d'une voix étranglée qu'il lance un appel à un « sursaut national ».

Brusquement son visage est devenu pathétique.

« Il y a des moments, soupire Jacques Pilhan, où les gens ne vous entendent plus. »

Qu'entendent-ils donc ? Qu'un nouvel attentat – le septième depuis juillet – a eu lieu à Vaulx-en-Velin, près de Lyon, à l'endroit même où le jeune terroriste Kelkal a été tué une semaine auparavant ? Que le président de la République s'est rendu sur les lieux pour participer à une réunion organisée par le père Delorme, « curé des marginaux » avec le maire ex-communiste de Vaulx et le grand mufti de la mosquée de Lyon ? Que Juppé va déménager ? Ou bien que l'imprévisible Philippe Séguin a fait applaudir son rival Alain à une convention du RPR et a conclu sous les acclamations : « Jacques Chirac n'est pas seul ! Il n'est pas seul ! »

« Nous avions un peu sous-estimé les difficultés »

Le franc est attaqué. Un soir, le président de la République doit se résoudre à recevoir discrètement au palais, où il pénètre par une porte latérale, Jean-Claude Trichet, le gouverneur de la Banque de France. Deux heures d'explications, chiffres et graphiques anglais et allemands à l'appui, l'amènent à cette conclusion : « Toute aggravation des déficits n'aide pas la croissance mais la freine. »

Mitterrand, auquel Chirac a rendu visite dans son appartement de retraité sur le Champ-de-Mars, le lui a dit : « Au fond, vous êtes un peu dans la situation où je me suis trouvé en 1983... Sauf que je vous ai, si je puis dire, facilité la tâche... en arrimant le franc au mark. »

Le président socialiste avait choisi de nier le passage à « une quelconque rigueur ». Chirac, lui, l'assume.

Le lundi 23 octobre, Juppé lui présente son plan : il a dû tailler dans la plupart des dépenses sociales, mais il a réussi à sauver la « prestation autonomie » pour les personnes âgées dépendantes : c'était une des promesses phares de la campagne.

Trois jours plus tard, interrogé par Alain Duhamel dans le décor solennel de la Salle des fêtes de l'Élysée, Chirac confesse : « Nous avions un peu sous-estimé les difficultés. »

Comment ne pas songer, sous ces lustres de cristal, à la cérémonie d'intronisation? C'était il y a cent soixante jours seulement... et l'on dirait qu'un siècle a passé. Après le printemps de la «Nouvelle France», voici bientôt venir l'hiver. Chirac, pourtant, le répète : «J'ai le temps et j'aurai le caractère.»

Juppé renvoie les «juppettes»

Juppé lui aussi reste déterminé. En mai, le Premier ministre s'était laissé imposer un gouvernement bien trop lourd à son gré, résultat d'un marchandage avec les «soutiens» de la campagne, Giscard et Bayrou. Mais la nouvelle politique, selon lui, ne peut être mise en œuvre que par un gouvernement à la fois resserré et plus ouvert politiquement. Il en convainc Chirac : «On ne peut pas avancer en ayant contre nous la moitié de l'UDF et le tiers du RPR, qui m'accusent d'être caporaliste.» Il veut tendre la main à François Léotard et Nicolas Sarkozy.

Douze ministres – dont huit femmes – sont renvoyés. Huit «juppettes» sacrifiées, sans que le Premier ministre ait pris la peine de recevoir chacune d'entre elles. Elles mettront vingt ans à le lui pardonner : «Il nous a traitées comme on ne traite pas une femme de chambre que l'on renvoie, me dit Colette Codaccioni, chargée du projet de *prestation autonomie*. Mais à l'entendre, c'était lui qui était à plaindre!» Pour tenter de réparer les dégâts, le président de la République va jouer les «nounous» : recevoir les unes, prendre au téléphone les autres...

Enfin, le grand projet de réforme de la Sécurité sociale, préparé à l'Élysée en petit comité, est soumis au Parlement. Le mercredi 15 novembre est jour de gloire pour Juppé à l'Assemblée nationale. Jamais une réforme de la Sécurité sociale n'avait été si ample et si audacieuse. Radieux, le Premier ministre obtient une *standing ovation*.

Mais trois jours plus tard, le secrétaire général du syndicat FO – Force ouvrière –, Marc Blondel, déclare à la télévision : «Jacques Chirac m'a menti par omission.» Dix jours plus tard, près d'un million de Français sont dans la rue. Enseignants, postiers, cheminots, policiers, ils scandent «Juppé, du balai! Chirac, au placard!» À Paris, la violence des manifestants FO et CGT se déchaîne contre la secrétaire générale de la CFDT, une réformatrice sincère, interlocutrice de choix du gouvernement. Bousculée, menacée, insultée, Nicole Notat doit quitter la manifestation, secourue par des camarades qui l'abritent sous un bouclier. La voiture qui l'emmène est cabossée de coups de poing et de pied.

Hiver 1995
Recul face à la rue, chute dans les sondages et tristesse des adieux

Les manifestations finissent par se calmer... au prix du retrait du projet de réforme des retraites complémentaires. Chirac et Juppé en sortent affaiblis.

À la fin de l'année, le baromètre mensuel de la Sofres indique une forte baisse de popularité : 35 % seulement des Français font encore confiance à Jacques Chirac, 31 % à Alain Juppé. Le score qu'avait obtenu Édith Cresson au bout d'un an à Matignon.

Le lundi 8 janvier 1996 à l'aube, le fidèle mitterrandien André Rousselet appelle le président pour lui annoncer la mort de son prédécesseur. Triste début d'année. Chirac en éprouve un vrai chagrin. Lorsqu'il prononce l'éloge de l'«homme d'État qui a défendu des idéaux de solidarité et de justice sociale» et n'a cessé d'être le porteur d'un «grand projet pour l'Europe», il sidère à la fois les gaullistes et les socialistes. Et quand il rend hommage à l'homme privé «toisant la maladie», à l'homme de culture qui a «débordé sa vie» et tant aimé la France, lui qui avait «un ami dans chaque village», on dirait qu'il dresse le portrait d'un père auquel il voudrait ressembler.

Trois jours plus tard, Pilhan apporte à l'Élysée un sondage : aux yeux de 43 % des Français, Mitterrand aura été, devant de Gaulle, le «meilleur président de la Ve République»! Pas pour ses réformes. Encore moins pour son action contre le chômage. Mais parce qu'il laisse l'image d'un président « proche d'eux ».

Quelle leçon ! Mais Chirac, lui, ne veut pas se contenter de paraître sympathique. Il veut agir. 63 % des Français désapprouvent le gouvernement ? Une nouvelle réforme est mise en chantier, celle de l'armée. L'objectif est de passer de 500 000 à 300 000 hommes. Pour cela on supprimera une centaine de régiments – sur un total de 186 –, ce qui signifie fermer les garnisons de Saint-Étienne, de Briançon et de tant d'autres villes où elles représentent une tradition séculaire. Il faut en outre en finir avec le service militaire. Celui-ci coûte trop cher et il est inégalitaire : les plus malins – ou ceux dont les parents ont des relations – y échappent. Les filles n'y participent pas. Les appelés ont tous l'impression d'y perdre leur temps.

L'année démarre en fanfare. Les élus réclament à cor et à cri une relance ? Un plan de deux milliards de francs pour l'industrie textile est mis en chantier. Les parents, les enseignants de gauche veulent une réforme des rythmes scolaires ? Le président harcèle son trop consensuel ministre de l'Éducation nationale, le centriste François Bayrou. Tout cela ne suffit pas, cependant, à désarmer les critiques des balladuriens. Comment avancer avec une majorité aussi fracturée ?

Printemps 1996
Philippe, Édouard, Valéry :
tous candidats au poste de Premier ministre !

C'est la tête d'Alain Juppé qu'ils veulent tous. Le poste du Premier ministre n'est pas seulement convoité par Séguin, le mal-aimé. L'ancien président de la République, Valéry Giscard d'Estaing, que Chirac va consulter dans son hôtel particulier de la rue Bénouville, se verrait bien, lui aussi, à Matignon ! Les partisans de Balladur assurent, eux, que la réconciliation de la majorité ne pourra se faire qu'avec l'ancien Premier ministre à la tête d'un nouveau gouvernement... à moins que Chirac ne décide d'y nommer le « protégé d'Édouard », Nicolas.

Au prix d'un grand effort sur lui-même, Chirac les reçoit tous les deux à l'Élysée mais au milieu de plusieurs dizaines d'autres députés. La réception a lieu le mardi 26 mars 1996. Balladur, toujours très soucieux du protocole, est conduit dès son arrivée auprès du président. Mais Sarkozy doit attendre son tour. Furieux, il repart au bout d'une demi-heure sans avoir salué Chirac qui s'en est fait définitivement un ennemi. Même Juppé, si désireux de rassembler la majorité, ne le convaincra pas de tendre la main à Sarkozy.

Juppé, une « tête d'impôt »

Le dimanche 5 mai 1996, Chirac et Juppé passent la journée ensemble à l'Élysée. Ils mettent la dernière main au plan d'économies draconien – 60 milliards d'euros ! – qui devrait permettre au pays de réduire son endettement et ses déficits. Mais en présentant son plan au Parlement, Juppé lâche : « Je préfère une fonction publique bien dans sa peau, motivée, performante, à une fonction publique qui fait de la mauvaise graisse. »

Les commentateurs s'emparent de l'expression avec gourmandise, les fonctionnaires, quant à eux, la considèrent comme une offense. Le président et le Premier ministre perdent à nouveau la confiance des Français. *Le Journal du dimanche* titre sur « Une impopularité sans précédent ».

Le couple exécutif est pourtant exceptionnellement soudé. Chirac veille sur Juppé comme un père ; il appelle personnellement les élus récalcitrants pour les faire rentrer dans le rang, il autorise le Premier ministre à organiser des déjeuners avec Balladur et Sarkozy pour les amadouer. Il va même jusqu'à téléphoner à la propre mère d'« Alain » dans le Sud-Ouest pour lui dire : « Il faut qu'il mange ! Il faut qu'il grossisse ! »

Cependant, les prévisions de croissance sont revues à la baisse par l'OCDE. L'Insee fait savoir que le nombre de chômeurs pourrait atteindre trois millions et demi en 1997.

Juppé a beau annoncer sur le perron de Matignon une baisse des impôts, cela ne suffit pas à rétablir la confiance ; les élus de droite accusent même le Premier ministre d'avoir « découragé les classes moyennes et les entrepreneurs ». Ce que le député socialiste de Corrèze, François Hollande, résume d'une formule : « Il a une tête d'impôts ! »

Chronique d'une tragédie annoncée

Printemps 1997
La dissolution ratée

Chirac regrette de n'avoir pas prononcé, dès son élection, la dissolution de l'Assemblée. Il avait promis aux députés RPR, libéraux et centristes, de les laisser en place, mais la majorité «obèse» héritée de 1993 n'est décidément pas assez soudée pour soutenir son action. Semaine après semaine les polémiques se succèdent : plusieurs maires prononcent des «arrêtés anti-mendicité» aussitôt remis en cause ; Juppé fait évacuer au petit matin, sous les cris, l'église Saint-Bernard occupée par des sans-papiers ; un attentat corse dévaste les salons de la mairie de Bordeaux. Inlassablement, le chef de l'État tente d'empêcher d'autres départs de feu aux quatre coins de France.

Mais le président doit s'employer aussi à étouffer les crises qui ravagent le Liban et bientôt tout le Proche-Orient. En son absence, une rumeur enfle : Villepin serait désormais son inspirateur ; il se vanterait même de «gérer son cerveau». Et pour lui, la dissolution de l'Assemblée serait inévitable.

Chirac dément : «Je ne dissoudrai pas pour convenance personnelle.» Mais le PS est déjà en campagne derrière Lionel Jospin. «Ce pouvoir est né d'un mensonge, martèle celui-ci. Il s'achève par un échec.» Quant aux soutiens du printemps 1995, ils expriment cruellement leur déception : «Ce président n'a ni intelligence ni caractère, lance le théoricien de la *fracture sociale*, Emmanuel Todd. Alain Juppé est nul, mais sans lui, Jacques Chirac est perdu.»

« En délit de sale gueule »

Comment sortir de cette impasse ? L'idée de dissoudre l'Assemblée chemine.

Giscard met en garde son ancien Premier ministre, Chirac, venu le consulter : « C'est une folie ! Avec un gouvernement aussi impopulaire, vous courez à la catastrophe. Les Français veulent être gouvernés autrement. Et ils voient bien qu'on est en train de leur mettre un couvercle sur la tête : tel qu'il est prévu, l'euro va imposer de nouvelles restrictions. » Mais Villepin, lui, est déterminé. Est-ce la perspective de succéder à Juppé ? La victoire, pour lui, ne fait aucun doute : « Les électeurs de droite, affirme-t-il, commencent à prendre peur devant le programme de la gauche. Au dernier moment, les gens vont remballer leur rancune et voter dans le sens de leur intérêt. » Les prévisions économiques, d'ailleurs, confortent les partisans d'une dissolution anticipée ; les chefs d'entreprise réclament un nouveau souffle : « Un an de plus, et les législatives de 1998 tourneront à la catastrophe ! »

Oui, il faut créer un choc. Dissoudre, et faire élire une majorité unie pour l'action.

Un an avant le terme, le lundi 21 avril 1997, Chirac annonce donc sa décision. Il le fait par une allocution télévisée solennelle que l'on pourrait prendre pour le lancement d'une nouvelle campagne présidentielle : invoquant le « long laisser-aller » de ses prédécesseurs, il plaide pour une profonde réforme de l'État, la baisse des dépenses publiques pour diminuer les impôts, le passage à une monnaie européenne unique, la nécessité d'un « front commun » contre le chômage, l'exploitation des jeunes et la drogue, l'entrée dans le troisième millénaire et enfin le choix d'une société qui ne soit « ni celle du repli sur nous-mêmes ni celle de l'exploitation des peurs et des ignorances » ! En conclusion, le chef de l'État demande aux Français de « donner à la France une majorité qui ait la force et la durée nécessaires ».

Les élections ont lieu les 25 mai et 1er juin. Trois semaines avant, 87 % des Français estiment, selon la Sofres, que Chirac a échoué dans la lutte contre le chômage ; 64 %, pensent qu'il n'a pas réussi à moraliser la vie politique. En campagne à Bordeaux, Juppé reçoit sur le crâne un œuf cru gluant qui dégouline sur sa chemise et son veston. Il confie au « Vrai Journal » de Karl Zéro sur Canal + : « Je suis presque maintenant en délit de sale gueule. »

Chirac n'avait pas prévu que la campagne législative tournerait au plébiscite pour le départ de Juppé. Celui-ci endure : il vante même avec conviction « un ticket Séguin-Madelin » pour lui succéder. À Paris, devant plus de cinq mille personnes venues l'acclamer au Zénith – Chirac y a veillé, avec le concours de Toubon et Debré – le Premier ministre, qui découvre enfin le bonheur d'être aimé, a du mal à contenir ses larmes.

1er juin 1997
La Bérézina

Quand les propres amis du président, tel Philippe Séguin, dénoncent sa démagogie et quand ses électeurs disent préférer son ancien adversaire, Édouard Balladur, la défaite est inéluctable.

Le dimanche 1er juin 1997, Chirac est en Corrèze. Un coup de téléphone de Debré vers 15 heures, au moment où il s'apprête à regagner Paris, lui apprend les résultats : la gauche va emporter 319 sièges, le RPR n'en aura plus que 140.

Ce n'est pas un revers, c'est la Bérézina. À l'étranger, le *Bild* et le *Corriere della Sera* titrent sur « les erreurs grossières du président Chirac, incapable de comprendre l'état d'âme des Français ». En France, son image est détruite : était-il sincère, le champion de la lutte contre l'exclusion ? Le docteur Xavier Emmanuelli lui-même a fini par en douter : « Chaque fois que je me trouvais devant lui, me confie-t-il, je me demandais : "Sur quel versant suis-je ? L'homme de cœur, ou le politique ?" »

Dans les librairies où l'on met en vente le deuxième tome que je publie de son *Journal intime*[1], les plus fidèles lecteurs me jettent le livre à la figure : « Ras le bol, votre Chirac ! Une belle connerie, sa dissolution ! On l'a pas élu pour qu'il nous ramène la gauche ! »

Deux ans moins seize jours : le pouvoir change de rive

Le lundi 2 juin, Lionel Jospin annonce lui-même, du perron de l'Élysée, sa nomination à Matignon. En l'écoutant, je crois revoir une autre scène : Jacques Chirac gravissant ces marches entre une double haie de gardes républicains : pour être intronisé président de la République. C'était il y a deux ans moins seize jours. Son règne s'achève-t-il déjà ? Le pouvoir change de rive. Avec un gouvernement issu de la nouvelle « majorité plurielle », le Premier ministre socialiste va diriger le pays pendant cinq ans, jusqu'en 2002.

Condamné au retrait, Chirac y gagne, certes, une popularité de « père de famille sympa ». Mais le ressort est cassé. Lors de la campagne de 2002 pour sa réélection, son équipe s'inquiète de le voir si peu à son QG. Un soir de meeting à Marseille, je l'entends, stupéfaite, enchaîner les couplets de son discours, mécaniquement, sans laisser à la salle le temps d'applaudir. « Le président, m'explique-t-on, veut reprendre l'avion de 20 h 30. » Où est le Chirac infatigable que nous avons connu ? Sa réélection, par 82,2 % des voix le 5 mai contre Jean-Marie Le Pen, n'est pas le résultat d'un élan, mais d'une grande peur. Comme ils ont l'air tristes, ce soir-là place de la République, Bernadette et lui ! Réélu avec les voix socialistes, Chirac ne saisit même pas cette chance pour constituer un gouvernement d'union nationale.

Mais l'on se souviendra d'un acte de résistance : en février 2003, sept chefs d'État et de gouvernement européens,

1. *Exil à l'Élysée*, Albin Michel, 1996-1997.

convaincus par les mensonges du Britannique Tony Blair que Saddam Hussein détient des armes chimiques, somment le président français d'engager son pays derrière l'Amérique de George Bush dans la guerre d'Irak. Jacques Chirac s'y refuse. Ce « non » le fait entrer dans l'Histoire.

IV

Nicolas Sarkozy
ou la rage de vaincre

> «Que surviennent les dangers, et les peuples se tournent vers celui qui possède la force. [...]
>
> Alors, le politique enivré peut enfin être lui-même, se croire le centre de tout, la référence et l'aliment de la volonté collective. Rares moments d'exaltation de l'âme qui justifient à eux seuls la conquête du pouvoir... Que de points communs entre l'homme de pouvoir et l'homme de plaisir dans leur commune recherche du paroxysme ! »
>
> Édouard Balladur
> *Machiavel en démocratie*, Fayard, 2006.

1

La Reconquête

Oublier Balladur et Chirac

Été 1995
Une si jolie traversée du désert

Trois mois après la défaite de son champion Édouard Balladur à la présidentielle, Nicolas Sarkozy me reçoit dans sa mairie de Neuilly en fin d'après-midi, juste avant l'heure de son jogging.

Savoure-t-il les premières difficultés du couple Chirac-Juppé au pouvoir ? Apprécie-t-il les efforts que fait le Premier ministre pour ressouder une majorité éclatée en lui tendant la main à lui, le paria ? À peine reparti en campagne pour retrouver le 25 septembre son siège de député des Hauts-de-Seine, Sarkozy affiche un large sourire.

C'est une belle fin d'après-midi d'août. Son bureau de star d'Hollywood – boiseries blondes, canapés de satin crème, guéridon orné d'une photo de Balladur – est baigné d'une lumière dorée. En veste pied-de-poule un peu trop large et longue, comme il les porte encore à l'époque, les poignets mousquetaire de sa chemise serrés par des boutons de manchettes en or, l'ancien porte-parole du gouvernement, bronzé, souriant, paraît en pleine forme. Apparemment, il ne me tient pas rigueur de notre dernier échange, très tendu, cinq mois auparavant : lors d'une conférence de presse je l'avais interrogé sur le chapitre Culture, quasi absent du programme de son candidat, et il l'avait très mal pris. Cette fois, il m'accueille chaleureusement : « Ah, ma chère Christine ! »

Il nous fait apporter des boissons ainsi qu'une assiette de canapés au saumon fumé et saucisson. « Vous ne trouvez pas qu'en France, on reçoit mal ? », lance-t-il en savourant son jus de pamplemousse rose frais après m'en avoir servi un avec empressement. On ne vous offre jamais rien ! »

Qui parlait de traversée du désert ? C'est un retour de vacances plein d'amabilité et de gourmandise. Le maire de Neuilly, réélu avec 60 % des voix au premier tour, ressemble comme un frère au Sarkozy ministre du Budget qui, voilà un an, me recevait au septième étage de l'immeuble de verre de Bercy, dans son bureau meublé Empire, autour d'étonnants petits déjeuners de friands aux amandes, yaourts aux fraises et autres gâteaux au chocolat. Il me faisait alors admirer Paris à ses pieds. Les dieux lui souriaient. On le disait « premier ministrable ».

La fin de ses grandes espérances – qui a signifié aussi l'éloignement de nombre d'amis – l'a-t-elle changé ? Sarkozy se ferait pendre plutôt que de laisser paraître une once d'amertume. Il se penche vers moi, animé par la même soif de convaincre qu'il y a six mois : « À quarante ans, j'ai eu une vie formidable. Les risques du métier, je les connaissais. Si je n'en voulais pas, je n'avais qu'à en faire un autre. »

Ah, les belles vacances que lui ont offertes les électeurs de Chirac en le renvoyant ! Cécilia et lui se sont d'abord envolés pour New York, où ils ont adoré les comédies musicales. Puis, ils ont passé quatre jours avec François et Isabelle Léotard à Biarritz – bons bistros basques et sympathique librairie. Ensuite, ils ont séjourné au bord du lac de Côme. Luxe rétro, calme et volupté – « J'adore l'Italie, j'adore les lacs. » Pour finir, ils ont passé trois jours à Chamonix – l'occasion de revoir les Balladur. La sagesse de l'ancien Premier ministre est admirable. Tout comme la gaieté de son épouse Marie-José – « C'est si rare aujourd'hui, les gens gais ! »

Des marches à pied en montagne et – qui l'eût cru? – de longues heures de chaise longue avec de gros livres entre les mains. Avec enthousiasme et volubilité, Sarkozy énumère *Voyage au bout de la nuit* de Céline – « Un grand choc » –, *Belle du Seigneur* d'Albert Cohen – « Porter en soi une telle symphonie, s'asseoir à sa table et, jour après jour, l'écrire! » –, il en reste rêveur. Un brin sentencieux, il cite maintenant Socrate – « Connais-toi toi-même » – pour ajouter aussitôt : « Mais Kierkegaard a dit : "Heureusement, on ne peut pas." »

Au fond, lui se connaissait assez bien. Ses réactions ne l'ont pas davantage surpris que celles des autres – les chiraquiens triomphants, les giscardiens satisfaits de la leçon donnée au concurrent Balladur et les ex-balladuriens tremblant de déplaire à Chirac.

Pour lui la véritable épreuve de vérité, celle qu'il reste le plus fier d'avoir traversée, a eu lieu deux ans avant la présidentielle, en mai 1993, à deux pas d'ici. Ce fut la prise d'otages par un certain Éric Schmitt, dit HB – pour Human Bomb – des enfants de la maternelle de Neuilly. « Lorsque le commissaire Bayon, du RAID, m'a dit : "On va tenter une chose : vous allez entrer et négocier. Préparez-vous", j'ai eu très peur. Me préparer? Mais comment? J'ignorais quelles seraient mes réactions. » Il me montre son plus beau trophée, encastré dans un bloc de Plexiglas : l'insigne du RAID, jauni par la sueur, que le commissaire Bayon a ensuite détaché de son bras pour le lui offrir.

Et la politique? Nicolas Sarkozy a un geste de dénégation : il se dispenserait bien, soupire-t-il d'un ton faussement las, d'en parler. Mais comment faire lorsque tout son être la respire? Retour sur la campagne présidentielle et ses coups bas. L'a-t-on vraiment cru capable, par vengeance, de déclencher des contrôles fiscaux ou de lâcher des informations touchant notamment les propriétés de la famille de Bernadette Chirac? Une poussée de colère lui empourpre le visage. D'un geste familier, Sarkozy agite le cordon de passementerie dorée qui retient le lourd rideau à portée de sa main.

Cette affaire des appartements de la Ville de Paris, qui a éclaté après son départ de Bercy, croit-on aussi qu'elle vient de lui ? Allons donc ! Alain Juppé ne s'y est pas trompé : peut-être aussi pour se faire pardonner l'expression de « bilan calamiteux » lâchée devant un micro à propos de la gestion du gouvernement Balladur, le Premier ministre l'a invité il y a quelques jours à déjeuner. Chirac ayant « rétréci » sa majorité, le chef du gouvernement doit se préoccuper de l'élargir. Comment espérer, sans cela, réformer le pays ? « J'aimerais, lâche Sarkozy, qu'on m'explique le film. »

Il s'est promis de ne pas en dire trop. Il se contente donc de disserter sur l'orgueil, « sentiment noble » ; sur la gaieté, « forme suprême d'insolence et de liberté » ; et sur la politique en général où « l'on ne peut pas réussir sans aimer les gens ». Il n'ajoute pas que Jacques Chirac, qu'il n'a pas revu depuis leur rupture, ne doit son élection qu'au soutien loyal, au second tour, de son rival Édouard Balladur et que les balladuriens n'en ont guère été récompensés.

À quoi bon ressasser de vieilles rancunes, quand on n'a que quarante ans et l'avenir devant soi ? Nicolas Sarkozy se veut serein, gai, rebondissant. Seule l'agitation de son pied sous la table basse ornée de dents de requin fossilisées – le cadeau d'un ministre marocain facétieux – trahit son impatience. Elle me rappelle irrésistiblement Jacques Chirac en campagne.

Souvenir d'un dîner à Samarcande

De retour chez moi, je relis mon cahier de notes daté d'avril 1994. François Mitterrand effectue un voyage officiel en Ouzbékistan. Nicolas Sarkozy, le ministre du Budget de la cohabitation, a été désigné pour représenter le gouvernement auprès du président socialiste. Lui si curieux de tout devrait en être enchanté : visiter la ville mythique de Samarcande en compagnie d'un président de la République féru d'histoire, sur les traces de Tamerlan le conquérant ! Mais en cette veille d'ouverture de campagne présidentielle, le lieutenant de Balladur a mieux à faire à Paris. Déjà agacé d'avoir dû sacrifier quarante-huit heures de son temps précieux pour jouer les figurants auprès d'un président en fin de course, il est dépité de ne pas être accueilli par ce dernier avec les égards qui conviennent. Lorsqu'il découvre que la grosse berline noire dans laquelle on le fait monter est placée en septième position du cortège officiel, derrière l'ambulance prévue pour le chef de l'État en cas d'urgence, il explose de colère. Je le revois debout, très nerveux, sur les marches de l'ambassade de France, faisant appeler le pilote de l'avion dans lequel il est venu de Paris, afin de lui ordonner de se préparer à redécoller sur-le-champ. Le ministre du Budget n'accepte pas que le protocole le traite aussi mal.

Le lendemain matin, nous le retrouverons tout content. Apprenant l'incident, Mitterrand a souri et a convié le jeune ministre à dîner à l'ambassade avec Danielle. Au dessert, il l'a interrogé sur ses lectures : « Naturellement, vous aimez Malraux ? » Comme si tout gaulliste ou présumé tel devait nécessairement être un fervent lecteur de *La Condition humaine* ! Et Sarkozy de répondre crânement : « Non, Monsieur le président ! Je lui préfère de beaucoup Hemingway ! » S'en est suivi un échange passionnant sur l'auteur de *Pour qui sonne le glas* et sur la guerre d'Espagne. En me racontant cette soirée, Sarkozy n'a pas pu s'empêcher d'ajouter que Mitterrand, après avoir voulu le tester, s'est pris au jeu. Leur conversation se serait donc poursuivie jusque tard dans la nuit : autour de Céline, Camus, Queneau, Cendrars et tant d'autres encore. Cette énumération me laisse perplexe : comment peut-on être à la fois si doué et si complexé ?

Pour finir, avant de se séparer, le président de la République lui a glissé une citation de Nietzsche : « Tout ce qui ne vous tue pas vous rend plus fort[1]. » Sarkozy sait-il que Mitterrand en a déjà gratifié nombre d'ambitieux de gauche ou de droite, tels François Léotard ou François Bayrou ? Je n'ose le lui dire.

1. *Le Crépuscule des idoles*, 1888.

En couple sur les marches du pouvoir

Printemps 2002
À moi la sécurité des Français !

Il fait très beau sur Paris ce mercredi 8 mai. À 8 h 30 – l'heure matinale qu'a choisie le nouveau ministre de l'Intérieur pour ne pas perdre une minute avant d'entrer en action –, la cour du ministère de la place Beauvau est encore plongée dans une ombre glaciale quand la voiture noire de Nicolas Sarkozy y pénètre. Daniel Vaillant, le ministre de l'ex-gouvernement Jospin, l'attend, entouré de quelques collaborateurs, sur le perron. Surprise ! En même temps que Sarkozy, son épouse Cécilia, en tailleur pantalon écarlate, descend de la voiture. Et c'est ensemble que tous deux s'avancent au pied des marches, avant que Cécilia ne s'éclipse pour gagner les appartements repérés la veille.

Je suis une des rares journalistes présentes, l'arrivée en couple n'ayant pas été annoncée. Dans un reportage diffusé la veille par le journal de France 2, Cécilia Sarkozy avait certes déclaré : « Ça fait des années qu'on travaille ensemble et on va continuer. » Mais l'on commentait plutôt l'attitude du nouveau ministre de l'Intérieur : ostensiblement à l'écart de ses collègues, qui échangeaient des questions, des embrassades et des plaisanteries de potaches un jour de rentrée des classes, il avançait le dos un peu courbé, le front soucieux, répondant par trois mots brefs, sans interrompre sa marche, aux micros qui se tendaient vers lui : « Fait beau... Suis concentré... Action... »

Sarkozy est-il furieux de n'avoir pas été nommé Premier ministre ? Depuis des mois, Chirac lui avait laissé espérer le poste. Condamné à une cohabitation de cinq longues années, le président de la République avait alors besoin de lui pour rassembler ses troupes éparses face au Premier ministre socialiste Lionel Jospin et à sa *dream team.* Mais les promesses n'engagent que ceux qui les écoutent et ce n'était même pas une promesse. Le patron de la Place Beauvau ne saurait s'en offusquer. Simplement, il veut marquer sa différence. Tandis que le nouveau Premier ministre Jean-Pierre Raffarin affiche une mine joviale, lui tient à montrer aux Français qu'il est conscient de la gravité de leur situation.

Le soir même, il fait la tournée de plusieurs commissariats de banlieue. Il découvre leur exiguïté, leur crasse, leur sous-équipement. À Corbeil-Essonnes, après avoir assisté à une démonstration de *flash ball*, le ministre de l'Intérieur décide d'en équiper la police de proximité : « Puisqu'on l'attaque, il faut lui donner les moyens de se défendre. » Trois jours plus tard, il effectue sa première visite du camp d'immigrés clandestins de Sangatte, dans le Calaisis, où son prédécesseur socialiste Daniel Vaillant n'était jamais venu.

Il faut aller vite. Sarkozy n'a plus une minute à perdre : au début de l'année, il a fêté ses quarante-sept ans. Où en sera-t-il, à cinquante ? Cette question l'obsède. Attendre, toujours attendre, quand Bonaparte était Premier consul à trente ans, Chirac Premier ministre à quarante-deux ans et Giscard président de la République à quarante-huit ans. À quoi bon avoir commencé à dix-neuf ans à coller des affiches et à distribuer des tracts, quand d'autres passaient leurs soirées à écouter leurs chanteurs préférés ? À quoi bon avoir remporté sa première victoire contre un chef aguerri, Charles Pasqua, en conquérant la mairie de Neuilly à vingt-huit ans ?

Chirac, le crocodile aux aguets

Il sait maintenant à quel point la chance est capricieuse. Il sait aussi que le président de la République, impatient de retrouver l'intégralité de ses pouvoirs après cinq années de cohabitation, guette le moindre de ses faux pas, le moindre signe chez lui d'une ambition trop vive. Sarkozy n'oublie pas 1995. Ni 1999 : ce printemps-là, quatre ans après la défaite de Balladur, il se félicitait d'effectuer un patient retour au sein des instances dirigeantes du RPR. Philippe Séguin, qui avait succédé à Alain Juppé à la tête du mouvement, avait besoin à ses côtés d'un organisateur doué d'une grande puissance de travail et capable de faire méthodiquement la tournée des instances militantes. Il était l'homme de la situation. Bien que de tempéraments si différents, ou peut-être à cause de cela, et parce que tous deux se défiaient également de Chirac, Séguin, l'enfant de Tunisie, orphelin d'un jeune officier tombé sous les balles allemandes en 1944, et Sarkozy le « sang-mêlé », petit-fils d'un docteur Mallah venu de Salonique et fils d'un aristocrate hongrois, Pal Sarkozy de Nagy-Bocsa, s'étaient bien entendus. Ensemble, Séguin le souverainiste et Sarkozy le pro-européen entamaient donc la campagne RPR pour les élections européennes de 1999 lorsque, pris d'une de ses célèbres colères, à moins que ce ne fut d'un accès de mélancolie, Séguin annonça brutalement sa démission.

Du jamais vu en plein milieu d'une bataille. Encouragé par Chirac à jouer les remplaçants au pied levé, Sarkozy déploya une énergie extraordinaire pour tenter de redresser la barre *in extremis*. Mais le 13 juin 1999, le résultat tombait, accablant : avec 12,82 % des suffrages, la liste menée sous son nom parvenait à peine à dépasser celles de l'écologiste Dany Cohn-Bendit et du centriste François Bayrou pour se placer juste derrière les souverainistes Charles Pasqua et Philippe de Villiers et loin derrière la liste socialiste de François Hollande, en tête avec un médiocre 21,95 %.

Il fallut donc renoncer au projet de se présenter aux suffrages des militants RPR pour succéder à Séguin. Alors qu'il hésitait encore, Chirac le convia à l'Élysée : « Pars te reposer. Ne prends pas la parole jusqu'à l'élection du nouveau président du RPR. Tiens-toi éloigné de toute querelle politicienne. Mais ensuite, il faudra que tu te serves de l'Assemblée nationale comme d'une tribune. Tes discours devront exprimer les choix de l'opposition tout entière.» Et, comme si ce n'était pas assez clair : «J'ai besoin que tu participes fortement aux prochains combats électoraux.» Autrement dit, «que tu m'aides à me faire réélire en 2002».

Sarkozy se souvient d'avoir acquiescé du bout des lèvres. Chirac espère-t-il l'empêcher de jouer sa propre carte? Il fera la démonstration qu'il est le meilleur! «Nous gravirons ensemble, a-t-il promis à Cécilia, les marches du palais de l'Élysée!»

Les enfants des Kennedy

Place Beauvau, l'équipe est soumise à son rythme accéléré. Mais c'est une équipe soudée, dans laquelle Cécilia se sent à l'aise. Elle participe aux réunions de cabinet comme la toute dernière recrue, nommée conseillère à l'Intégration, Rachida Dati. L'épouse du ministre assiste au petit matin à l'entraînement des hommes du RAID, avant de recevoir à déjeuner, au nom de son mari, une demi-douzaine de préfets. Elle prend place au premier rang des meetings. S'expose-t-elle trop? Je le lui dis : «On attaque toujours les hommes politiques qui ambitionnent la première place sur deux points : leur argent et leur femme.»

Rien n'y fait. Elle n'accepte «cette vie de fou», plaide-t-elle au cours d'un déjeuner en tête à tête auquel elle me convie au ministère, qu'à la condition de participer à tout. Ce jour-là Cécilia me raconte son enfance : son père, André Ciganer, a fui la Roumanie en 1917 et s'est installé comme fourreur à Paris, place Beauvau, justement. Sa mère, Diane, l'Espagnole, petite-fille du compositeur Isaac Albéniz, lui a appris à «ne rien montrer, rien, jusqu'à la sépulture». Dans son regard de très jolie fille timide passe alors une lueur sombre. Est-ce cela qui a tant ému son premier mari, Jacques Martin, son aîné de vingt-quatre ans? Est-ce cela qui a rendu fou d'amour «Nicolas», déjà marié, le jour où il célébrait, en 1984, en sa mairie de Neuilly, les noces de la superstar de la télévision avec la belle inconnue aux yeux verts ? C'est elle, en tout cas, qui a tranché la première. Cécilia a quitté Jacques Martin, s'est installée dans un studio avec ses deux petites filles de deux ans et demi et six mois et a attendu six longues années avant que Nicolas obtienne à son tour le divorce ! « C'était un peu compliqué », dit-elle seulement. Pendant toutes ces années elle a partagé sa passion de la politique. Mais soudain les élections européennes l'en ont écœurée : « Un monde de dérision et de destruction. » À quarante-deux ans, Cécilia rêvait d'une nouvelle vie, avec une maison à eux, de vrais amis et des vacances au soleil. Nicolas a promis de changer. Il est retourné à son cabinet d'avocat. Mais la passion du pouvoir a été la plus forte. Quand il a accepté la proposition de Chirac de revenir au gouvernement, elle a posé ses conditions : le retour en politique, ce serait ensemble.

Nicolas et elle se font photographier pour *Paris Match* dans l'ancien bureau de Fouché avec leur petit Louis, cinq ans, à quatre pattes sous la table. Ils se voient en Kennedy, ils sont John et Jackie, ce couple jeune, beau, rayonnant, moderne, qui faisait déjà rêver Giscard, il y a trente ans. Ils préfèrent ignorer que les images *glamour* du couple présidentiel américain, diffusées par tous les magazines de la planète, ont caché une réalité parfois sordide.

Tous les projets que Nicolas Sarkozy va lancer durant deux ans au ministère de l'Intérieur – la loi interdisant les attroupements dans les halls d'immeubles, la suspension des allocations familiales pour les parents de délinquants –, Cécilia en aura la primeur. Quand elle ne l'accompagne pas dans ses déplacements, elle est la première à qui il téléphone, à peine assis dans son jet, pour lui dire : « On décolle, je t'aime. » La première aussi à qui il rapporte, au retour : « Ils étaient 900 dans la salle, hurlant et sifflant à mon arrivée. À la fin, ils m'ont applaudi ! »

À la conquête du monde

Automne 2002
Orage sur Alger

Sirènes des gyrophares, crissements de pneus, portières qui claquent, apparitions surprise, discours provocants... Alors que Chirac, réélu, donne une navrante impression d'impuissance, la course de Sarkozy est grisante. On ne s'ennuie jamais avec lui. Non seulement il déploie tous ses charmes envers les journalistes, mais il crée chaque semaine l'événement.

Le voici à Alger, porteur d'un message du président Chirac pour le président Bouteflika. Notre cortège traverse la ville à toute allure, escorté de motards et de voitures bourrées de gardes du corps armés tandis que, tout au long de trottoirs déserts, des militaires postés tous les vingt mètres pointent leurs armes sur une foule imaginaire. À l'hôtel El Aurassi, un cinq étoiles choisi sur les hauteurs car plus facile à sécuriser que le Saint Georges au cœur de la ville, il est impossible d'ouvrir les baies vitrées pour sortir sur les balcons admirer la vue sur la ville blanche. L'assassinat des moines de Tibhirine s'est produit il y a six ans déjà, mais la menace du GIA est présente dans tous les esprits. Le dîner à la résidence de l'ambassadeur français, la fameuse villa des Oliviers où de Gaulle séjourna de 1943 à 1945, est lugubre. À l'apéritif, sur la terrasse, un ancien Premier ministre algérien expose avec brio la politique de réforme de Bouteflika, lorsqu'une invitée, arrivée en retard faute de taxi, l'interrompt avec véhémence. La cinquantaine blonde, Khalida est professeur de médecine au centre hospitalier. « Moi, Monsieur le Premier ministre, je n'ai ni voiture ni téléphone portable. Vous, des téléphones, vous en avez pour vos bébés et même pour vos chiens ! Moi qui dirige un laboratoire international, je gagne 3 000 francs algériens par mois – dix fois moins que mes collègues français ! Alors pourquoi pensez-vous que les intellectuels, les scientifiques et tant de médecins ont quitté l'Algérie ? Pas seulement par peur du GIA. Mais parce que les partis au pouvoir n'ont rien fait, au contraire, pour encourager la recherche et relever le niveau intellectuel du pays ! »

Ce torrent de colère provoque un silence glacial quand soudain, avec une violence inouïe, des grêlons gros comme des œufs s'abattent sur la terrasse. Dans un fracas de bombes, des éclairs strient le ciel. Les serveurs courent en tous sens pour ramasser les verres qui explosent. Nous rentrons trempés. L'orage dure toute la nuit.

« Vive Sarkozy ! Des visas ! Des visas ! »

Le lendemain matin, de fort bonne humeur, Sarkozy emmène sa petite escorte à la basilique Notre-Dame, d'où l'on admire la baie. Impossible d'aller faire un tour dans la casbah : à la suite de l'orage nocturne, les égouts débordent. Nous nous promenons quand même dans la ville. Sur son passage, à tous les balcons, on applaudit. « Vive Sarkozy ! Vive la France ! » et on lui réclame : « Des visas ! Des visas ! » Des jeunes filles descendent précipitamment sur le trottoir pour lui faire signer des autographes. Ravi, Sarkozy s'arrête dans un magasin de jouets pour rapporter un petit avion en bois à Louis, puis dans une pâtisserie pour nous offrir des cornes de gazelle.

Nous sommes trois journalistes à l'accompagner. Les organisateurs du déjeuner au palais présidentiel avaient prévu de nous reléguer au fond de la salle. Mais le ministre français a demandé qu'on nous traite en hôtes de choix. Cela nous permettra d'entendre Bouteflika se plaindre du peuple algérien : ses compatriotes sont devenus, à l'exemple des Français, « un peuple de râleurs ». Sarkozy jubile.

Hiver 2002
Londres, Speedy Sarko *épate Jack Lang*

Quelques semaines plus tard, il est à Londres pour signer un accord avec son homologue britannique David Blunkett, le populaire ministre aveugle, au sujet des migrants du Calaisis. Accompagné de Cécilia, il est reçu par Tony Blair et sa femme Cherie, qui leur font visiter en amis le 10 Downing Street. En sortant, Sarkozy croise, au milieu d'une forêt de caméras, le maire communiste de Calais, Jacky Hénin, qui a traversé la Manche spécialement pour le féliciter. Il y a là aussi le nouveau député socialiste de la circonscription, Jack Lang. Vêtu pour la circonstance d'un superbe manteau de cuir noir long style *Seigneur des anneaux*, Jack le congratule : « Ah, si nous avions fait seulement 10 % de ce que vous avez fait là ! »

Dans le petit avion du retour, bien calé au fond de son siège de cuir face à Cécilia, l'heureux ministre conclut : « L'abcès de fixation de Sangatte appartient au passé. » Il est si content que cela calme son habituelle boulimie. Il ne touche pas au foie gras placé devant lui, boit juste un verre d'eau. Mais il est intarissable. Tout à l'heure le Premier ministre Jean-Pierre Raffarin l'a appelé pour saluer une victoire que, déjà, le *Daily Mirror* commente comme une défaite britannique. La presse française de gauche, elle, ironise sur *Speedy Sarko*, mais cela ne lui déplaît pas du tout. Il se souvient de sa première visite au hangar de Sangatte : « Imaginez ! Mille cinq cents hommes s'épiant, se menaçant jour et nuit. Il y avait déjà eu cinq assassinats ! Quand je suis rentré à Paris, j'avais le moral dans les talons. Et puis, j'y suis retourné. »

D'autres gros dossiers l'attendent. Il se donne moins de deux ans pour les régler. Dès cette nuit, il se plongera dans un rapport sur la régularisation des sans-papiers : « Il faut humaniser, desserrer. » La représentation de l'islam de France est aussi une priorité : « Je ne cèderai pas, je veux des femmes ! » La main ouverte ici, le poing fermé là, telle est sa ligne de conduite.

Lorsqu'il s'agit de la lutte contre le terrorisme, c'est le poing fermé : « J'ai autorisé les CRS à pénétrer casqués et bottés dans une mosquée pour arrêter quatorze suspects, révèle-t-il. Je voulais envoyer un signe fort. »

Il est déterminé aussi à régler le problème corse. Là où tous ses prédécesseurs ont échoué, il réussira ! « Un peuple qui adore la politique et la Ciaccia comme moi, on devrait s'entendre !

Printemps, été 2003
À la conquête de la Corse

Entre mai et juillet, il se rendra pas moins de trois fois dans l'île de Beauté, afin d'y défendre son projet de référendum. Sans reprendre la formule de « transfert de pouvoir législatif » qui valut à Lionel Jospin d'être lâché par sa gauche « républicaine », Sarkozy propose aux Corses, afin de sauter une étape de la décentralisation, de fondre les deux départements et la région en une seule entité de près de 300 000 habitants.

Le 30 mai 2003, je l'accompagne dans l'île. La journée est magnifique et la vue époustouflante quand nous survolons le maquis. Nous sommes à bord d'un hélicoptère militaire ouvert sur les côtés afin de faciliter le saut d'éventuels parachutistes. Sarkozy et moi sommes assis côte à côte au-dessus du vide. Seul un câble élastique nous protège de la chute. Cela donne l'impression grisante de tourner pour un film d'action, mais quand le pilote joue à faire des virages sur l'aile ou à plonger brusquement vers les montagnes pour se redresser en virtuose au dernier moment, je suis tétanisée. D'instinct, je plaque le dos contre mon siège en plastique. « Ça va, ma Christine ? », s'enquiert Sarkozy, fraternel, en posant la main sur mon genou.

Quelques heures plus tard, il ne s'amuse plus : quand nous arrivons à l'université de Corte, perdue au milieu d'une zone montagneuse, des centaines de manifestants l'accueillent en hurlant des slogans « Corsica Libera ! ». Les portes en glace du hall ploient littéralement sous leur poussée. Des hommes du

RAID évoluent sous la toiture. De rares journalistes tentent difficilement de frayer leur chemin jusqu'au balcon du premier étage. Le ministre, sous escorte très rapprochée, parvient enfin à gagner la tribune.

Un groupe de jeunes militants nationalistes l'y attend. L'un d'eux s'empare du micro : « On dit que vous êtes venu les mains pleines... En repartant, vous pourrez dire *Veni, Vidi...* mais pas *Vici* ! Nous, ce sont les sujets tabous qui nous importent : le peuple corse, la langue corse qui doit devenir obligatoire... Oui, la Corse mérite mieux que votre réformette à la camomille ! » La salle explose en applaudissements. Le jeune tribun évoque alors le procès des assassins du préfet Érignac, qui doit s'ouvrir dans quelques jours. Il brandit de nouveau le poing : « Assimiler les nationalistes à une mafia comme vous le faites, c'est une injure grave ! » Debout à un mètre de lui, Sarkozy, livide, ne bronche pas. Lorsqu'il prend la parole, c'est pour dénoncer un discours autiste : « Je respecte les nationalistes, mais ce que je ne respecte pas, c'est celui qui met la cagoule et attend la nuit pour faire exploser une bombe ! » Les cris et sifflets ne le feront pas taire. Car il sait ce que les indépendantistes attendent maintenant : de l'argent, encore de l'argent de l'État français.

Venons-en donc aux chiffres, déclinés au micro par le recteur : 27 postes supplémentaires d'enseignants, hors normes européennes habituelles, pour cet établissement de 400 étudiants. Des crédits supplémentaires pour la bibliothèque. Sans oublier quelques dizaines de milliers d'euros pour l'aménagement des berges de la rivière. Cela finit par calmer les excités. Quand le ministre sort de la salle en sueur, il est ravi : « C'était bien, non ? »

Le « Sarko Show »

Un mois plus tard, à la veille du référendum sur la modification du statut territorial de la Corse, Yvan Colonna, dit « le berger corse» ou «l'assassin présumé du préfet Érignac[1]», est arrêté dans le maquis après une longue traque. Le ministre de l'Intérieur l'apprend alors qu'il tient un meeting à Carpentras. Il s'interrompt pour «dédier» la nouvelle à la famille Érignac.

En fait-il trop? Ou bien les électeurs corses redoutent-ils une indépendance qui leur ferait perdre bien des subventions et pensions? Le dimanche 6 juillet 2003, le «non» à l'autonomie l'emporte.

Ce n'est qu'un «avis consultatif». Le gouvernement pourrait ne pas en tenir compte. Mais Sarkozy jette l'éponge, non sans mauvaise humeur : «La Corse avait besoin de l'État de droit et du mouvement. Elle aura l'État de droit, mais pas le mouvement.»

Cet échec ne freine pas sa course, au contraire. Impatient de le faire oublier, Sarkozy parcourt la France tout l'été. Les manifestations d'intermittents du spectacle l'appellent en Avignon. Mais il ira aussi «là où on ne m'attend pas».

Ma voiture mitraillée

On ne se déprend pas facilement des sortilèges de l'île de Beauté. Un mois après notre expédition tumultueuse, j'y suis de retour. J'effectue un reportage sur la technopole naissante de Bastia. Je rencontre durant plusieurs heures, dans un village proche, le chef nationaliste Jean-Guy Talamoni. Il me raconte comment, subjugué à l'âge de treize ans par le très charismatique docteur Edmond Simeoni, il a découvert l'histoire d'une «grande démocratie» noyée dans le sang par Bonaparte. «Cent mille soldats vomis sur nos côtes», répète-t-il sombrement en citant Pascal Paoli, le héros du «peuple corse». Un projet de livre naît. Dans la perspective d'aller revoir Talamoni, je me rends, par un bel après-midi d'août, à Tolla, un village perché

1. Le préfet Érignac fut abattu en pleine rue d'Ajaccio le 6 février 1998 de plusieurs balles dans le dos alors qu'il allait seul, à pied, rejoindre sa femme à un concert.

sur les hauteurs d'Ajaccio. J'y suis invitée par une amie parisienne qui a passé son enfance au milieu de cet admirable paysage de montagne. C'est l'heure de la sieste. Tous les volets sont clos, le village assoupi. À cent mètres de la maison, l'unique rue est barrée par un gros camion de déménagement au pied duquel nous trouvons un jeune couple en larmes : un policier « du continent » en poste à Ajaccio depuis deux ans et sa femme. Venus de Strasbourg, ils croyaient être « bien intégrés » dans l'île. Elle s'occupait de personnes âgées. Lui consacrait ses loisirs aux jeunes, qu'il entraînait au foot. Quand un incendie a failli, en juillet, ravager le village, il a organisé les équipes de volontaires, en attendant l'arrivée des Canadairs. Mais la nuit dernière, sa voiture a explosé. Avait-il découvert une cache d'armes ? Au cours de la conversation que nous engageons autour d'un verre d'eau dans le jardin, il ne le dit pas : trop d'oreilles indiscrètes derrière les volets. Quoi qu'il en soit, le préfet René Lemas lui a ordonné de quitter le village de toute urgence, avant que les auteurs de l'attentat ne fassent exploser aussi son appartement.

L'affaire fait grand bruit à Paris. Le rédacteur en chef du *Figaro*, Alexis Brézet, m'appelle et me demande un bref article : il le publiera dès que le policier et sa femme auront regagné « le continent ». Mon billet paraît en une, sous le titre : « Éteins le feu et tire-toi ! ». Le jour de la parution, rien ne bouge. Mais le lendemain, je trouve l'article, agrandi, collé sur mon pare-brise.

La nuit suivante, assommée de soleil et de bains de mer, je dors comme un loir. À 8 heures du matin des coups violents sur la porte d'entrée me réveillent. J'ouvre la fenêtre : tout le village est là, rassemblé autour de quatre gendarmes : « On avait peur, me disent-ils, qu'il vous soit arrivé quelque chose. » Dans la nuit, ma voiture a été mitraillée : huit impacts de balles ont troué le pare-brise et la carrosserie à l'emplacement du conducteur. Les gendarmes ont leur idée. Si j'accepte de rester, deux d'entre eux, déguisés en touristes, viendront nous garder toute la nuit, en guettant derrière les volets les éventuels rôdeurs.

Ainsi sera fait. On se croirait dans la bande dessinée de Pétillon, *L'Enquête corse* !

Le lendemain, *Le Figaro* ayant publié en une la nouvelle de l'attentat, Sarkozy m'appelle : « Ma Christine ! Vous inquiétez pas, on va pas les lâcher ! »

Il a donné l'ordre de transférer mon dossier à la brigade antiterroriste. Cela me vaudra de vivre, à Paris, de nouvelles scènes rocambolesques : convoquée Quai des Orfèvres pour raconter mon histoire, je suis raccompagnée à RTL – où je tiens alors une chronique – par une voiture de police qui remonte les Champs-Élysées en trombe, sirènes hurlantes. À mon retour, je trouve un factionnaire au pied de mon immeuble : ordre du ministre de l'Intérieur. Un an plus tard, l'affaire sera classée sans suite. La brigade antiterroriste a bien d'autres soucis, le ministre aussi.

Le défi à Chirac

Été 2004
Chirac : « Je décide et il exécute »

Dans la deuxième quinzaine de juillet 2004, je croise sur la plage du Cap-Ferret Nicolas et Cécilia, en short et polo. Ils sortent de Chez Hortense, un bistrot où l'on déguste, les pieds dans le sable, des huîtres du bassin d'Arcachon accompagnées de petites saucisses. Ils attendent le hors-bord qui doit les ramener au Pyla, où on leur a prêté une villa pour quinze jours. Alors que cela devrait le rendre heureux, Sarkozy est d'humeur sombre : « Ah, me lance-t-il en fixant des yeux les vaguelettes qui font s'entrechoquer les bateaux, ils auraient bien aimé me noyer là, hein ? S'ils pouvaient ! »

Il veut parler, évidemment, du président Chirac et de tous ceux, au gouvernement et au parti – les Raffarin, Villepin, etc. – qui voudraient tant, assure-t-il, « l'enfoncer ». De la longue interview présidentielle du 14 Juillet, la France n'a retenu que le refus opposé au jeune et ambitieux ministre qui voulait succéder à Juppé à la tête du parti. Pour Chirac, « si l'un des ministres était élu président de l'UMP, il démissionnerait immédiatement (*sic*) ou je mettrais fin à ses fonctions ».

Les journalistes Arlette Chabot, de France 2, et Patrick Poivre d'Arvor, de TF1 ayant alors pointé son « différend » avec Sarkozy, Chirac a lâché la phrase fatale : « Un différend ? Il ne peut pas y en avoir, pour la raison simple que je décide, et il exécute. »

Après tout, Sarkozy pourrait être fier d'être « l'unique objet » des ressentiments du chef de l'État. Depuis la grande canicule de l'été 2003, la presse souligne « l'impuissance » de Chirac.

Cet été-là, le nombre de victimes a dépassé les 15000. Mais le président, au repos sous la garde de Bernadette dans la fraîcheur du Canada, n'a publié aucun communiqué de compassion. Dès lors, sa popularité n'a cessé de baisser dans les sondages, tandis que l'on commentait l'irrésistible ascension de Sarkozy : 53 % des Français[1] estiment que celui-ci se distingue des autres hommes politiques par «sa détermination et sa fermeté». À trois ans de l'échéance présidentielle, 46 % d'entre eux jugent que «Nicolas Sarkozy ferait un bon président de la République».

Je l'entends encore répliquer gaiement, devant plus de sept millions de téléspectateurs fascinés, à Alain Duhamel, qui lui demandait s'il pensait à l'élection présidentielle tous les matins en se rasant : «Pas simplement en me rasant !» C'était il y a huit mois. Depuis, il a perdu sa gaieté. On voit sur son visage qu'il souffre vraiment.

Cécilia dans le collimateur du Canard

Je les revois tous deux, Cécilia et lui, arrivant main dans la main, à Bercy où il a remplacé le 31 mars 2004 l'ancien patron de Saint-Gobain, Francis Mer, non sans avoir été promu, comme il l'exigeait, ministre d'État et numéro deux du gouvernement. Lors de sa première conférence de presse de grand argentier devant 350 journalistes de la presse internationale, je lui demande s'il est content d'être comparé au bulldozer que fut Jacques Chirac, il y a trente ans. L'œil frise, la lèvre se retrousse avec insolence : «Cette comparaison me flatte, plaisante-t-il. Elle va illuminer ma journée !»

Les premiers mois à Bercy sont particulièrement éprouvants pour Cécilia. *Le Canard enchaîné* affirme que la femme du nouveau ministre de l'Économie a commandé des téléviseurs à écran plat pour les quarante-deux membres du cabinet. La voiture qui

1. Enquête *Ipsos-Figaro Magazine*, mai 2004.

conduit son fils à l'école utiliserait une sirène, ce qui est illégal, «mais le môme, raconte un fonctionnaire, adore qu'on fasse pin-pon». Ce n'est pas tout : après un goûter d'anniversaire, le petit Louis aurait voulu garder tous ses copains à dormir à la maison, c'est-à-dire au ministère. Cécilia aurait appelé chez elle, le soir, la lingère de Bercy, pour qu'elle vienne aussitôt faire les lits.

«Payer ce prix-là, c'est ignoble, me dit-elle au bord des sanglots. Je suis tellement blessée que je ne pense plus qu'à me protéger. Nicolas, lui, est de taille à supporter. Mais pas moi.» Il l'entoure pourtant d'attentions. Il lui répète : «Tu n'es pas seule!» Il jure de la venger. Mais il doit promettre la réduction des déficits, passer un accord avec les grandes marques pour baisser les prix à la consommation, changer le statut d'EDF... Surprendre, surtout, toujours surprendre : en libéral, l'ancien disciple d'Édouard Balladur promet de toucher aux 35 heures. Mais en partisan d'un État fort, il vole au secours d'Alstom. Il se rend sur place, où on le voit photographié au milieu des ouvriers. Il saute de son avion dans sa voiture. Il adore que, dans la cour carrée de Bercy, son chauffeur, en prenant le virage pour le déposer devant les portes vitrées, fasse crisser les pneus tandis que les huissiers en habit noir, arborant, comme à l'Élysée, une chaîne d'argent sur la poitrine, se précipitent pour l'accueillir. S'il ne fonce pas à vélo en vacances, s'il ne court pas le matin tôt au bois de Boulogne, il dévore. Il a toujours, dans son bureau de ministre, des assiettes de canapés au saumon et de chocolats à offrir à ses visiteurs... Son appétit reste insatiable, mais il sait désormais donner à ses discours des accents de compassion où certains voient du «gaullisme social». Quand il raconte la visite bouleversante, à 11 heures du soir Place Beauvau, du père d'un jeune policier assassiné venu lui réclamer son enfant, on est prêt à croire qu'il a changé. Ses collaborateurs en témoignent, l'œil humide : «Quand j'ai préparé le dossier Alstom, me confie son directeur de cabinet Laurent Solly, il m'a dit : "Travaille en ayant constamment à l'esprit que l'un de ces ouvriers pourrait être ton père..."»

Automne 2004
La prise du parti

Un à un, devant lui, les barrages s'effondrent.

Nous voici le 1er septembre 2004. Alain Juppé contraint de démissionner de la présidence de l'UMP pour cause de condamnation dans l'affaire des emplois fictifs de la Ville de Paris, Nicolas Sarkozy se rend à l'Élysée : il annonce à Jacques Chirac sa décision de se porter candidat à la succession du « fils préféré ». Le président ne peut faire autrement que de lui donner son accord, en insistant pour qu'il démissionne de Bercy... mais pas avant deux mois. Sarkozy se fait humble : « Je n'ai qu'une idée en tête : ne pas décevoir ! » Il lui reste deux ans et cinq mois à parcourir. Mais il a franchi une étape décisive : à lui, le parti !

2

De victoires en déchirements

Adieu Chirac ! Reviens, Cécilia !

Automne 2004
Un triomphe et un K.O.

Le sacre du nouveau président de l'UMP a lieu le 28 novembre 2004 au Bourget en présence de 40 000 militants qui l'ont élu par 85,09 % des voix. Cécilia est l'organisatrice de la cérémonie grandiose où l'apparition du tribun est précédée de la diffusion, sur écran géant, de plusieurs appels et témoignages, dont celui du petit Louis qui lance : « Bonne chance, mon papa ! » Acclamé à son entrée en scène, Nicolas tient un grand discours où il alterne les thèmes de la générosité sociale – « La France, c'est une puissance qui met sa force au service des plus faibles » – et de l'ambition individualiste – « Je veux redonner aux Français le goût de la réussite ! » Il annonce la *rupture* : « Au plus profond de moi-même je sais que la France ne redoute pas le changement, mais qu'elle l'attend ! » Mme Chirac est assise au premier rang. Depuis qu'il est venu la soutenir aux régionales, « Bernadette », qui n'avait pas de mots assez durs dix ans plus tôt pour le jeune « traître » passé dans le camp de Balladur et auquel elle voulait « botter les fesses », est devenue sa groupie. En Corrèze, elle lui a dit : « On a besoin de vous ! » Sarkozy s'adresse à elle : « Madame, souvenez-vous de la Corrèze pendant les régionales. C'est moi, aujourd'hui, qui ai besoin de vous ! » Et les 40 000 militants leur font un triomphe.

Cécilia craque : « Nicolas ne pense plus qu'à lui ! »

Ce couronnement, Cécilia et lui y pensent depuis des mois. Ils en parlent du matin au soir.

Pourtant, j'ai entrevu une fêlure dans ce couple « fusionnel ».

C'était à Budapest, le 28 octobre – un mois tout juste avant la cérémonie du Bourget. J'accompagnais le ministre de l'Économie et sa femme en visite officielle en Hongrie. Après une halte dans une pâtisserie-salon de thé où il a englouti un feuilleté aux cerises confites couvert de crème fouettée (l'angoisse ?), le futur candidat gravit au pas de course les escaliers du palais où les attend le président hongrois pour la photo sur la terrasse surplombant le Danube. Plusieurs marches derrière lui, Cécilia traîne un peu la jambe : l'autre dimanche, lors d'une balade au bois de Boulogne en compagnie de Michel Drucker, elle est tombée de vélo. Elle s'est blessée au genou : « Il faut toujours qu'il fonce, murmure-t-elle, sans regarder si l'on suit. » Ce matin elle a dû refaire son pansement toute seule. Impatient de connaître les premiers chiffres de vente du livre qu'il vient de publier – *La République, les religions, l'espérance*[1] –, Nicolas était au téléphone avec son éditeur. Cécilia rêve de plus de douceur. Hier, déjà, au musée de l'Holocauste, elle s'est montrée peinée de voir Nicolas si peu attentif, si peu touché en apparence par le sort des 600 000 Juifs hongrois qui périrent dans les camps nazis : « Il n'en a rien à faire, de ses compatriotes et de ses ancêtres ! Il ne pense plus qu'à lui ! »

J'ignore encore qu'elle a trouvé un confident en la personne de Richard Attias, et que ce dernier, un spécialiste de

1. Éditions du Cerf, 2004.

« l'événementiel », a été chargé de la mise en scène du sacre du nouveau chef de parti.

Printemps 2005
Cécilia s'en va... et revient

Pour la première et la seule fois de sa vie, Nicolas Sarkozy va annuler une émission télévisée. Ce dimanche 22 mai 2005, sur TF1, le chef de l'UMP a rendez-vous avec sept millions de téléspectateurs. Mais Cécilia est partie. La veille, à Pétra, en Jordanie, où se tenait un colloque international auquel étaient invitées des personnalités comme le ministre français de l'Éducation nationale et de la Recherche, François Fillon, elle est soudain apparue, vêtue de blanc, portant des lunettes noires de star. Elle venait rejoindre l'organisateur Richard Attias. Dans ce décor de tragédie antique, cette apparition, me racontera Fillon, a littéralement pétrifié l'assistance.

Le lendemain, lundi 23 mai, Sarkozy doit participer, à la demande du Premier ministre Raffarin, à un meeting au Futuroscope de Poitiers en vue du référendum européen prévu le dimanche suivant. Je m'y rends. Et là, au milieu d'un public de fans qui attend de voir son champion se relever d'un *uppercut*, je le vois surgir sur le ring blême, les yeux cernés de violet, la démarche saccadée, mais l'air plus déterminé que jamais. Après avoir défendu sa vision d'une Europe sans la Turquie, Sarkozy brandit le poing comme pour défier une armée : « Dites à mes amis que je vais très bien. Et dites à mes adversaires que je vais très, très bien ! Rien, ni personne, je dis bien personne, ne m'empêchera de poursuivre ma route ! » Autour de moi, on applaudit à tout rompre. « Il a du cran ! »

Trois jours plus tard, Cécilia est rentrée. Un essaim s'abat sur elle. Photographes, cameramen, journalistes la guettent et la poursuivent à moto. Jeudi, le président de l'UMP va à la télévision : « Comme tous les couples, reconnaît-il d'une voix grave, le nôtre a connu des difficultés. » Il demande qu'on « respecte ma femme, éminemment respectable» et jure à nouveau : «Rien ni personne ne me détournera de la route que j'ai choisie.» Il bat tous les records d'audience.

Vendredi, les Sarkozy s'envolent pour l'Espagne. On est à la veille d'un scrutin important et Nicolas est le chef du grand parti de la majorité. Mais rien ne compte pour lui que Cécilia. Voilà des mois qu'il lui avait promis un week-end au pays d'Albéniz. Et quel week-end! Il a réussi à organiser un dîner dans le meilleur restaurant de Madrid avec Juan Carlos – le roi d'Espagne en personne!

À leur retour, le dimanche 5 juin, le «non» à la ratification de la Constitution européenne l'emporte par 54 %. Pour le président Chirac, c'est un coup de massue.

Dans un ultime effort pour «sauver les meubles», va-t-il se résoudre à nommer Sarkozy à Matignon? Non : il préfère achever son quinquennat avec Villepin. Mais celui-ci, estimant qu'il ne pourra pas agir sans l'appui du parti, obtient de rappeler Sarkozy au ministère de l'Intérieur – sans exiger de lui pour autant qu'il renonce à sa présidence de l'UMP! C'est un nouveau camouflet pour Chirac, une nouvelle victoire de Sarkozy.

Été 2005
Les unes de Match :
Cécilia avec lui, avec son amant, puis avec lui

Les Sarkozy se retrouvent Place Beauvau, au ministère où ils furent si heureux trois ans plus tôt avec leur petit Louis, âgé maintenant de huit ans. Cécilia ne veut plus de responsabilités. Elle se méfie d'ailleurs des membres du cabinet, à l'exception de Claude Guéant et de sa protégée, Rachida.

Nicolas veut croire la paix revenue. Le 30 juin, *Paris Match* publie en couverture une photo du couple Sarkozy avec ce titre : «Il veut reconquérir Cécilia». Que ne ferait-il pour cela! Elle l'aimait intrépide, il brise tous les tabous. À La Courneuve, où un enfant a été abattu d'une balle perdue, il promet de «nettoyer la cité au Kärcher». Dans le jardin de la Place Beauvau, où il convie la presse le 14 Juillet avant même la fin de la *garden party* de l'Élysée, il évoque Louis XVI démontant les serrures de Versailles : un «roi fainéant». À Argenteuil, au pied d'une tour, il promet aux habitants excédés par les trafics : «On va vous en débarrasser, de cette racaille ! »

Mais Cécilia n'applaudit pas. Elle est déjà repartie.

Le 6 août 2005 au soir, alors qu'ils sont en vacances au Pyla, un dîner de homards est prévu avec leurs amis Jacques et Martine Chancel, à la sortie du match de football des Girondins, auquel Nicolas emmène Louis. Mais à leur retour, Cécilia s'est envolée. Quinze jours plus tard, *Paris Match* publie en couverture une photo d'elle à Manhattan avec son amant, titrée : «Cécilia Sarkozy et Richard Attias consultent des plans d'appartements ! » Neuf cent mille exemplaires du magazine seront vendus. Un record !

Le 3 septembre à La Baule, où Cécilia et lui se sont fait photographier tant de fois courant sur la plage, s'ouvre l'université d'été des jeunes de l'UMP. Sarkozy a pris froid. Emmitouflé dans un gros pull marine, il contemple tristement la mer depuis son balcon de l'hôtel L'Hermitage, lorsqu'il voit apparaître au loin, au milieu d'une nuée de mouettes, un homme grand et élancé, courant en short de bain sur le sable : Dominique de Villepin. Le Premier ministre plonge dans une gerbe d'écumes, tandis que les photographes se précipitent.

Le président de l'UMP serre les poings : il prendra sa revanche en galvanisant les jeunes militants. Mais en plein milieu de la matinée, la nouvelle tombe : la veille, Chirac a été hospitalisé au Val-de-Grâce à la suite d'un accident cardio-vasculaire. Villepin, qui l'annonce, ira représenter le président de la République à New York. Attendu à la réunion au sommet avec Poutine, Blair et Bush, le voilà «président bis». Sa popularité s'envole, tandis que l'hebdomadaire *Marianne* titre sur la «dégringolade» de Sarkozy.

Automne 2005
Feux et flammes

Encore vingt mois à courir, à tomber, à se relever, à se battre comme un fou, à supplier Cécilia au téléphone, à la menacer, à faire face à des pétitions et à des complots assassins comme celui de Clearstream[1].

Le film s'accélère.

Le 27 octobre 2005, à Clichy-sous-Bois, deux adolescents de quatorze et seize ans, Ziad et Bouma, surpris sur un chantier, tentent d'échapper à la police en se réfugiant derrière les grilles d'un transformateur EDF : ils sont électrocutés. Leur mort embrase la banlieue. Le ministre de l'Intérieur y envoie dix-sept compagnies de CRS et sept escadrons de gardes mobiles. Mais l'incendie gagne la capitale. Villepin décrète l'état d'urgence. Maudit par les parents des victimes, Sarkozy regagne onze points de popularité.

Hiver 2005
« TSS » – Tout sauf Sarkozy !

Décembre. Pour la première fois depuis dix ans, « Nicolas » passe Noël sans elle. Et sans Louis. Une journaliste amoureuse se dit prête à divorcer pour lui. Il lui offre, chez un joaillier de la place Vendôme, la même bague qu'à Cécilia quelques mois plus tôt. Il l'emmène à l'île Maurice, où Cécilia rêvait d'aller depuis si longtemps. À son retour, il ne trouve aucun message de Cécilia mais une pétition : Jamel Debbouze, Joey Starr, Yannick Noah et quelques autres stars populaires auprès des

1. Cette obscure affaire de comptes au Luxembourg et de blanchiment d'argent a été « révélée » en 2002. Un *listing* où figurait, déformé, le nom de Sarkozy, a été exploité en sous-main par Chirac et Villepin. L'affaire aboutira, au bout de six ans, à un non-lieu.

jeunes fustigent le raciste qui parle de « racaille ». Ils lancent le slogan TSS – « Tout sauf Sarkozy ».

Au soir du 31 décembre, enfin, alors qu'il s'apprête à passer un réveillon sinistre Place Beauvau entre les Guéant et l'humoriste Bigard, il reçoit ce message de Cécilia : « Roissy, lundi matin, 7 heures. »

Lundi 2 janvier 2006. Lorsqu'elle apparaît, coiffée d'une toque de fourrure, dans l'encadrement de la porte de l'avion de New York, il l'attend au pied de la passerelle, dans sa voiture ministérielle aux vitres fumées. Les jours suivants, on les voit ensemble chez Tod's, rue du Faubourg-Saint-Honoré, chez Ralph Lauren, place de la Madeleine, etc. Ils achètent des mocassins souples, des polos rose et blanc, ils ont les bras chargés de paquets comme des touristes en voyage de noces. « Louis est heureux, me dit leur ami Patrick Balkany, qu'ils invitent à dîner Place Beauvau. Il a retrouvé sa chambre, sa robe de chambre et son pyjama blanc... »

Printemps 2006
Victoire sur Villepin

Ce bonheur n'arrive pas seul. Trois mois durant, le projet de CPE (contrat première embauche) conçu par Villepin pour réduire le chômage des jeunes provoque, de Paris à Marseille en passant par Bordeaux, des manifestations étudiantes de plus en plus violentes. Le 23 mars 2006, dès 14 heures, des centaines de jeunes de banlieue, la capuche sur le nez, tournent comme des frelons autour de la manifestation partie de la porte d'Italie. À Montparnasse, le service d'ordre est débordé : à coups de pied et de bâton, les voyous agressent les étudiants. Sur l'esplanade des Invalides, les caméras qui ont échappé aux vandales filment des photographes tabassés, des filles traînées par les cheveux. Tout au long du trajet, ils laissent des voitures brûlées ou caillassées, un tapis de débris de verre. La cote de Villepin s'effondre dans les sondages. Atterré, le président de la République doit se résoudre à annoncer qu'il ne signera pas les décrets d'application de la loi pourtant déjà votée. Chirac a perdu toute crédibilité. Villepin, le rival superbe, n'est plus qu'un pantin de carton accroché à une potence parmi des banderoles rouges noircies et chiffonnées.

Tout pour gagner

Été 2006
En campagne avec Cécilia

Encore dix mois à courir jusqu'à la présidentielle. Ce 22 juin 2006, à Agen, devant 7000 supporters enthousiastes, Sarkozy prononce son premier grand discours sur l'injustice et sur la fraternité. Il doit son succès à Henri Guaino, un ancien conseiller de Philippe Séguin, qui l'a mis en garde : « Tu ne seras jamais élu si tu n'es que libéral, communautariste et atlantiste. » Il le doit aussi à Cécilia : assise au deuxième rang, c'est elle qui a choisi la chanson de Johnny diffusée par les haut-parleurs, à son entrée en scène : « L'Envie » – une chanson dont Nicolas adore chanter le refrain « l'envie d'avoir envie ».

« Celui qui gagnera, répète-t-il, c'est celui qui en a le plus envie. »

29 juin 2006 en Guyane : Nicolas et Cécilia portent la même chemise blanche et les mêmes lunettes noires Ray Ban. Assis l'un derrière l'autre dans une pirogue, ils fixent d'un regard mélancolique la forêt pleine d'animaux et d'orpailleurs. Les photos sont prises au téléobjectif : les photographes, si désirés il y a quelques mois encore, ont été priés, comme les journalistes, de se tenir à distance.

14 juillet 2006 : à la *garden party* de l'Élysée, ils se tiennent par la main. Mais pourquoi Cécilia est-elle habillée de noir jusqu'au cou ? De qui porte-t-elle le deuil ?

28 juillet 2006, à Saint-Rémy-de-Provence : quand j'arrive à la librairie où Sarkozy signe son dernier livre, *Témoignage*[1],

1. XO Éditions, 2006.

deux cents personnes attendent dehors pour le lui faire dédicacer. Certaines l'ont déjà entre les mains, ouvert à la page sur *« notre couple » :*

« C... Près de vingt années après notre première rencontre, prononcer son prénom m'émeut... Cécilia est une partie de moi. » Mais Cécilia n'est pas venue.

5 septembre 2006 à Marseille : à l'université d'été de l'UMP, elle est là. Sarkozy semble heureux. La salle est comble, des jeunes scandent longuement : « Ni-co-las ! Ni-co-las ! » avant d'aller danser toute la nuit avec Doc Gynéco. Mais au grand dîner où il fait une apparition avec Cécilia et le rappeur, le futur président perd son contrôle. En s'approchant de la table où je suis assise entre le ministre des Transports Dominique Perben et Hervé Algalarrondo, journaliste politique au *Nouvel Observateur*, il brandit le poing, menaçant : « Je n'oublierai jamais ! » Lui qui vient de déclarer à la salle : « Je vous aime ! » Ce qu'il ne pardonnera jamais ? Un papier du *Nouvel Obs* sur les allers-retours de Cécilia.

Mon confrère est désormais sur liste rouge. Je le serai bientôt à mon tour : parce que j'ai recueilli des confidences de Cécilia ? Ou parce que j'ai osé interroger son mari, lors de sa dernière conférence de presse de ministre de l'Intérieur, sur le nombre de voitures incendiées dans l'année ? Quelques jours plus tard, le déjeuner auquel j'étais conviée Place Beauvau sera annulé. « Ceux qui ne sont pas avec moi, m'a dit un jour Sarkozy, sont contre moi. »

La victoire, le jour le plus triste

Automne 2006
Président-ministre-candidat

Président de l'UMP depuis maintenant deux ans, Nicolas Sarkozy est toujours ministre de l'Intérieur – il compte le rester le plus tard possible – lorsqu'il annonce officiellement sa candidature à l'Élysée, le 30 novembre 2006. Cinq quotidiens régionaux publient la déclaration dans laquelle il appelle à « une rupture tranquille ».

Quelques jours avant, Pascal Sevran, l'animateur de télévision et l'écrivain qu'on a connu « mitterandolâtre », a reçu les Sarkozy à dîner avec la chanteuse Liane Foly. Il me raconte la soirée : on a ri aux dépens de Mme Royal, la candidate officielle du PS[1]. Sevran déteste Ségolène, qu'il trouve « affreusement sectaire ». Son jugement a enchanté Nicolas, qui redoute d'avoir à affronter une femme jugée par Cécilia « belle et intelligente ». Gai, détendu, il a entonné au café : « Ça va, ça vient, ça te prend là, ça te fait des choses douces et rose, ça va, ça vient... » Liane a enchaîné, de sa belle voix de gorge. Et Cécilia ? « Cécilia, me dit Pascal, se taisait et souriait. »

Ce n'est pas le souvenir que me laisse mon dernier déjeuner avec elle, Place Beauvau, avant ma « disgrâce ». Elle garde sur ses genoux le petit chien offert par Nicolas, un chihuahua baptisé *Big* dont elle ne se sépare plus. Touchant à peine aux plats, elle ne cesse de le caresser, les yeux baissés comme pour éviter de croiser mon regard. Elle paraît si angoissée que je n'ose

1. Désignée à l'issue d'une primaire l'opposant à Fabius et DSK.

prolonger son supplice en la questionnant. Aussitôt le café servi, je m'éclipse.

Hiver 2006-2007
Du QG d'acteur américain au monastère

L'angoisse de sa femme ronge-t-elle Nicolas Sarkozy? Comme toujours, il l'affronte en redoublant d'activité. Quand il entend Jacques Chirac confesser, le 31 décembre 2006 en guise de vœux : «Bien sûr je voudrais que les choses avancent plus vite, mais...» Il se jure qu'avec lui, cela va changer.

Le 3 janvier 2007, il inaugure, rue La Boétie, à deux pas de l'Élysée, le nouveau QG de l'UMP. Pour gérer les 300 000 militants que compte maintenant le parti grâce à son action, il fallait un siège d'entreprise moderne, des bureaux de PDG. Dans la foulée il visite son QG de campagne, installé dans un quartier populaire du 10e arrondissement : un superbe décor de studio de cinéma pour acteurs américains des années 1960, kitsch en diable, avec une photo géante de lui – Harcourt, *of course* ! – dans le hall d'entrée : une idée de Cécilia. Sous la férule du préfet Claude Guéant, qu'il appelle «mon Colbert», il a installé son équipe : nommée porte-parole, Rachida Dati va plaire follement aux journalistes avec sa maman algérienne et son père marocain. Henri Guaino rivalisera avec Emmanuelle Mignon de références historiques et d'envolées lyriques pour écrire ses discours. François de La Brosse, un ami de Cécilia qui a créé le site sarkozy.fr, ralliera des millions d'internautes.

Dimanche 7 janvier 2007 : Cécilia a allégé son agenda pour lui laisser un long moment tranquille avec Guaino. Les deux hommes s'installent sur les canapés en cuir du salon privé. Nicolas allume un de ces gros cigares auxquels il a pris goût au cabinet de Balladur. Guaino a trouvé les mots-clés : Travail, Résistance, République, Amour. Reste à trouver le *tempo* : «Elle a quatorze ans, son père vient d'être assassiné par des Français ennemis de la France... Ce jour-là, la France s'appelle

Claude Mandel[1]. La France, elle a dix-sept ans et le visage de Guy Môquet quand il est fusillé... Elle a quarante-quatre ans et le visage de Jean Moulin... » Défilent les héros, de Jeanne d'Arc à Jean Jaurès ; « Pourquoi la gauche n'entend-elle plus la voix de Jaurès ? »

Guaino insiste sur le « recueillement ».

« Tu n'as ni Colombey ni Latche. Il te faut un lieu où te préparer à l'adoubement, comme les chevaliers d'autrefois. » Mais comment faire accepter cela à Cécilia ? En attendant, Sarkozy fait un rapide aller et retour au Mont-Saint-Michel, ce qui provoque, devant le restaurant de La Mère Poulard, une terrible bousculade de courtisans et supporters, au premier rang desquels on reconnaît un élu songeur : François Fillon. Mais pour la photo dans ce « lieu de rencontre de la spiritualité et du travail des hommes », le futur président Sarkozy pose seul, en col roulé noir, au sommet d'une tour dominant l'immensité du sable et de la mer, son regard scrutant l'horizon.

Mieux que Johnny !

14 janvier 2007 : combien sont-ils ce dimanche au Palais des Congrès de la porte de Versailles pour acclamer le candidat officiellement investi par plus de 98 % des voix au congrès du parti ? Soixante-dix mille ? Cent mille ? « On n'avait jamais vu ça depuis de Gaulle ! », me dit Guaino. Quel parterre politique ! Aux côtés de Cécilia sont assis Alain Juppé, Micheline Chaban-Delmas, François Fillon... Et dans les rangs des stars, quel casting ! Johnny Hallyday, Alain Delon, Jean Reno, Christian Clavier, Doc Gynéco, Pascal Sevran... En gravissant seul, dos à la foule, les quinze marches blanches recouvertes d'un tapis rouge jusqu'au pupitre où est inscrit en bleu : « Tout devient

1. Claude Mandel est la fille de Georges Mandel, résistant assassiné en juillet 1944 en forêt de Fontainebleau par des miliciens.

possible », Sarkozy a le sentiment grisant que son ascension est désormais irrésistible.

« Mes chers amis... », commence-t-il. Et déjà, la salle vibre à l'unisson.

« Une émotion profonde... Cette émotion qui me submerge... »

« Je n'ai pas le droit de vous décevoir... »

Le public est debout et scande : « Ni-co-las ! Ni-co-las ! »

« Je ne peux m'empêcher de penser à ceux qui m'ont fait rêver d'une vie plus grande, les hommes de la Résistance et de la France libre !... Ils m'ont appris que l'exercice du pouvoir est toujours un don de soi ! » Une houle de drapeaux tricolores se lève.

« J'imaginais qu'un homme fort devait cacher ses émotions. J'ai depuis compris qu'est fort celui qui apparaît dans sa vérité... »

La salle retient son souffle. L'orateur entame alors sa litanie :

« J'ai changé parce que les épreuves de ma vie m'ont changé... On ne peut pas partager la souffrance de celui qui connaît un échec professionnel ou un déchirement de sa vie personnelle si l'on n'a pas souffert soi-même... J'ai changé... »

Suivent les hymnes à « Ma France » et à « Ma République » : « Ma France, c'est la France des croisades et celle de Valmy... Celle de ceux qui ne croient plus à la politique parce qu'elle leur a si souvent menti...

Je veux être le président qui s'efforcera de moraliser le capitalisme... Je veux être le président d'une France qui aura compris que la création, demain, sera dans le mélange, l'ouverture, la rencontre... »

Et il termine par cet appel, les bras ouverts :

« Je vous demande à tous de comprendre que je ne serai pas le candidat de l'UMP : au moment même où vous m'aurez choisi, je dois me tourner vers tous les Français, quel que soit leur parcours... Je dois les convaincre qu'ensemble, tout deviendra possible ! »

C'est si beau que le chef du Parti socialiste, François Hollande, relira vingt fois ce discours, comme il a relu ceux de

François Mitterrand. Les chiraquiens, eux, n'ont plus qu'à se taire.

Jean-Louis Debré, ministre de l'Intérieur, qui s'éclipse au moment du triomphe final et me raccompagne en voiture, me raconte les coulisses : « Après être apparu sur scène à ses côtés, Villepin – encore Premier ministre – prétendait repartir bravement en traversant la salle. Sarkozy a piqué sa crise : "Tu vas me foutre en l'air mon congrès !" Et, comme Villepin faisait mine de ne pas comprendre : "Ils vont te siffler, et la presse ne parlera que de ça !" Même chose avec moi, soupire Debré : il voulait qu'on soit là, mais surtout qu'on ne lève pas le petit doigt ! »

Printemps 2007
En campagne contre Ségolène

Et maintenant, Ségolène Royal ! Avec ses allures de madone en blanc, ses discours de « maman » et l'audace qu'elle affiche en faisant chanter *La Marseillaise* au lieu de *L'Internationale* et en demandant à ses supporters d'acheter des drapeaux tricolores, la candidate PS, qui l'a emporté dès le premier tour de la primaire socialiste par 60 % des voix, est une rude adversaire. Certes ses rivaux déçus ne se privent pas de la ridiculiser ; la presse, misogyne, en rajoute. En ce mois de janvier elle amorce un reflux dans les sondages. Mais il faut y prendre garde : selon Patrick Buisson, l'intellectuel d'extrême droite qui impressionne Sarkozy par sa culture et ses analyses pointues, Mme Royal, qu'il appelle la « fille de Mitterrand » est « le révélateur à la fois de l'inconscient de droite et de l'inconscient de gauche ».

Or, le risque Le Pen subsiste. Et les opinions favorables à François Bayrou n'en finissent pas de gonfler – jusqu'à 24 % des intentions de vote en mars ! Le centriste parle de la petite retraite à 631 euros de sa mère, quand lui, Sarkozy, descend à 26 % en proposant de « travailler plus pour gagner plus ».

Le marathon recommence. Les voitures démarrent en trombe, les gardes du corps se précipitent, les maquilleuses sourient, les plateaux de télévision, trop éclairés, s'enchaînent. L'avion, les chocolats, les feuillets de Guaino qui défilent, les journalistes qui s'installent sur les accoudoirs, les foules qui se pressent derrière les barrières métalliques, les usines traversées au pas de course, la caisse au milieu de l'atelier sur laquelle il grimpe pour clamer que « la France restera un grand pays industriel », la botte de foin au milieu de la grange, pour y jurer que « la France restera le premier producteur agricole », le travail qui « rend digne », la visite au père ouvrier méritant, à la mère seule qui se lève tôt... et Antigone qui clame : « Je ne suis pas venue pour apporter la haine, mais l'amour ! » Et toujours, les chemises trempées en descendant des estrades, les colères contre ses collaborateurs qui inscrivent à l'agenda un entretien philosophique pour revue intello... l'inquiétude aussi, quand Simone Veil menace de démissionner de la présidence du comité de soutien parce que la création d'un ministère de l'Immigration et de l'Identité nationale la choque...

De Brest à Nice, de Marseille à Strasbourg, c'est une course perpétuelle. Même assis dans son restaurant niçois préféré, La Petite Maison, où la patronne lui sert sa brouillade aux truffes, ses jambes n'arrêtent pas de s'agiter. Sarkozy allume son portable : Louis apparaît en fond d'écran, avec son sourire candide. Il est aux États-Unis avec Cécilia.

Dimanche 22 avril : au soir du premier tour, la joie revient ! Depuis Giscard en 1974, aucun candidat de droite n'avait atteint un score pareil ! À 18 h 45, Sarkozy, enfermé dans son bureau avec Pierre Giacometti, le patron d'Ipsos, ouvre la porte et crie à la cantonade : « Les enfants ! Les enfants ! Le Pen 11, Bayrou 17, Ségo 25 et nous, 31 ! » Il embrasse Simone Veil, serre dans ses bras Hortefeux, Guéant, Bertrand.

Il lui faut encore franchir l'obstacle du débat télévisé avec Ségolène Royal. Ses conseillers l'ont mis en garde : « Fais gaffe, elle va tout faire pour t'énerver ! Or, s'énerver contre une femme, à la télévision, c'est perdre à tous les coups ! » Docile, il va prononcer «Mme Royal» d'un ton respectueux et s'appliquer à ne bouger ni les mains ni les pieds quand elle s'indignera : «Ne jouez pas sur la misère des gens !»

«Le jour le plus triste de ma vie»

Le dimanche 6 mai à 20 heures, enfin, la victoire est là, magnifique : 53,06 % des suffrages ! Plus de deux millions de voix le séparent de Ségolène Royal. Ni Valéry Giscard d'Estaing ni François Mitterrand ni Jacques Chirac n'avaient gagné avec une telle avance !

Sarkozy s'y est préparé : salle Gaveau, où l'attendent plusieurs centaines de militants, il ne dit pas seulement : «Ce soir, la France est de retour !» mais : «J'appelle tous les Français à s'ouvrir aux autres !»

À 21 heures, ils sont des milliers à l'attendre place de la Concorde. Olivier Mazerolle, qui couvre l'événement pour France 2, m'a demandé de commenter avec lui la soirée. Ce devait être une fête. Mais la place est trop vaste ; les supporters, en plein vent, commencent à déserter après deux bonnes heures d'attente malgré les efforts de Mireille Mathieu pour réveiller l'enthousiasme. Elle entonne : «Sur les toits du village, le ciel est blanc [...]», un vrai désastre.

Lorsque le héros du jour arrive enfin, à 23 heures passées, chacun sent que «quelque chose ne va pas». Il est accompagné de François Fillon, Christian Estrosi, Brice Hortefeux, rejoints bientôt par Michèle Alliot-Marie... et par Cécilia cramponnée au bras de la future ministre de l'Intérieur. On s'en doutait depuis qu'il avait traversé Paris en saluant ses admirateurs de la main par la vitre arrière de sa voiture noire : à son côté, Cécilia s'était fait remplacer par ses deux filles blondes, Judith et Jeanne-Marie. On ne tardera pas à apprendre que la femme du nouvel élu n'est même pas allée voter.

En simple pull gris sur un pantalon blanc, elle semble perdue. Sans la regarder, Nicolas harangue à nouveau son public

« Mes chers amis... Je vous demande d'être généreux, tolérants, fraternels... »

À sa droite, un peu en retrait, Cécilia incline la tête sur le côté, tire sur son pull. Elle se retourne pour toucher, derrière son mari qui parle à la France, l'épaule de Fillon. Elle s'accroche au bras de MAM. Tous la regardent avec une compassion un peu gênée. Et lui, Sarkozy, comme s'il ne pouvait plus s'arrêter, continue son discours : « La politique est de retour ! Écrire ensemble une nouvelle page d'Histoire de France ! Je ne vous trahirai pas, je ne vous mentirai pas, je ne vous décevrai pas ! »

À une amie proche, il confiera plus tard : « À toi, je peux le dire, c'était le jour le plus triste de ma vie.[1] »

1. Catherine Nay, *L'Impétueux*, Grasset, 2012.

3

La course folle de l'hyperprésident

Un si beau film

Été 2007
Chez les riches

Un souper au Fouquet's avec les plus grands patrons du CAC 40 – Bernard Arnault, Serge Dassault, Vincent Bolloré, Martin Bouygues, Antoine Bernheim – et les amis « friqués » de Cécilia – Mathilde Agostinelli (de la maison de couture Prada) et son mari Robert, patron d'un fonds d'investissement – mais sans ses propres amis, Didier Barbelivien et Jacques Chancel, inscrits par lui sur la liste des invités et rayés par Cécilia. Une croisière au départ de Malte sur le yacht de Bolloré – un vrai petit palace avec ses douze cabines lambrissées d'acajou, ses quatre écrans plasma et ses jet-skis. L'ancre jetée dans la baie de Delimara, un jogging sous les pins...

Quand le président élu remonte à bord ce 8 mai 2007, plusieurs messages alarmistes de Paris l'attendent : la presse tolère très mal sa « retraite » de luxe. *Libé* va titrer demain : « Boat people » ; *Le Parisien* va publier à la une une photo où on le voit en short rouge sur le pont de teck avec Louis. Les commentaires sont ravageurs : « L'escapade dorée de Nicolas Sarkozy lui serait revenue, s'il avait dû la payer de ses deniers, à 200 000 euros au bas mot. » Même *Paris Match*, qui croit bien faire en déroulant le film de la soirée au Fouquet's où on le voit debout, les mains en l'air, esquisser un pas de sirtaki pour tenter de faire sourire Cécilia, ne le sert pas.

Ses conseillers veulent croire qu'on ne retiendra de tout cela que la « modernité ». « Nicolas Sarkozy a décidé de prendre une liberté à l'égard des convenances, explique le *spin doctor* toujours bronzé, Thierry Saussez. Concernant le Fouquet's[1], je pense qu'on retiendra surtout son choix de sortir le lendemain matin de l'hôtel en jean... »

Mais lui, inquiet, pressent qu'un lien est peut-être déjà en train de se rompre. Son lien avec le peuple.

Il regagne Paris dès le lendemain. Là, dans des locaux mis à sa disposition rue Saint-Dominique, il prépare son gouvernement avec François Fillon, qu'il a choisi pour Premier ministre. Tous deux se sont connus dans le bureau d'Édouard Balladur où Fillon, alors ministre de l'Enseignement supérieur, venait prendre le thé et parler littérature.

Avec sa mèche bien peignée, ses costumes anglais, sa femme galloise, leurs cinq enfants et leur gentilhommière dans la Sarthe, le fils de notaire a tout, bien qu'il ne soit pas énarque, d'un diplomate ou d'un inspecteur des Finances. Mais Sarkozy a découvert chez ce proche de Philippe Séguin une ténacité et même une brutalité qu'il apprécie quand elles sont mises à son service. Il a fallu pour cela que Chirac et Villepin renvoient Fillon du gouvernement le 2 juin 2005, quand lui-même enrageait de n'être pas nommé à Matignon pour succéder à Raffarin. Le ressentiment crée des liens. Fillon est comme un boxeur qui aurait pris un mauvais coup. Il cogne contre les socialistes, contre Chirac, contre Bayrou... Sur la présidentialisation des institutions, ils sont d'accord aussi. Fillon le gaulliste l'a écrit[2] : « La réduction à cinq ans du mandat présidentiel a profondément changé la relation entre le président et son peuple. [...]

1. Nicolas Sarkozy y a passé la nuit après le fameux souper.
2. François Fillon, *La France peut supporter la vérité*, Albin Michel, 2006.

Comment comprendre qu'après son élection, celui ou celle qui dispose de la plus grande légitimité politique s'efface pour laisser le Premier ministre diriger le pays ? »

Faire accepter aux élus UMP et aux fidèles la composition du gouvernement sera plus difficile. Sarkozy a décidé d'y faire entrer non seulement des femmes représentatives de la « diversité », comme Rachida Dati et Rama Yade, mais des personnalités de gauche comme Bernard Kouchner, le socialiste Éric Besson et même – jolie prise de guerre ! – un réformateur proche de Jacques Delors et ami intime du couple Hollande-Royal, Jean-Pierre Jouyet.

« Laissez-moi libre d'aller vers les autres ! », demandait-il à ses partisans le soir de l'élection. Tout de même, les députés de son parti ne s'attendaient pas à de tels choix. Le lundi 14 mai, lorsqu'il les réunit dans la grande salle du Méridien Montparnasse, ils applaudissent Juppé quand Sarkozy laisse entendre qu'il va lui proposer un poste de premier ordre ; en revanche ils accueillent mal la nomination de Kouchner au Quai d'Orsay. « On s'est défoncés contre Ségolène Royal, et maintenant, il va falloir qu'on explique aux électeurs qu'on roule à gauche ! »

Une larme sur papier glacé

Mais Sarkozy en est déjà à l'étape suivante : le film de la cérémonie d'intronisation du 16 mai.

À 10 h 58 – avec deux minutes d'avance –, sa voiture franchit la grille du palais. Le tapis rouge est déroulé. Chirac l'attend en haut des marches, haute silhouette très digne, visage creusé. La veille, il a laissé paraître pour la première fois son chagrin à la télévision dans un bref discours d'adieux : « Ce soir, je veux vous dire le très grand honneur que j'ai eu à vous servir, la force du lien qui, du plus profond de mon cœur, m'unit à chacune, à chacun d'entre vous... »

Dans le bureau du général de Gaulle, avant de lui livrer le code nucléaire, le président sur le départ ne peut s'empêcher de rappeler à son successeur combien la société française est «fragile». En le raccompagnant jusqu'à sa voiture, Sarkozy ne peut s'empêcher, lui, en guise de réponse, de lui poser la main sur l'épaule.

À l'entrée de la Salle des fêtes, l'huissier annonce : «Monsieur le président de la République». Apparaissent, dans la lumière, l'or et les pourpres, tous les visages. Derrière Jean-Louis Debré, nouveau président du Conseil constitutionnel, qui proclame d'une voix mécanique les résultats, Cécilia est ravissante dans sa robe Prada de soie crème, au milieu des cinq enfants[1]. Jamais les photographes n'ont vu si belle Première dame.

Coups de canon sur la Seine. Tremblement des lustres. Le nouveau président s'avance vers sa femme, comme s'il attendait qu'elle se jette dans ses bras. Mais non, Cécilia reste immobile, le regard absent. Il tend alors un doigt pour sécher sur sa joue une larme imaginaire.

En short au palais

Puis, tout s'enchaîne : l'hommage aux jeunes fusillés du 16 août 1944, au bois de Boulogne, l'avion pour Berlin, la première visite officielle à Angela Merkel.

Le lendemain matin, le chef de l'État, de retour de son jogging matinal, tient à se faire photographier en short, grimpant d'une foulée joyeuse les marches du palais, en haut desquelles l'attendent les huissiers à gilet rouge et chaîne d'argent. Son conseiller en communication, Franck Louvrier, a beau vanter «son mollet puissant», les Français sont perplexes : Sarkozy va-t-il bientôt, comme Giscard, inviter des éboueurs à son petit déjeuner?

L'annonce de la composition du gouvernement fait vite oublier le short.

1. Les deux filles de Cécilia, dont le père est Jacques Martin, les deux fils de Nicolas Sarkozy avec Marie, sa première épouse, et leur fils Louis.

« Je les ai bien baisés, avec ma petite Arabe ! »

À côté de la conservatrice catholique Christine Boutin et de la pétulante championne du PACS, Roselyne Bachelot, la surprise est créée par une avocate de haut vol, Christine Lagarde. Celle-ci avait quitté son cabinet américain de Chicago pour rejoindre le gouvernement Villepin. Sous la tutelle du « Kennedy français », elle va prendre son envol. Mais celle qui emballe les médias et embarrasse le plus la gauche, c'est Rachida Dati. Tout autre que Sarkozy l'aurait nommée à l'Intégration. C'est justement ce qu'il ne fallait pas faire : « Pas une Arabe pour s'occuper des Arabes ! », dit-elle en riant. Sarkozy choisit de lui attribuer l'une des trois hautes fonctions régaliennes : la Justice. Le maire de Marseille, Jean-Claude Gaudin, vice-président de l'UMP, me raconte leur discussion : comme il s'inquiétait du « niveau de la petite », Sarkozy l'a interrompu : « Je les ai bien baisés, les socialistes, avec ma petite Arabe ! »

Été 2007
Le camouflet des législatives

Guaino avait conseillé au président de prendre de la hauteur et de ne pas participer à la campagne des législatives. Mais le résultat est édifiant : ce dimanche 17 juin au second tour, la majorité, qui était assurée de gagner 400 sièges, se retrouve avec 317 députés seulement ! Sarkozy regarde la soirée à la télévision dans le petit salon de La Lanterne. Ce charmant pavillon royal versaillais était jusque-là mis à la disposition des Premiers ministres, mais il plaît tant à Cécilia que le nouveau monarque en a privé le sien. Tant pis pour Fillon qui a joué les Cassandre mais n'a pas su galvaniser ses troupes ! Et tant pis pour le ministre de l'Économie, Jean-Louis Borloo, qui s'est laissé piéger dans un débat avec le socialiste Laurent Fabius à propos de la hausse prévue de 5 % de la TVA ! Leur maladresse a coûté leur réélection à une soixantaine de députés, au premier rang desquels Alain Juppé. Battu dans sa circonscription, il doit démissionner de son ministère de l'Écologie et du Développement durable. Déjà, couve la rancune.

« First Lady, ça me rase ! »

Cécilia, au moins, est-elle apaisée ? Sarkozy la couvre d'attentions et de compliments. Le 7 juin, elle consent à l'accompagner à une réunion du G8 à Heiligendamm (Allemagne). Quand George Bush, Tony Blair et Vladimir Poutine la voient arriver dans son tailleur pantalon blanc, un bouquet de roses thé à la main, ils sont impressionnés. Et lui, ravi de rejouer les Kennedy : « Je suis le type qui accompagne Cécilia... » Mais cela ne fait qu'agacer sa femme. Le lendemain matin, alors qu'elle est attendue à un repas d'épouses autour du mari d'Angela Merkel, Cécilia s'envole pour Paris prétextant devoir fêter à déjeuner l'anniversaire de sa fille Jeanne-Marie. Nicolas tente en vain de la retenir. Elle lui répète la phrase déjà lâchée devant une caméra en début de campagne : « Être *First Lady*, ça me rase ! »

Le mercredi 27 juin, à l'Élysée, elle entre en trombe dans le grand bureau du général de Gaulle et jette à son mari une carte de crédit. Il avait espéré lui cacher l'article paru le matin même dans *Le Canard*, révélant qu'elle disposait d'une carte bancaire de l'Élysée. Mais une bonne âme l'a alertée. Sarkozy a beau la prendre par les épaules et lui expliquer de son ton le plus caressant que toutes les femmes de présidents ont subi avant elle les vilenies du *Canard*, à commencer par Bernadette Chirac, il ne réussit pas à la calmer.

Un marathon européen

Comment donner à Cécilia le sentiment qu'elle n'est pas une « potiche » ? Voilà qui occupe l'esprit du président, tandis qu'il entame un nouveau marathon.

Pour faire avancer son traité européen simplifié – *remake* du traité rejeté par référendum en juin 2005 –, il consulte à l'Élysée tous les chefs de parti, de François Bayrou à Jean-Marie Le Pen, en passant par François Hollande. Après avoir rendu visite, le 16 mai, à la chancelière Merkel à Berlin, il reçoit le 21 à Paris le président du Parlement européen, Hans-Gert Pöttering. Le 23, il est à Bruxelles où il rencontre le Premier ministre belge Guy Verhofstadt et le président du conseil européen, José Manuel Barroso ; le 31, il effectue un aller-retour à Madrid ; le 4 juin, il reçoit le Premier ministre portugais, avant de s'envoler pour Varsovie...

À la fin du mois de juin, lorsqu'il reçoit la visite du gouverneur de l'État de Californie, Arnold Schwarzenegger, le président français peut se vanter d'avoir le soutien de l'Allemagne, de l'Italie, de l'Espagne et du Portugal. Sur le perron de l'Élysée, l'acteur américain loue son « ouverture d'esprit » et son « énergie ».

La presse française, elle, pointe son « hyperactivité ». *Le Figaro* titre : « L'Hyperprésident » ; *Libération* pointe les « premiers écueils » ; *Le Monde* souligne : « En ouvrant tous les chantiers en même temps, le gouvernement suscite des crispations. » Mais lui, comme pour stimuler un Premier ministre jugé trop pessimiste, accélère encore le rythme et distribue de nouvelles promesses.

La blessure

Été 2007
Sus à la pensée unique !

Je l'accompagne le 30 mai, au Havre. Là, devant une salle d'ouvriers, de marins et d'employés, Nicolas Sarkozy n'hésite pas à contredire son propre ministre du Budget, Éric Woerth, en distribuant l'argent à pleines poignées : la déduction des intérêts d'emprunt promise pour l'achat à crédit de toute résidence principale ne concerne pas seulement, martèle-t-il, les actes de vente signés depuis son élection mais tous les emprunts contractés auparavant. « Je veux une France de propriétaires ! » Lui parle-t-on d'endettement et de déficits ? Le chef de l'État fustige « la pensée unique » qui récuse son « bouclier fiscal », « la pensée unique qui dit qu'il est impossible de réformer la carte scolaire », « la pensée unique qui ne croyait pas à l'interdiction des parachutes dorés... ». Il entraîne son Premier ministre François Fillon dans un jogging matinal pour le presser de présenter au Parlement la réforme fiscale qui doit marquer « la rupture ».

Cécilia dans l'antre du dragon Kadhafi

En sous mains, cependant, le président de la République prépare avec son homme de confiance, le secrétaire général de l'Élysée, Claude Guéant, en relations constantes avec les services secrets, quelques opérations spectaculaires. Il ne s'agit pas seulement, dans le cadre de l'affaire Clearstream, de la perquisition au domicile de Dominique de Villepin, avec saisie de son ordinateur et fouille du matelas de son fils Arthur... Mais d'une mission secrète pour Cécilia à Tripoli !

Accusées d'avoir inoculé le virus du sida à quatre cent trente-six enfants libyens, cinq infirmières bulgares sont détenues par le tyran Kadhafi et risquent une condamnation à mort. L'Allemagne et le Portugal sont déjà intervenus, mais Kadhafi attend mieux. En échange de la promesse d'être reçu à Paris et réintégré dans le « concert des nations civilisées », il invite Mme Sarkozy. Cécilia accepte.

Son premier voyage se déroule le 12 juillet. Vingt-quatre heures d'avion aller-retour, deux heures de tête-à-tête dans son palais avec le terrible colonel protégé par une garde féminine, puis une rencontre éprouvante, dans les geôles du tyran, avec les infirmières, avant de se transporter, à mille kilomètres de là, au chevet des enfants contaminés.

Quand elle atterrit en France, Cécilia est épuisée mais enfin présente : la voilà investie d'une mission digne d'elle. On ne lui parlera plus de ses robes Prada. Ni de ses cartes de crédit.

Après dix jours de négociations téléphoniques entre le président français, son précieux intermédiaire l'émir du Qatar et le Guide libyen, elle retourne à Tripoli. Mais cette fois, elle en ramène les cinq infirmières, qu'elle dépose à Sofia, la capitale bulgare. Sur les photos prises à son retour de Libye, en simple jean et polo blanc, elle est radieuse. Une métamorphose, si l'on se souvient de la réception du 14 Juillet à l'Élysée quand son mari, la voyant paraître en robe Dior gris clair devant les sept mille invités de la *garden party*, lançait : « Je voudrais dire à Cécilia qu'elle est très belle sur ce perron ! » et qu'elle murmurait en secouant la tête : « Il faut toujours qu'il en fasse des tonnes ! » Cet après-midi-là, Sarkozy confiait aux journalistes : « Mon seul souci, c'est Cécilia. »

Vacances américaines : seul chez les Bush

Cécilia ! Cécilia ! La presse s'intéresse bien à Rachida Dati, « l'icône de l'intégration réussie », à ses robes de grand couturier, à la valse de ses conseillers. Mais c'est le couple présidentiel qui passionne les magazines.

En août, les voici en vacances aux États-Unis, dans une immense villa, louée au bord du lac Winnipesaukee par les soins de Cécilia. Onze chambres et salles de bains, un jacuzzi pour dix personnes, un cinéma de vingt places, d'immenses balcons-terrasses, une plage privée, des canoës... Nicolas et Louis pagaient comme des Indiens, Cécilia a ses amies autour d'elle : Mathilda, Rachida... Elle aurait tout pour être heureuse, si les paparazzi ne la poursuivaient, si la presse ne publiait le prix de la location de cette résidence de luxe... et si elle ne rêvait d'être avec un autre. Nicolas est tendu. Les disputes recommencent...

Le samedi 11 août, les Sarkozy sont invités à un barbecue chez George et Laura Bush, dans leur grande maison au bord de l'Atlantique. Mais le matin-même Cécilia refuse de s'y rendre au motif que le fiancé de sa fille Jeanne-Marie n'a pas été invité ! Après une heure de vaine discussion, Nicolas doit prendre la route seul. La mort dans l'âme, il arrive avec une heure de retard devant la famille Bush au grand complet, en prétextant tristement une « angine blanche » de Cécilia.

La presse se déchaîne sur *le cas Cécilia.* À la une du *Monde*, Plantu la dessine en Marie-Antoinette nantie d'une coiffure à plumes et d'un sac Prada. À son époux le roi nabot, qui lui parle de rentrer car « les Français nous attendent et le pain va augmenter », elle réplique : « Qu'on leur donne de la brioche ! »

Pour attirer les projecteurs sur son action publique, le nouveau président doit en faire toujours plus.

À peine de retour, le dimanche 19 août, il réunit son équipe : « Je ne suis pas content. Voilà trois mois que je suis à l'Élysée, et les Français ne voient pas poindre les résultats. Nous suivons les médias au lieu de leur imposer notre rythme. Je veux avoir chaque fois un coup d'avance. J'attends vos suggestions. À partir de demain, réunion d'agenda tous les matins à 8 h 30. »

Le lundi suivant, il reçoit le père du petit Énis, violé par un délinquant sexuel récidiviste. Le mercredi, il se rend aux obsèques, en Bretagne, d'un patron pêcheur dont le bateau a été éperonné par un cargo immatriculé dans l'État de Kiribati, un archipel perdu au milieu du Pacifique. Le jeudi, il change de registre : à l'université d'été du MEDEF, à Jouy-en-Josas, il renouvelle ses promesses de suppression des 35 heures et d'assouplissement du contrat de travail et remporte une *standing ovation.*

Sur quoi, le président adresse pour la rentrée scolaire une lettre manifeste à 850 000 enseignants, prêchant pour une « école du respect où les élèves se lèvent à l'arrivée du professeur ». Cela devrait, selon lui, faire passer la suppression programmée de 20 000 postes.

Nous sommes le 5 septembre 2007. Jusqu'ici tout va bien... Cependant l'Insee annonce 1,8 % de croissance au lieu des 2,2 % prévus. La ministre de l'Économie, Christine Lagarde, commet une maladresse en utilisant le mot « rigueur » : elle aurait dû savoir que, depuis Raymond Barre, ce mot était banni du langage politique. Quant au Premier ministre, François Fillon, qualifié par le président de « collaborateur », il se venge lors d'une visite en Corse. Alors que les insulaires lui réclament de nouvelles subventions, il lâche : « Je suis à la tête d'un État qui est en situation de faillite ! »

Automne 2007
Divorce en sous-sol

Fin septembre, à New York, Sarkozy obtient un succès planétaire. Pour éblouir Cécilia, il a réservé la fameuse suite avec vue sur Central Park au dernier étage du Carlyle – un endroit cher à Lady Di et à Giscard. À la tribune de marbre de l'ONU, le président français prononce un grand discours pour un « nouvel ordre mondial ». Il est le premier Occidental à fustiger dans cette enceinte la « spéculation financière » et à prédire « les conditions d'une révolution ». Mitterrand lui-même n'avait pas eu cette audace. Mais Cécilia, qui a consenti à l'accompagner, n'en paraît même pas émue.

Quinze jours plus tard, le 15 octobre, ils ont rendez-vous au palais de justice de Nanterre à 21 heures. Ils arrivent séparément par le parking souterrain. Couloirs déserts, atmosphère glauque, chuchotements ; les gardes du corps restent à la porte. Nicolas et Cécilia se retrouvent seuls avec leurs avocats, devant une magistrate. Celle-ci lit le texte de leur convention. Ils signent. Le divorce est prononcé.

Et le pouvoir d'achat ?

Automne 2007(suite)
Et Carla parut

« Faut-il montrer l'homme blessé ? » demande Sarkozy au publicitaire Jacques Séguéla, appelé en consultation à l'Élysée.

— Pourquoi pas ? À condition que tu continues à démontrer que l'homme d'action poursuit sa course. »

Inutile d'ajouter : « Et que le mari quitté par sa femme continue de séduire les plus belles filles. »

Tandis que Cécilia multiplie les apparitions en couverture des magazines people – *Elle, Point de vue, Gala...* – le président de la République emmène Rachida Dati en Irlande à un match de rugby, puis au Maroc, en visite chez le roi Mohammed VI. Grande émotion au royaume : la fille de maçon devenue ministre en France revient au pays pour s'asseoir à la droite de Sa Majesté ! Serait-elle *la favorite* du président français ? Mais celui-ci est venu délivrer un autre message : la France, affirme-t-il devant les chefs d'entreprise, aura le taux de croissance le plus haut d'Europe ! Devant le roi, il lance sa grande idée, un « projet de civilisation » : une Union méditerranéenne pour réunir « les peuples qui ont en partage la Méditerranée ».

À peine de retour à Paris, il court conclure le Grenelle de l'Environnement en présence du vice-président américain, Al Gore. Ce sera, annonce-t-il, « l'acte fondateur d'un *New Deal* écologique ».

Mais pourquoi un président si dynamique ne parvient-il pas à rassurer les Français ? 86 % d'entre eux, selon un sondage paru ce jour-là, redoutent de tomber dans la pauvreté.

Entre eux et lui persiste toujours cette incompréhension à propos de l'argent.

140 % d'augmentation de salaire

Le mardi 30 octobre, l'Assemblée vote une décision fatale : 140 % d'augmentation de salaire pour le président de la République française ! Avec 19331 euros mensuels, il reste certes moins bien payé que les chefs d'État et de gouvernements allemand, américain et britannique. Mais il lui faut tout de même envoyer Guéant expliquer cela sur les radios. Et quand il se rend chez les marins-pêcheurs du Guilvinec en colère parce qu'ils ne peuvent pas répercuter la hausse du prix de l'essence sur le prix du poisson, Sarkozy se fait traiter d'« enculé » !

Comment leur inculquer, à ces Français, le goût de la réussite ?

Il lui arrive de se rêver en président américain. Et pas seulement quand son père, Pal Sarkozy, déclare à sa sortie de l'Élysée : « J'aurais aimé avoir un fils président des États-Unis. »

Le lendemain même de sa visite au Guilvinec, il s'envole pour Washington. À la Maison-Blanche, où les Bush donnent une soirée en son honneur, les photographes se régalent du spectacle : le président français arrive en compagnie de Rachida Dati moulée dans sa robe Dior, de Christine Lagarde, royale avec son collier de perles et de Rama Yade, la beauté noire. Il jubile : « Je n'ai aucune ambition électorale aux États-Unis, mais je veux reconquérir le cœur de l'Amérique. » Les Bush sont enchantés. Le lendemain, à la tribune du Congrès, Nicolas Sarkozy cite La Fayette, mais aussi Martin Luther King, John Wayne et Duke Ellington, toute l'Amérique qu'il aime : « La force de l'Amérique, c'est d'abord une force morale, une force spirituelle ! » Même le républicain McCain, un ancien combattant endurci, en a les larmes aux yeux, quand il se lève pour l'acclamer.

« L'amour, ça joue des tours... »

Au lendemain de son retour à Paris, Jacques Séguéla organise chez lui le dîner de rencontre avec Carla Bruni. Les Séguéla, Luc Ferry et sa femme, la chanteuse. Sarkozy connaît déjà ses chansons par cœur : « L'amour, ça joue des tours, ça s'approche sans se montrer, comme un traître de velours... » Justement, elle a apporté sa guitare... Il la raccompagne chez elle, dans sa voiture blindée, mais décline son invitation à monter prendre un verre : « Jamais le premier soir... »

Il y aura d'autres soirs. En attendant, Kadhafi, reçu à Paris comme promis, ridiculise le président français en plantant sa tente dans la cour de l'hôtel de Marigny, résidence des hôtes étrangers, et en réclamant à la tribune de l'Unesco des « droits de l'homme pour les immigrés ».

La cote de popularité de Sarkozy s'effondre.

Que faire ? Ouvrir un nouveau chapitre en faisant son *coming out* avec Carla ? Son conseiller Patrick Buisson n'y est pas favorable : « L'affichage du bonheur privé du président ne le grandit pas. » Mais Thierry Saussez rappelle que les Français ont toujours aimé les « verts galants ». Le samedi suivant, Nicolas fait donc découvrir sa nouvelle conquête au monde en accompagnant Carla et son fils Aurélien à Disneyland, où Cécilia aurait tant voulu qu'il l'emmène avec Louis. Les premières photos du couple paraissent en couverture de *Point de vue*, *Paris Match* et *Closer*.

Hiver 2007
« Vous ne savez pas que les caisses sont vides ? »

Bientôt ils s'envolent pour Louxor et Petra. Dans les ruines du temple où Cécilia a affiché sa liaison avec Attias, le président de la République se promène au milieu des photographes, avec le fils de Carla juché sur les épaules. Comme une carte postale à Cécilia... et aux Français.

À son retour en France, sa popularité chute sous la barre des 35 %. Ses compatriotes lui reprochent son narcissisme et l'exhibition de son bonheur privé quand eux subissent la crise et le chômage. Il faut reprendre de la hauteur.

C'est l'objectif de la première conférence de presse présidentielle donnée à l'Élysée le 7 janvier 2008. Dans l'avion qui les ramenait du Caire, Guaino en a ébauché le thème : celui, emprunté au sociologue Edgar Morin, d'une « politique de civilisation » – c'est-à-dire de la culture, du civisme, de la nécessité de faire aimer aux enfants ce qui est grand et beau. « La politique de civilisation c'est une politique de l'Homme. »

Face à six cents journalistes venus du monde entier et à quatre millions de téléspectateurs, Sarkozy décline cette formule pas moins de trente-deux fois. Mais elle ne les passionne pas. Les journalistes s'intéressent plutôt à sa vie privée : Carla, Cécilia... les beaux voyages... Il fait remarquer que l'invitation du président égyptien Moubarak à Louxor a coûté bien moins cher aux contribuables français que les séjours de Mitterrand avec sa seconde famille dans un hôtel de luxe d'Assouan. Puis il fanfaronne : « Carla et moi, c'est du sérieux ! »

Nous, les journalistes, pensons aux Français qui nous regardent. Ils attendent d'autres réponses. Le candidat ne disait-il pas : « Je veux être le président du pouvoir d'achat » ?

« Le pouvoir d'achat, Monsieur le président ! Le pouvoir d'achat ! » Je lève la main deux fois, trois fois... On finit par me tendre un micro. C'est alors que le président de la République, excédé, me lance :

« Qu'est-ce que vous voulez que je vous dise ? Vous voulez que je puise dans des caisses qui sont vides ? »

En redescendant de la tribune trois quarts d'heure plus tard, Nicolas Sarkozy, très entouré, passe devant moi en faisant mine de ne pas me voir. Tout juste s'il ne me marche pas sur les pieds ! Où est le Sarkozy charmant qui m'appelait « ma Christine » et m'envoyait des mots de remerciements signés : « Votre ami

Nicolas Sarkozy» de sa très haute écriture orgueilleuse, quand un article lui avait plu ? C'est la deuxième fois que je lui déplais en ne faisant, sans provocation et sans familiarité, que mon travail de journaliste. Une conférence de presse n'est-elle pas faite, pourtant, pour répondre aux questions que se posent les Français ? Le président ne me crie pas «casse-toi...» comme il le fera dans quelques jours au salon de l'Agriculture, irrité par un importun. Mais ce matin-là, j'ai la conviction que son comportement narcissique le perdra. Il me faudra quelques semaines pour découvrir la véritable cause de ma «disgrâce» : deux mois et demi auparavant, en octobre 2007, l'hebdomadaire *Valeurs actuelles* a publié un grand portrait signé de moi «Le roman de Cécilia». Preuve que sa blessure reste vive : Nicolas Sarkozy ne me le pardonnera jamais.

Deux exploits, une rechute et le cap des deux ans

Automne 2008
Le sauvetage du Titanic

Durant l'été 2008, le président français vole au secours des Géorgiens. L'armée russe s'apprêtait, début août, à envahir leur capitale. Interrompant sur-le-champ ses vacances au cap Nègre, il saute dans son avion pour Moscou, afin de tenir ce « langage viril » à Poutine : « Ça va te donner quoi, de renverser le Géorgien Saakachvili ? Tu vas en faire un martyr et le monde entier sera avec lui ! » Puis, il reprend son Airbus direction Tbilissi, afin d'apaiser le président géorgien...

Après quoi, il affronte la tourmente financière mondiale déclenchée par la faillite de la quatrième banque américaine, Lehman Brothers.

« En quelques jours, écrira-t-il[1], c'en était fini de la quatrième banque américaine et en quelques semaines, c'était tout le système financier mondial qui s'effondrait [...] Personne ne contrôlait plus rien. Ni les banquiers centraux, ni les chefs d'État, ni les institutions internationales. »

Le 12 octobre, il convoque à l'Élysée un sommet de la zone euro. « Cependant, la crise venant des États-Unis, je décidai de convaincre le président George Bush de prendre l'initiative de la contre-offensive... Il était à Camp David alors même que je présidais le sommet de la francophonie à Québec. Il m'invita à le rejoindre. » Sarkozy décrit un George Bush complètement « sonné ». C'est lui-même, raconte-t-il, qui convainc le président américain d'organiser à Washington une conférence « élargie »,

1. Nicolas Sarkozy, *La France pour la vie*, Plon, 2016.

au-delà des quatorze membres traditionnels, à la Turquie, l'Arabie Saoudite, la Corée du Sud, le Mexique et l'Argentine. C'est ainsi que naît le G20. Et que la catastrophe mondiale va être évitée de justesse.

Christine Lagarde, alors ministre de l'Économie, me fait quelques mois plus tard, dans son vaste bureau de Bercy, le récit de « la nuit où l'on a sauvé le *Titanic* ».

Le 28 septembre 2008 au soir, un dimanche, la ministre apprend que le PDG de la banque franco-belge Dexia vient de réunir secrètement son conseil d'administration pour lui annoncer une faillite imminente. Lundi matin, si la nouvelle est rendue publique, les clients se précipiteront pour retirer leurs économies. On assistera à des scènes de panique, comme en 1929. Il faut absolument prendre les devants. Christine Lagarde convoque les principaux banquiers français. « Cela s'est passé ici », me dit-elle en désignant la longue table noire sur laquelle elle nous fait servir un thé vert. À 23 heures, ils sont tous là. Et à 4 heures du matin, elle appelle Nicolas Sarkozy pour l'informer : « Nous sommes prêts. » La petite troupe se transporte à l'Élysée, où le président se fait expliquer les mesures proposées, non sans invectiver les banquiers : « Vous êtes des irresponsables ! » À 9 heures, il dispose d'un plan de sauvetage. Quelques jours plus tard, il peut annoncer, dans un grand discours prononcé à Toulon, que pas un épargnant français ne perdra un euro ! « De septembre 2008 à janvier 2009, résume Lagarde, nous avons vécu jour et nuit en état d'urgence. » Elle a découpé la couverture du mensuel anglo-saxon *The Economist* et l'a épinglée au mur, au milieu des caricatures de « Mme Lagaffe ». Sous le titre : « Un modèle français ? », on y voit le Premier ministre britannique dans l'eau jusqu'au cou et la chancelière allemande les pieds mouillés, tandis que le président Sarkozy pavoise.

Hiver 2008
Les adieux du prince charmant

Les instituts de sondages, qui indiquent cependant une nouvelle dégradation de la popularité présidentielle se tromperaient-ils ? Le mardi 16 décembre 2008, j'assiste au Parlement de Strasbourg à une séance étonnante : les compliments pleuvent sur le président français ! Même le communiste Gérard Wurtz salue son style volontariste, sa réactivité et ses méthodes iconoclastes : « Incontestablement, on retiendra la présidence française. » Le conservateur britannique Watson le félicite avec humour : « Vous êtes le beau prince qui mène les étalons européens. » Quant au président allemand du groupe socialiste européen, Martin Schulz, non content de faire rire tout l'hémicycle aux dépens de Dany Cohn-Bendit (« La présidence française nous a changés : regardez Dany ! Il apprécie maintenant d'être dans un cortège officiel avec une escorte de policiers ! »), il prononce un discours comme Sarkozy n'a jamais rêvé d'en entendre à Paris : « Un jour à Londres, le lendemain à Madrid, vous êtes un président omniprésent. Vous avez agi en vrai partisan de l'Europe. Alors, oui, si la prochaine présidence pouvait poursuivre votre action, nous en serions très heureux. »

Qui aurait imaginé que des parlementaires socio-démocrates, socialistes et même communistes lui rendraient, à la fin de son mandat de président du Conseil européen, un tel hommage ?

Cinq mois avant le cap fatidique des deux ans à l'Élysée, et bien que 64 000 demandeurs d'emplois supplémentaires se soient inscrits en un mois, la réélection de Sarkozy à l'horizon 2012 paraît assurée.

Printemps 2009
La Princesse de Clèves *a encore frappé*

Jupiter, on le sait, aveugle ceux qu'il veut perdre. Certes, le président de la République ne méconnaît pas les «difficultés qui nous attendent». Il les évoque dans son discours de vœux du 31 décembre. Mais n'a-t-il pas démontré sa capacité à les surmonter? «Dans une période de crise comme le monde n'en n'a pas connu depuis longtemps, j'ai essayé de changer l'Europe.» Sa présidence européenne s'étant achevée sous les acclamations, il se fait fort d'étonner encore le monde et les Français.

Janvier 2009 commence donc par un véritable feu d'artifices de mesures tous azimuts : un plan de relance massif de 26 milliards d'euros des investissements publics, une série de réformes : hôpitaux, formation professionnelle, organisation territoriale, recherche, lycées... Rien n'échappera à l'artificier réformateur. En un mois, le président ne prononce pas moins de vingt-deux discours, de Vesoul à Nîmes en passant par Orléans : «Je préfère, dit-il, être omniprésent que roi fainéant.» Mais en saturant les écrans de télévision et multipliant les déclarations fracassantes, il devient anxiogène. Dans sa quête de revanche personnelle, Sarkozy n'en finit plus de régler ses comptes. Début janvier, sifflé à Saint-Lô par des manifestants qui lui envoient des chaussures par-dessus les barrages de police, il ordonne la mutation du préfet de la Manche. Fin janvier, il lance aux présidents d'université et d'organismes de recherche reçus à l'Élysée : «À budget comparable, un chercheur français publie de 30 à 50 % de moins qu'un britannique... Franchement, ça pose problème.» Et de conclure, sarcastique : «Je vous remercie d'être venu. Il y a de la lumière, c'est chauffé, on peut continuer. La réalité n'est pas désagréable parce que je la dis, mais parce qu'elle est la réalité.» Téléchargé deux cent mille fois sur YouTube, ce discours fait des ravages. Dans une lettre ouverte, 128 chercheurs renommés s'insurgent contre le mépris et la légèreté de chef de l'État. Cinquante-cinq universités se mettent en grève. De Rennes à Lyon, les étudiants manifestent par milliers contre « l'ultra-capitalisme » incarné à leurs yeux par Sarkozy. Le président peut bien, le 5 février, sur quatre chaînes à la fois et devant 15 millions de téléspectateurs, fustiger les banquiers et les patrons, la rupture avec le monde de la pensée, de la recherche et de la culture est irrémédiable.

Il ne manque plus qu'un nouveau « scandale de la Princesse de Clèves ». En pleine campagne présidentielle au printemps 2007, à Lyon, Sarkozy, l'homme qui connaît par cœur les chansons de Barbelivien et de Johnny mais aussi les romans de Maupassant et Céline, de Zweig et d'Hemingway... sans oublier Socrate, avait, on s'en souvient, jugé « sadique ou imbécile » l'inscription au programme du concours des attachés d'administration de *La Princesse de Clèves*[1]. En avril 2009, le président récidive, provoquant une formidable campagne qui l'accuse de vouloir « bâillonner l'intelligence et la liberté de pensée ».

« Obama et moi et moi... »

Entre-temps, il a réussi aussi à liguer contre lui une partie des gaullistes et des socialistes convertis au souverainisme en annonçant le retour de la France dans le commandement armé de l'OTAN, que de Gaulle avait décidé de quitter en 1966. La décision a été avalisée par son Premier ministre gaulliste, François Fillon, un spécialiste de la Défense. Elle devrait rapprocher le président français du nouveau président des États-Unis, Barack Obama, dont le succès médiatique mondial au bras de sa femme Michelle irrite et fascine à la fois Nicolas Sarkozy.

Le samedi 6 juin, les deux chefs d'État se retrouvent, avec leurs épouses en robe blanche, sur la plage d'Omaha Beach pour le soixante-cinquième anniversaire du Débarquement.

1. Premier roman psychologique de la littérature française, publié en 1678 sous la signature de Mme de La Fayette.

Sarkozy a programmé une séance photos des deux couples. Il y tient tellement qu'il a « oublié » d'inviter la reine d'Angleterre !

Mais voilà : la cordialité n'est pas au rendez-vous. Arrivé la veille au soir à Orly avec la *First Lady* et leurs deux filles, Obama a gagné l'ambassade de l'avenue Gabriel sans s'arrêter à l'Élysée. Le président américain, qui préconise l'entrée de la Turquie, membre de l'OTAN, dans l'Union européenne, a-t-il pris ombrage des critiques de Sarkozy sur ce point ? Lui a-t-on rapporté les propos condescendants tenus par le Français sur son « inexpérience » du pouvoir ?

Le soir de ce 6 juin historique, de retour à Paris, les Obama préfèrent en tout cas aller dîner dans un bistrot plutôt que d'accepter l'invitation de « Nicolas et Carla ». C'est un camouflet pour le chef de l'État français qui comptait tant sur cette rencontre pour rehausser son image.

Or il vient de franchir le cap fatidique. Deux ans et un mois après son élection de président de la « rupture », le chômage atteint 2 691 000 inscrits. Le Premier ministre, François Fillon, annonce que cette aggravation va se poursuivre « tout au long de l'année 2009 et sans doute encore en 2010 ».

Désormais, la chute est prévisible. Elle tient moins à la gestion de Sarkozy, parfois brouillonne, mais courageuse face à la crise financière, qu'à son comportement. Telle une vedette du *showbiz*, le président a ses *fans*. Mais il n'est aimé ni par son Premier ministre, ni par ses ministres et ses conseillers : il les a trop humiliés. En dépit d'une formidable énergie et d'un sens exceptionnel de la mise en scène, Sarkozy n'a pas réussi non plus à gagner durablement le cœur du peuple français au-delà des 150 000 militants de son parti.

C'est seulement en écoutant ses discours d'adieux – en 2012 au soir de sa défaite devant François Hollande, en 2016 après son éviction des primaires de la droite – qu'on lui trouvera du panache. Et même, de la grandeur.

V

François Hollande
L'homme qui voulait être un « président normal »

« C'est l'histoire d'un homme aimable qui, voulant plaire à chacun, finit par se faire détester de tous. La chronique d'un roi qui a promis un apaisement et ne fait qu'exacerber les tensions. »

Françoise Fressoz
Le stage est fini, Albin Michel, 2015

1

En quête de l'héritage de Mitterrand

Une si longue attente

Printemps 2002
La fin de Jospin, les calculs de Hollande

Toute sa vie, François Hollande se souviendra de ce meeting de fin de campagne de Lionel Jospin. C'était le 17 avril 2002.

À quatre jours du premier tour de la présidentielle qui doit l'opposer à Jacques Chirac, le candidat socialiste s'avance, escorté de ses lieutenants en tête desquels Hollande, premier secrétaire du PS, le long de l'allée centrale du Parc des Expositions de Rennes. Sept mille personnes l'acclament debout en scandant : « Jos-pin-pré-si-dent ! » Mais, soudain des cris, une bousculade... Jospin baisse la tête, fait le geste de se protéger : sortis des rangs des militants, deux jeunes gens lui ont jeté du ketchup au visage. Ses lunettes, sa veste et sa chemise blanche en sont maculées. On lui tend des mouchoirs. Il enlève ses lunettes, s'essuie le front, les yeux puis les joues, qui rougissent de colère.

Mauvais présage.

Dix minutes plus tard, pourtant, le candidat socialiste est de retour avec une chemise propre, non sans avoir engueulé les deux coupables, dont l'un est le fils d'un élu socialiste local.

« Merci à tous, chers amis, de la chaleur extraordinaire de votre accueil ! »

Mais le charme – si jamais le charme d'un Jospin qui aurait « fendu l'armure » opère – est rompu. Son discours qui se voulait un hymne à la Bretagne et aux Bretons ressemble à une question de cours : « La Bretagne est une terre à la fois profondément attachée à ses racines et en même temps ouverte sur le monde... Tous ces fest-noz où l'on danse à partir de traditions que l'on aime, que l'on respecte et qu'en même temps on modernise... »

Quel ennui ! Et voici l'envolée finale : « Au moment où nous arrivons dans les derniers jours de ce premier tour de l'élection présidentielle, il faut que tous les hommes et les femmes de progrès de notre pays, avant de faire leur devoir civique, se rappellent que c'est la gauche qui a fait et continue de faire les grandes réformes sociales ! »

Auparavant le premier secrétaire du PS, François Hollande, s'est réservé la tâche de taper allègrement sur son principal adversaire, le président sortant, Jacques Chirac : « Il s'est nourri du terreau de la peur, accuse-t-il, et son cynisme a permis à l'extrême droite de redevenir une menace ! » Hollande conclut en appelant les électeurs de gauche à « donner un successeur à François Mitterrand ».

« Vous oubliez l'amour ? »

À la fin du meeting, le premier secrétaire du PS vient faire un tour dans l'espèce de hangar où l'on a parqué les journalistes.

« Vous croyez sincèrement, lui dis-je, que Jospin peut être le successeur de Mitterrand ? »

Le premier secrétaire du PS prend un air étonné. Je poursuis : « Vous n'étiez pas là quand l'ancien président a prononcé, à Rennes[1] justement, un discours en forme de déclaration

1. Le 1er février 1985.

d'amour ? À son arrivée, la foule le sifflait, mais quand il a pris la parole, elle s'est tue et a fini par l'écouter en silence, au bord des larmes... On peut se méfier des promesses démagogiques, assurer que "l'État ne peut pas tout faire" et même avoir l'honnêteté de dire comme Jospin : "Mon projet n'est pas socialiste", mais il faut de l'amour ! Un discours de candidat à la présidentielle, ce doit être un grand moment de communion ! »

Hollande fait mine de rire, mais je sens qu'il partage mon avis. Même s'il se refuse encore à prévoir la percée spectaculaire de Jean-Marie Le Pen et la catastrophe du 21 avril, il sait déjà que son candidat sera battu par Chirac. À lui qui rêvait d'être le Premier ministre d'un président socialiste, ne reste plus qu'à espérer une victoire de la gauche aux législatives : celle-ci lui permettrait de devenir le chef de gouvernement d'une nouvelle cohabitation avec le même Chirac. Il ne sait pas encore que le PS va perdre dans la foulée de la défaite historique du 21 avril, les élections législatives. Mais il sait déjà qu'il devra se battre de toutes ses forces et de toute son habileté pour s'imposer comme le chef légitime de la gauche.

Été 2002
« On joue sa peau dans une élection ! »

Son bastion corrézien a mieux résisté que d'autres à la vague frontiste : 9 % seulement des voix pour Le Pen (contre 16,9 % en moyenne nationale). Mais pour être réélu député de la première circonscription, Hollande doit affronter, à gauche, six concurrents – trois trotskistes, deux communistes, un « pôle républicain » – et à droite, un candidat soutenu par les Chirac. Bernadette, la conseillère générale du canton de Corrèze, convie à un meeting en plein centre de la ville de Tulle, dont le premier secrétaire du PS est le maire, le Premier ministre Jean-Pierre Raffarin. François Hollande, qui se souvient d'avoir défié Jacques Chirac dix ans plus tôt, sous un chapiteau, en se présentant sous les rires comme « celui que vous comparez au labrador de François Mitterrand», a l'idée d'aller les accueillir à l'entrée du centre culturel. Est-ce ce coup d'audace qui va le servir, ou bien sa tournée harassante des communes de sa circonscription, jusqu'à la plus petite – Saint-Bonnet-la-Rivière, Saint-Solve, Lascaux, Gimel-les-Cascades, Le Chastang, Chanac-les-Mines, Sainte-Fortunade... ? Hollande est réélu par 52, 40 % des voix.

Jamais il n'a eu si peur : en cas d'échec il n'aurait pas seulement perdu son siège de député, mais aussi son poste de premier secrétaire du PS... et ses grandes espérances. Fils d'un médecin normand de droite, Hollande avait vingt-six ans lorsqu'il fut engagé en 1982 par Jacques Attali comme conseiller à l'Élysée[1], en même temps que sa camarade de l'ENA Ségolène Royal. Pourtant il n'a jamais réussi à attirer le regard de François Mitterrand. Qu'est-ce qui lui a manqué pour être reconnu comme l'un des meilleurs «jeunes espoirs» de la gauche? N'était-il pas assez provocant, assez courtisan? Du président socialiste, dont il a tant étudié le parcours et les discours, il a hérité cette leçon du laboureur : «Travaillez, prenez de la peine... Remuez votre champ...»

Au moins cette déception l'aura-t-elle conduit à juger plus lucidement les promesses démagogiques du président socialiste : «Laisser penser que la réalisation de cent dix propositions devait installer le socialisme en France n'était pas une utopie, accuse-t-il, mais une illusion qui appelait forcément un dénouement brutal[2].»

Avec quelques amis comme Jean-Pierre Jouyet, Hollande s'est donc mis à réfléchir à une politique réformiste de gauche, incarnée à leurs yeux par Jacques Delors. Combien de fois se sont-ils rendus à Bruxelles, où l'ancien ministre de l'Économie a été nommé président de la Commission européenne, dans le but de le convaincre d'être candidat à la présidentielle?

---

1. Jacques Attali a été conseiller spécial de François Mitterrand durant la présidence de celui-ci. À ce titre, il assistait notamment à tous les conseils des ministres.

2. Pierre Favier, *Droit d'inventaires*, Éditions du Seuil, 2009.

Et à combien de week-ends de fin d'été ont-ils convié Delors à leurs « rencontres de Lorient » ? En 1994, ils ont cru être arrivés à leurs fins : Mitterrand parti, Delors serait le premier président français démocrate-chrétien. Mais le 11 décembre de cette année-là, Delors, invité d'Anne Sinclair sur TF1 où l'on attend sa déclaration de candidature, y renonce en direct devant 11 millions de téléspectateurs, « pour des raisons personnelles ». Mitterrand avait vu juste : l'ancien employé de banque, militant chrétien de gauche devenu conseiller du Premier ministre Jacques Chaban-Delmas, puis ministre du président socialiste, n'avait pas « le noyau de béton ». Il ne laisse à son disciple Hollande qu'une leçon de prudence et une circonscription corrézienne qui lui avait été réservée quelques années plus tôt et dont il n'a pas voulu. Mais que de temps et d'efforts a-t-il fallu au Normand pour la gagner !

Ces échecs valent à Hollande le mépris narquois des fils rivaux de Mitterrand, Laurent Fabius et Jean-Pierre Chevènement. Et la compassion un peu gênée de Ségolène Royal : en 1991, nommée ministre de l'Environnement du gouvernement de Pierre Bérégovoy, sa compagne a tenté d'évoquer devant le président « le cas de François ». Elle a plaidé « l'injustice » qui lui était faite : François n'avait-il pas témoigné d'une remarquable ténacité pour se faire élire, en 1988, député de Corrèze – l'année même où, parachutée *in extremis* avec l'appui de Mitterrand dans la deuxième circonscription des Deux-Sèvres, elle entrait elle aussi – mais dès son premier essai – à l'Assemblée nationale ? Et Mitterrand, d'un ton suave :

« Je vous comprends. Dans ce cas, je vais nommer François Hollande et pas vous... »

Hollande n'a pas oublié cette humiliation. Ni le jeu pervers de Mitterrand : charmé par cette « canaille » de Bernard Tapie, au point de le nommer ministre de la Ville dans le gouvernement de Bérégovoy, le président socialiste s'est comporté, selon lui, en véritable « Néron qui incendie sa propre maison » ! Dans le seul but d'affaiblir la liste socialiste menée par Michel

Rocard, il a soutenu en sous-main, lors de la campagne européenne de 1994, la liste radical-socialiste menée par l'ancien patron de l'Olympique de Marseille !

Le danger est partout : Hollande croit le président Chirac capable de coups presque aussi « tordus » que son prédécesseur. Plus d'un « cher camarade » socialiste, il le sait aussi, attend de le voir tomber pour prendre sa place rue de Solférino.

Durant toute sa campagne pour sa réélection de député de Corrèze, au lendemain de la chute de Jospin, il refuse que les journalistes l'accompagnent sur le terrain. Craindrait-il de se laisser aller à des confidences ravageuses ?

Réélu, soulagé, il me reçoit rue de Solférino, dans son bureau orné d'une affiche de 1965 où l'on voit Mitterrand sur fond de pylônes électriques et de cheminées d'usines, avec ce slogan : « Un président jeune pour une France moderne ». Là, le premier secrétaire du PS me confie qu'il a eu la peur de sa vie : « On joue sa peau, dans une élection ! »

D'aucuns le disent indifférent. Sous son allure joviale, je ne perçois, au contraire, qu'une profonde et constante angoisse.

Il a survécu à deux tempêtes. Mais dans quel état ? La gauche, qu'il menait à la bataille dans toute la France, n'a pas seulement perdu la présidentielle dans des conditions infâmantes. Le PS n'a pas seulement été contraint d'apporter son soutien à l'adversaire combattu depuis tant d'années, Jacques Chirac – ce que le premier secrétaire a fait, dit-il, « sans hésiter une seconde ». Il a perdu, en outre, aux législatives de juin, 134 sièges. Jospin ayant annoncé solennellement le soir du 21 avril : « Je me retire de la vie politique », il sait qu'il porte le poids de cette seconde défaite.

L’envol de Ségolène

Été 2005
La princesse du Poitou en femme soumise

Le 28 août 2005, il fait très beau à La Rochelle lorsque s’achève la traditionnelle université d’été du PS. On déjeune dehors. Sur la terrasse du café de l’Aquarium, proche du centre des congrès, nous sommes une poignée de journalistes réunis autour de François Hollande et de Ségolène Royal. Le premier secrétaire du PS vient de fêter ses 51 ans. La nouvelle présidente du Poitou-Charentes va avoir 52 ans en septembre. Ils ne sont pas mariés mais on les sait parents de quatre enfants (Thomas, Clémence, Julien et Flora Hollande). Ils affichent une complicité si joyeuse et comptent tant de succès médiatiques qu’on les a baptisés « le couple de l’année ».

En mars 2004, Ségolène a créé l’événement en enlevant la région Poitou-Charentes. Pourtant le Premier ministre Jean-Pierre Raffarin, auquel cette province est si chère, avait mobilisé toute la Chiraquie – d’Alain Juppé à Nicolas Sarkozy – pour voler au secours de sa protégée, Élisabeth Morin. Depuis, on a rebaptisé celle qu’on appelait la « fille politique » de Mitterrand en « princesse du Poitou ». La presse magazine qui la montrait dix ans avant en jeune accouchée de sa fille Flora, plutôt que de parler de ses combats contre le bizutage et la pédophilie, publie aujourd’hui des photos d’elle en paysanne avec ses paniers de chabichou. Elle pose aussi en femme PDG à son bureau, en mère de famille attristée par « la fuite des jeunes en quête d’emploi » et décidée à punir les entreprises coupables de délocalisations. Femme d’action, on la voit déplacer elle-même les jardinières dans la cour du palais de la région afin d’en ouvrir l'accès à tous les citoyens. On dit qu'elle mène les hommes du conseil régional à la baguette. Mais, pour accueillir les «éléphants» à La Rochelle, la présidente s'est faite discrète. À eux les tribunes et les flashes des photographes ! En présence de son compagnon, elle joue les femmes soumises.

François, qu'on surnomme le «culbuto», a connu depuis la défaite de 2002 d'étonnants rebondissements de sa carrière mais aussi de terribles rechutes. Au printemps 2004, la victoire de la gauche aux régionales – 24 régions enlevées sur 26 ! – a été pour lui un triomphe, presque à l'égal de Ségolène. Mais l'année suivante a été marquée par son échec personnel au référendum européen : le 29 mai, alors qu'il s'était engagé au nom du PS en faveur du «oui» au traité européen de Nice, le «non» l'a emporté. Et cela, par la faute de la gauche puisque 59 % des électeurs socialistes ont choisi de voter comme ses adversaires au sein du parti, Laurent Fabius et Jean-Luc Mélenchon ! Un cinglant démenti.

Hollande aurait dû faire preuve de plus de clairvoyance : dix ans auparavant déjà, 69 % de ceux qui avaient opté pour le «non» au traité de Maastricht étaient des électeurs de Mitterrand – des employés, de jeunes ouvriers, des chômeurs attirés par le discours de Le Pen et exaspérés par les leçons de morale venues «d'en haut». Le même phénomène s'est reproduit en ce printemps 2005. Les *beautiful people* de gauche ont récidivé. On a vu Bernard-Henri Lévy, Pierre Bergé, Sylviane Agacinski-Jospin, Emmanuelle Béart, Philippe Torreton, etc., réunis à l'appel de Jack et Monique Lang dans les salons à lambris doré de la Maison de l'Amérique latine, boulevard Saint-Germain, apparaître sur le perron pour lancer face aux caméras un appel aux électeurs «envahis par la peur» car ils se sont «laissé raconter n'importe quoi» sur l'Europe ! Le résultat était prévisible.

Accablé de critiques et de railleries, le chef du Parti socialiste a choisi de faire porter la responsabilité de l'échec à Jacques Chirac :

« Les Français ont exprimé leur colère et leur exaspération à l'égard du chef de l'État, qui a refusé d'entendre leurs messages. Le rejet du traité, c'est le rejet du pouvoir ! »

Nicolas Sarkozy, qui menait campagne pour le « oui » dans le camp d'en face, n'a-t-il pas connu le même échec ? Cela n'empêchera pas ces « frères jumeaux » – comme on les appelle depuis qu'ils ont posé côte à côte en couverture de *Paris Match*, le 15 mars 2005, souriants et vêtus du même costume marine cravate bleu de France – de rebondir.

Un « leurre » nommé Ségolène

Justement, à la fin de ce déjeuner de La Rochelle, on nous sert un gâteau au chocolat : le dessert préféré de François Hollande comme de Nicolas Sarkozy. Détendu, disert, le premier secrétaire du PS évoque les précédentes campagnes présidentielles. La veille, Lionel Jospin, venu en voisin de sa maison de l'île de Ré, était là pour le soutenir.

Mais Hollande préfère passer rapidement sur le printemps 2002 et remonter plutôt à l'année 1980 : « Mitterrand, constatant qu'il ne serait pas audible s'il présentait son projet trop tôt, était alors parti en Chine. »

La gestion du temps, tout est là. Et la bonne utilisation des talents. En 1988, Mitterrand avait passé un accord avec Rocard : celui-ci ferait campagne comme s'il allait être candidat, ce qui éviterait au président sortant de voir concentrer sur lui toutes les attaques ; comme à la chasse ou à la pêche, Rocard servirait de « leurre ».

Hollande songerait-il lui aussi à utiliser un « leurre » ?

D'ici l'élection de 2007 il reste dix-huit mois. Dix-huit mois à subir les plaisanteries d'Arnaud Montebourg, de Laurent Fabius, d'Henri Emmanuelli qui l'appelle « Naf Naf » et de tous les autres. Dix-huit mois à tenter d'entrer dans le personnage de Mitterrand : j'ai remarqué combien il s'appliquait désormais à marcher d'un pas tranquille, le buste très droit, les bras plaqués le long du corps et le visage compassé. Dix-huit mois aussi à guetter le frémissement des sondages qui ne le placent, pour le moment, qu'en douzième position des personnalités de gauche. Il dépasse Laurent Fabius mais arrive encore loin derrière Bernard Kouchner, Bertrand Delanoë, Jack Lang et même Lionel Jospin. Décidément, il n'attire pas la lumière. Pendant ces deux jours à La Rochelle, c'est Dominique Strauss-Kahn enlaçant Anne Sinclair et Jack Lang, en pull cachemire fuchsia, qui ont fait courir les photographes. «Mais à quoi sert d'être populaire trop tôt ?» me lance-t-il en reprenant du gâteau. Je me tourne vers Ségolène Royal, qui se tient debout, près de moi, un peu en retrait de son compagnon.

«Il a parlé d'un leurre. Vous vous voyez dans ce rôle ?»

Elle pose un doigt sur ses lèvres :

«Chut ! me souffle-t-elle. Écoutez François.»

François sourit et acquiesce des yeux. Cela l'amuse, cette histoire de «leurre». Il n'en dira pas davantage aujourd'hui.

Automne 2005
Calamity Jane sort son flingue

Personne ne sait encore, cet été-là, que Hollande est tombé amoureux d'une journaliste de *Paris Match*, Valérie Trierweiler, et que le couple qu'il forme avec Ségolène est menacé. À l'exception de Jean-Marie Le Pen qui ironise : «Mme Royal incarne une gauche centriste appréciée par *Gala* et *Ici Paris*» et prédit : «Pour tromper l'ennemi et faire diversion, je ne vois qu'elle !», personne n'imagine que Ségolène envisage de se lancer dans la campagne présidentielle.

La surprise sera totale. À peine les trains de militants grisonnants, gavés d'huîtres et de moules sont-ils repartis pour Paris que la présidente du Poitou-Charentes fait entendre sa voix singulière. Interrogée par *Le Monde* début septembre sur la future présidentielle, elle élude : «Toute annonce de ma part serait prématurée.» Mais n'est-ce pas déjà un aveu de ses intentions ? Fin septembre, photographiée dans *Paris Match* en veste blanche courte et jupe noire sexy relevée sur ses jambes bronzées croisées, elle fait un pas de plus vers la candidature : « Si je suis sollicitée par le PS parce que je peux faire gagner mon camp, je le ferai ! »

Dix jours plus tard, la voilà en deuxième position des personnalités de gauche les plus populaires, derrière Jack Lang.

Nous sommes en octobre 2005. Les journaux se passionnent pour la nouvelle star. On apprend qu'elle a grandi sous l'autorité d'un père fou de discipline, Jacques Royal, colonel à monocle et au crâne rasé. Du Sénégal à la Lorraine, il a imposé à sa tribu de huit enfants – Marie-Ségolène étant la quatrième – une rude vie de privations et de punitions au milieu de laquelle messes et vêpres apparaissaient presque comme des distractions. Elle ne lui pardonne pas d'avoir été si mal habillée, petite fille, mais surtout, d'avoir été considérée, ainsi que ses sœurs, comme « un être inférieur ». Lui garde-t-elle aussi rancune d'avoir dû subir, à table, l'éloge de ses oncles pétainistes ? Pour couronner le tout, le colonel a imposé à sa femme Hélène, une fille de bonne famille lorraine, l'humiliation de devoir quémander chaque jour de quoi faire son marché pour nourrir la nombreuse famille.

Hiver 2005
« Son côté Ceaucescu »

Lorsque Hélène Royal décide de quitter le domicile conjugal, Ségolène la soutient. À Nancy, où elle prépare Sciences-Po, elle l'héberge dans son studio d'étudiante. À dix-neuf ans, elle va jusqu'à assigner en justice son propre père, qui refuse de subvenir à ses besoins.

Un tel passé explique la raideur de la jeune femme – ce que mon ami Pascal Sevran, qui ne l'aimait guère, appelait « son côté Ceaucescu ». Comme François Mitterrand, son père en politique, Ségolène Royal a été marquée par son éducation catholique : « La politique, assure-t-elle, est d'abord pour moi une morale de l'action pour la condition humaine et pour la dignité. Il me semble que ces valeurs trouvent leurs racines dans la tradition chrétienne.» Cela ne l'empêche pas d'être prompte à renvoyer un collaborateur pas assez zélé. Ou à éliminer sans états d'âme un concurrent.

François Hollande le sait. Depuis longtemps, il a appris à gérer les contradictions et les crises de jalousie de sa compagne.

Jazz, mobylette et affiches OAS

Lui aussi est resté marqué par un héritage contrasté. À Bois-Guillaume, dans la banlieue de Rouen, il a grandi entre un père autoritaire et engagé à l'extrême droite – le docteur Georges Hollande – et une mère, Nicole, assistante sociale sympathisante de gauche. Le médecin a fait campagne en 1965 avec Jean-Marie Le Pen pour l'avocat de l'OAS, Jean-Louis Tixier-Vignancour, candidat contre Charles de Gaulle. Sa femme était une admiratrice de François Mitterrand. Quand la famille s'est installée à Neuilly, le docteur Hollande s'est lancé dans des placements immobiliers. François a achevé sa scolarité au lycée Pasteur au milieu d'une petite bande de copains comme Christian Clavier, passionnés de courses à mobylette, de jazz et de débats politiques. Sarkozy et lui auraient pu se croiser sous les marronniers du boulevard d'Inkermann... si Hollande n'avait choisi la voie de l'ENA, où il a rencontré Ségolène.

Cela fait vingt-sept ans qu'ils vivent ensemble ; François croit tout connaître de sa compagne. Il a été le seul, dans la promotion Voltaire, à comprendre pourquoi elle s'opposait si violemment à la suppression du classement, elle qui avait tant lutté pour parvenir jusqu'à la prestigieuse grande école, parmi tous ces fils de bourgeois gâtés.

« Tu as vu les sondages ? Pauvre François ! »

Il n'anticipe pourtant pas ce qui va suivre : en janvier 2006, alors que Valérie Trierweiler, en accord avec le directeur de

Paris Match[1], doit renoncer à « couvrir » le PS pour l'hebdomadaire, Ségolène remporte une première victoire inattendue en se plaçant en tête des sondages.

En février 2006, elle est donnée gagnante dans une finale présidentielle qui l'opposerait à Nicolas Sarkozy, le favori de la droite. Elle appelle les amis communs de leur couple, tels Jean-Pierre Jouyet et sa femme Brigitte Taittinger, chez qui François trouve refuge dans les moments de tension : « Tu as vu les sondages ? La position de François ? La mienne ? »

Ni les experts ni les gens raisonnables, à ce moment-là, ne prennent ces chiffres au sérieux. La popularité de la présidente du Poitou-Charentes est attribuée à un simple phénomène de mode. Dans un livre publié précisément en ce mois de janvier 2006 sur « les prétendants 2007 à l'Élysée », le célèbre politologue et historien Alain Duhamel dresse le portrait de quinze candidats possibles, dont deux femmes – la communiste Marie-Georges Buffet et la catholique de droite Christine Boutin – mais il omet Ségolène Royal.

Hollande ne paraît pas non plus accorder d'importance aux réunions qu'organise Ségolène dans l'appartement familial de Boulogne-sur-Seine. Avec sa petite équipe bientôt baptisée *Désirs d'avenir*, elle prépare sa candidature aux primaires du PS : « C'est tout juste s'il nous saluait avant d'aller regarder son match de foot à la télé », se souvient l'une des fidèles conseillères de la députée des Deux-Sèvres. Son compagnon est persuadé que l'engouement pour Ségolène n'est que passager. Il croit encore que, lorsque chacun des autres candidats possibles à la primaire – Lang, DSK (Dominique Strauss-Kahn), Fabius et peut-être, pour finir, Jospin – aura déployé ses atouts et ses arguments, il pourra ramasser la mise. Mais la vague « ségoliste » va tout emporter.

1. Alain Genestar, qui a publié le 25 août 2005 la fameuse photo à scandale de Cécilia Sarkozy et Richard Attias à New York et devra quitter l'hebdomadaire un an plus tard sur ordre d'Arnaud Lagardère.

Tout pour barrer la route à Ségolène

Printemps-été 2006
La madone et les foules sentimentales

Fabius peut bien ironiser : «Qui va garder les enfants ?» et Mélenchon : «Une élection, ce n'est pas un concours de beauté» ; la presse peut bien épingler la «madone» qui dit : «Je suis une maman», ouvre les bras en s'écriant : «Venez à moi !», parle d'«ordre juste» et préconise un «encadrement militaire» pour les jeunes délinquants, les foules sentimentales, elles, s'enthousiasment. À Marseille, la «princesse du Poitou» fait chanter *La Marseillaise* plutôt que *L'Internationale* à une salle de socialistes et communistes auxquels elle enjoint – ô scandale ! – d'acheter des drapeaux tricolores. À Lille, attendri comme le vieux Priam devant la belle Hélène, l'ancien Premier ministre Pierre Mauroy, blessé par l'attitude critique de sa précédente protégée, Martine Aubry, lève ses mains fines pour vanter la «petite musique» de sa rivale. Arnaud Montebourg l'invite à la fête de la Rose de Frangy-en-Bresse. Julien Dray, devenu son conseiller, ne la quitte plus. Pierre Bergé, l'ancien PDG de la maison de couture Yves Saint Laurent, qui fut l'adorateur et l'ami de François Mitterrand, lui loue un appartement où installer son QG de campagne, boulevard Saint-Germain. Jean-Pierre Chevènement et Bernard-Henri Lévy dînent et déjeunent avec elle, écrivent des textes pour elle et se disputent la fierté d'être son mentor. Mais Ségolène échappe à tout le monde, et d'abord au Parti socialiste.

C'est en vain que le premier secrétaire, impuissant, tente de la canaliser. Il se raccroche à l'espoir que Jospin, «le revenant», réussisse à unifier le parti. Mais l'ancien Premier ministre renonce rapidement à se lancer dans la mêlée. Restent en piste DSK et Laurent Fabius, les deux arrogants rivaux. Le 16 novembre 2006, dès le premier tour de la primaire, la femme qu'ils ont prise pour une bécassine – c'est elle qui le raconte en pouffant de rire – est désignée candidate par 60,65 % des militants socialistes.

Hiver 2006
Le coup des impôts pour les plus de 4 000 euros

Il ne reste plus qu'à l'empêcher de battre Sarkozy.

Comment François Hollande pourrait-il, autrement, espérer devenir un jour président de la République ? Si la mère de ses enfants est élue pour cinq ans en 2007, ce sera probablement un président de droite qui lui succédera en 2012. Quand la chance reviendra pour la gauche, en 2017, il aura soixante-trois ans. Tandis que si Sarkozy l'emporte dans six mois, le tour viendra pour le socialiste le plus légitime en 2012...

« Et puis, me dira-t-il quelques mois plus tard, j'étais bloqué. » Il fait allusion à sa double vie avec Valérie Trierweiler. Les amis sont embarrassés, les enfants sont déchirés, lui-même est incapable de s'expliquer. Quant à Ségolène, elle aggrave encore sa gêne en lui lançant, en juin 2006, ce défi public : pourquoi ne pas répondre à l'invitation du président Oscar Temaru (Polynésie) à venir se marier chez lui, sous les cocotiers ? « Quelle jolie idée ! Mais oui, pourquoi pas ! » Sous-entendu : « Reviens à la maison, et je te laisserai la place de candidat à la présidentielle... » Imprévisible Ségolène ! Y a-t-elle cru un seul instant ? Peut-être, dans les mois précédant son envol. Elle a beaucoup souffert de leur séparation. Mais lui, se marier, et dans ces conditions humiliantes !

Il n'a jamais voulu avoir les mains liées. Et surtout pas par les engagements d'une candidate aussi fantasque.

Tandis que Ségolène continue d'enfreindre les tabous – en proposant par exemple la suppression de la carte scolaire –, le premier secrétaire du PS mène une campagne parallèle sur les terrains économique et social où il estime que « la candidate a besoin d'être lestée ». Le 19 décembre 2006, sans l'avertir, il accorde une interview au *Monde*. « Il n'y aura pas de baisse des prélèvements obligatoires », prévient-il, évoquant même la création d'une CSG retraite. L'effet est immédiat : « Au secours, clame la droite, la gauche revient avec ses impôts ! » Loin de faire machine arrière, Hollande renchérit. Dans un entretien au *Parisien*, il annonce « une hausse des impôts pour les salariés gagnant plus de 4 000 euros net par mois », c'est-à-dire pour un certain nombre des électeurs potentiels de Ségolène Royal ! L'effet est ravageur. « Ce type est un pervers ! me dit Julien Dray, fou de colère. Il veut la faire perdre ! »

La candidate socialiste garde la tête haute. Le 4 janvier 2007, rue de Solférino, elle monte à la tribune en veste coquelicot pour présenter ses vœux aux Français sur fond bleu ciel. Sous l'œil ennuyé de François Hollande, qui garde les mains dans le dos, elle déclare vouloir « tirer la France vers le haut » et promet que son premier combat « sera pour les familles ».

Onze jours plus tard, c'est au tour du premier secrétaire de présenter ses vœux aux socialistes et aux Français, cette fois sur fond rouge. Rose de plaisir, Hollande s'apitoie comiquement sur ce « pauvre Jaurès » dont Nicolas Sarkozy s'est accaparé l'héritage la veille, dans son grand discours de lancement de campagne. Et les impôts ? Je lui pose la question : ne craint-il pas de faire fuir les électeurs en ciblant les hauts salaires ? « Nous avons un devoir de victoire, me répond-il, empêtré. Mais nous avons un devoir de vérité. » Je l'interroge sur l'emploi de ce « Nous »... royal : « Nous sommes effectivement dans le "nous", convient le chef du parti socialiste. Nous pouvons ajouter notre propre volonté, notre propre désir. »

Pauvre Ségolène, qui préconisait de « parler simple » ! Déjà, les catégories populaires se tournent vers Sarkozy. Et ce n'est pas l'invention du mot « bravitude » par « la dame en blanc » posant pour les photographes sur la Grande Muraille de Chine, qui cause leur fuite, mais bien les manœuvres d'un Parti socialiste qu'elle n'a pas vraiment cherché à apprivoiser et à rassembler.

Printemps 2007
Tango avec les centristes

Au soir du premier tour, le 22 avril 2007, François Hollande peut respirer. « N'oubliez pas que le 22 avril, c'est le lendemain du 21 avril ! avait-il répété aux tribunes des meetings. Allez voter ! Faites voter autour de vous ! » Son avertissement a été entendu. La candidate socialiste obtient 9 500 112 voix, soit près de 5 millions de plus que Jospin au premier tour de 2002. L'honneur est sauf. Mais, avec 11 449 663 voix (31,18 %) dès le premier tour, Sarkozy, lui, a réussi son pari de terrasser Jean-Marie Le Pen : de 16,9 % le 21 avril 2002, celui-ci retombe à 10, 44 %.

Tout va maintenant dépendre du vote des Français qui ont choisi au premier tour le centriste François Bayrou : ils sont 6 820 119, (18,57 %). Jamais ils n'ont pesé aussi lourd. Il faut leur tendre la main.

Michel Rocard, qui ne peut être soupçonné de tendresse envers Ségolène – lui qui lui a si cavalièrement demandé de lui céder la place car il était convaincu qu'elle n'y arriverait pas ! –, préconise cette nouvelle alliance. Après tant d'années d'échecs d'un programme commun socialo-communiste, le temps n'est-il pas venu d'expérimenter une « deuxième gauche » réformiste, rééquilibrée au centre ? Le leader écologiste Dany Cohn-Bendit, qui siège au Parlement européen non loin de François Bayrou, milite dans le même sens. À minuit, le soir du premier tour, il se rend rue de Solférino pour plaider devant François Hollande : « Si l'on s'enferme dans le traditionnel débat droite-gauche, Sarkozy a gagné. » Et Dany d'insister : « Le personnage idéal, celui qui peut parler aux électeurs de Bayrou, c'est Jacques Delors. » L'ancien président de la Commission européenne n'a-t-il pas été leur maître à penser? François Hollande et ses amis devraient être sensibles à ce discours.

Mandoline sous les fenêtres de Bayrou

Mais le premier secrétaire du PS se veut le gardien de la loi. Il n'oublie pas l'effet dévastateur de l'annonce de Lionel Jospin : «Mon projet n'est pas socialiste.» Il imagine ce que diraient Fabius, DSK et leurs soutiens si, dans le sillage de celle qui apparaît encore comme sa compagne officielle, il amorçait un virage historique vers le centre. Car il n'a cessé de prendre pour cible Bayrou «dont la posture frise l'imposture». Comme Lionel Jospin qui dénonce, excédé, l'«illusion Ségolène, une démarche archaïsante et régressive[1]», il considère qu'«il n'y a pas d'alliance concevable entre la gauche et une partie de la droite».

Devant l'entêtement de la candidate, le premier secrétaire, invité du journal télévisé de 20 heures, menace de la désavouer. Elle n'a plus rien à espérer de lui. «Semaine après semaine, confiera-t-elle, je me suis dit : demain, c'est le bon jour, il va basculer vers moi, s'y mettre à fond, comprendre que des millions de gens attendent... Et ce jour n'est jamais venu[2].»

Le temps presse. La candidate joue alors le tout pour le tout. Après avoir évoqué la possibilité de nommer des ministres centristes, elle déclare que «Dominique (Strauss-Kahn) ferait un très bon Premier ministre». Le samedi 28 avril, elle accepte de débattre avec François Bayrou devant deux cents journalistes et se réjouit d'une entente sur le «Tout sauf Sarkozy». Mais le 2 mai, lors du débat télévisé qui l'oppose au champion de la droite, elle se montre inutilement agressive. Entre-temps, elle a cherché à négocier un accord avec Bayrou. Rendez-vous a été pris à minuit dans le 7e arrondissement, au domicile du leader

1. Lionel Jospin, *L'Impasse*, Flammarion, 2007.
2. Ségolène Royal, *Ma plus belle histoire, c'est vous*, Grasset, 2007.

centriste. Au dernier moment celui-ci craint de se compromettre. « Non, ne montez pas ! lui répond-il quand elle sonne pour annoncer son arrivée. Il y a du monde dans la rue ! » « Les Guignols » s'emparent de la scène et toute la France se gausse de ce vaudeville inédit.

Sarkozy victorieux, Ségolène chante sa propre victoire, François reste sans voix

On dit que le ridicule ne tue pas. Il va contribuer à tuer Ségolène Royal.

Le dimanche 6 mai 2007, il est presque minuit lorsque, venue à pied de la place de la Concorde où Sarkozy le vainqueur, suivi d'une Cécilia chancelante, a fini par rejoindre ses partisans, j'arrive au siège du PS rue de Solférino. Est-ce vraiment un soir de défaite pour les socialistes ? Des militants agitent des drapeaux tricolores et brandissent des pancartes « Ségolène, présidente ! ». D'autres apportent des roses rouges. Une immense clameur retentit lorsque la dame en blanc paraît enfin au balcon pour les saluer et leur envoyer des baisers : « Tous ensemble, lance-t-elle, radieuse, nous allons continuer cette extraordinaire campagne ! » Tout à l'heure, à la Maison de l'Amérique latine, elle a promis, le visage dilaté de bonheur, de « nous rassembler demain pour d'autres victoires ». D'autres victoires ? La combattante vaincue veut parler des 17 millions de Français qui ont voté pour elle. Elle ne les oubliera jamais. François Hollande, lui, a regagné son bureau. Un peu plus tôt dans la soirée, quand il a voulu prendre la parole dans la salle de presse pour commenter la défaite, il a eu une extinction de voix.

La revanche du méprisé

Automne 2011
En campagne en Corrèze

Il a salué le marchand de journaux au pied de son immeuble de style HLM et acheté *La Montagne*, où sa photo figure en bonne place. Puis, comme d'habitude, François Hollande est entré au café La Calèche. C'est là que nous avons rendez-vous, en ce début du mois d'octobre 2011. Dans quelques jours, l'ex-premier secrétaire du PS, député et président du conseil général de Corrèze, sera désigné candidat des socialistes pour la présidentielle de 2012 par 56 % des voix contre 43 % à Martine Aubry. Il s'écriera : « C'est le rêve français que je veux réenchanter ! C'est pourquoi je fais de l'École ma première priorité ! » En attendant, il est venu reprendre des forces dans cette Corrèze dont il est l'élu depuis vingt-trois ans.

La Calèche, c'est, avec Le Central et La Taverne des Sommeliers, son Vieux Morvan[1] à lui. Il y était le 16 juin 2002 quand, devancé de mille voix au premier tour des législatives qui ont suivi la défaite de Jospin, il cru son dernier jour en politique arrivé. Ce jour-là, il a repoussé tous les journalistes.

Il y était aussi le dimanche du référendum sur la Constitution européenne en mai 2005. Envoyée spéciale de l'hebdomadaire *Marianne*, je l'y avais retrouvé le matin même. Les Corréziens s'apprêtaient à voter « non », lui infligeant ainsi qu'à l'autre Corrézien, Jacques Chirac, un cuisant désaveu. Cravaté de rouge et très fébrile, Hollande répondait aux appels de Paris et

1. Le Vieux Morvan est l'hôtel où François Mitterrand se logeait, à Château-Chinon, et où il passait ses soirées électorales.

de Poitiers en maudissant « les couteaux qui ne sont pas de bois » et qui l'avaient poignardé dans le dos.

Aujourd'hui, je constate que Hollande a minci ; il s'est choisi une cravate bleue ; son téléphone est éteint ; il prend son temps.

Après avoir salué les consommateurs, il s'assied à la table ronde et commande un café-croissant. Un croissant ? Oui : quand les gens d'ici ont constaté qu'après quelques mois de régime son cou flottait dans ses cols de chemise, ils l'ont mis en garde : « Attention ! Que ça ne fasse pas freluquet ! » Hollande aurait-il connu, comme on le répète depuis que les sondages le donnent gagnant aux primaires, une « métamorphose » ? Ou bien les apparences d'un changement de personnalité seraient-elles le résultat de quatre années d'efforts laborieux ? L'éternel second, « Monsieur Petites Blagues » dit aussi « François le Roublard », est devenu, une fois séparé de sa compagne, Ségolène Royal, et libéré de son poste de premier secrétaire du PS, un homme nouveau et respecté. Ni tout à fait de gauche ni tout à fait de droite, mais de la France de toujours, celle de Mitterrand et de Chirac.

Une fois encore, il « joue sa peau » : à cinquante-sept ans, c'est sa dernière chance d'être président. Pourtant, il paraît presque en état de grâce. Bien-être des habitudes dans sa bonne ville de Tulle ? Sentiment que « son heure » est enfin arrivée ? Ou bien conviction intime d'avoir enfin compris « le vieux pays » ? Les railleries de Fabius le comparant à « une fraise des bois » n'ont pas davantage de prise sur lui que le sobriquet de *Flamby* dont l'ont affublé d'autres « camarades » comme Martine Aubry. Et quand Nicolas Sarkozy croira malin de se vanter de rencontrer le président Obama à Washington tandis que lui, « Gérard Dugenou va à la chasse aux champignons en Corrèze », il surmontera cette blessure d'amour-propre à la manière de Jacques Chirac : mieux vaut être considéré par les gens de Neuilly comme un *plouc* que jugé par les gens de Corrèze loin du peuple.

Changement de look ou métamorphose ?

En route pour Bergerac, en Dordogne. Une heure quarante-cinq de trajet parmi les pâturages, à l'arrière de sa voiture de président du conseil général. François Hollande est attendu à un concours de la race bovine. N'en fait-il pas trop, avec cette « politique au cul des vaches » à la Chirac ? Ne devrait-on pas le voir davantage dans les usines, les banlieues, les collèges ? Il sourit : il effectue d'autres « déplacements thématiques ». Mais il lui fallait, insiste-t-il, « s'inscrire dans les territoires ». Et dans leur histoire.

Depuis son départ de la direction du PS, écœuré par les manœuvres douteuses qui ont fait éclater, en novembre 2008 au congrès de Reims, l'ancienne majorité jospiniste, il a connu des épreuves personnelles. Quelques jours après ce concours de tricheries et de trahisons, sa mère, Nicole Hollande, a été hospitalisée pour un cancer. Lorsqu'elle meurt, en janvier 2009, François perd une présence aimante, une admiratrice passionnée. Mais une autre femme croit en son « destin national » : Valérie Trierweiler. Tout cela, je l'ai appris par son entourage, car Hollande ne parle pas volontiers de ses émotions intimes. Il ne livre pas non plus les clés de son changement de *look*. C'est son fidèle Stéphane Le Foll, alors député européen, qui a insisté pour qu'il suive un régime et perde huit kilos ; c'est le député de l'Isère, André Vallini, qui l'a convaincu « d'arrêter de faire des bons mots à tout bout de champ » ; et c'est Faouzi Lamdaoui, aujourd'hui chargé de sa communication, qui a veillé à faire retailler ses vieux costumes et l'a adressé à un opticien visagiste. Ce dernier lui conseillé des lunettes à larges branches noires pour donner plus de caractère à son visage.

Les leçons de Mitterrand, Chirac et Sarkozy

Hollande se découvre par bribes, à travers les autres, en esquissant des portraits d'eux pleins d'ironie et en citant leurs discours. Il a lu très attentivement un ouvrage publié par Nicolas Sarkozy en 2001 *Libre.* Lorsque le futur candidat de la droite a commencé à l'écrire, il venait de subir, en 1999, une accablante défaite comme tête de liste européenne. Il raconte dans son livre comment il a annoncé à Jacques Chirac qu'il renonçait à se présenter à la tête du RPR. Hollande a retenu mot pour mot la réponse du président de la République : « Tu ne t'en rends pas compte aujourd'hui, mais en t'extrayant du combat politique quotidien, tu viens de construire pour l'avenir quelque chose d'important. »

Entamant à son tour la rituelle traversée du désert, Hollande a aussi réécouté le discours prononcé par Sarkozy le 14 janvier 2007 à la porte de Versailles. « J'ai changé ! », scandait le candidat UMP. Mais ce qui frappe le plus son rival socialiste, outre la mise en scène d'une métamorphose intérieure de celui qui veut être sacré roi, c'est l'invocation de l'Histoire : « La France a dix-sept ans et le visage de Guy Môquet. Elle a dix-neuf ans et le visage lumineux d'une fille de Lorraine, Jeanne d'Arc. » À l'époque, il a raillé cette tentative de « capter l'héritage » de Jaurès et de Zola. Mais récemment il a relu ce texte et l'a presque appris par cœur, comme les grands discours de Mitterrand. N'est-ce pas grâce à ce chef-d'œuvre d'Henri Guaino, citant Jaurès autant que de Gaulle, que Sarkozy a été élu ? À son tour, Hollande voudrait s'inscrire dans l'Histoire.

Depuis la crise financière qui a éclaté à l'automne 2008, il sent monter de la France profonde des aspirations contraires à celles du printemps 2007 : les Français avaient adoré la rupture, la rapidité des réformes, l'argent roi et la mode bling-bling ? Ils reviennent vers des élus enracinés et vers un mode de vie plus sobre. Sarkozy lui-même n'a-t-il pas dû changer de style pour « faire président » ? Mais il a beau se donner beaucoup de mal pour convaincre qu'il a changé, les Français attendent son antithèse. « C'est pour cela, me confie Hollande, que j'ai parlé d'un président normal. »

« L'impudeur médiatique » de Ségolène

Avant même la chute spectaculaire de DSK[1], il y a cinq mois, il a senti, confie-t-il, un « frémissement ». Soudain, il devenait à la mode ! Même l'hebdomadaire de droite *Valeurs actuelles* saluait en lui un disciple... de Pompidou ! Les sympathisants de gauche, jusque-là tournés vers Washington dans l'attente du « sauveur » du FMI, qui prétendait l'obliger à abandonner la course, hissaient l'élu corrézien en deuxième position. Le député de Corrèze n'apparaissait plus comme le *loser* raillé par « Les Guignols » dans les mêmes termes que Chirac en 1994, mais comme le vaillant défenseur « des petits, des obscurs » face aux magnats de la finance et aux prétendues élites intellectuelles parisiennes. Prudent, Hollande a attendu sa réélection à la tête du conseil général de Corrèze, le 31 mars 2011, pour annoncer, à Tulle, sa candidature à la présidentielle. Mais cette fois, il ne se laissera pas doubler.

Il revient sur l'épopée de Ségolène Royal. « Quand j'ai vu, à la mi-décembre 2006, sa photo en couverture du *Nouvel Observateur*, avec ce titre “Et si c'était elle ?”, j'ai compris », dit-il avec détachement. Depuis, il a analysé ce phénomène qu'il juge irrationnel : avec une « impudeur médiatique » comparable à celle de Sarkozy, Ségolène a incarné un formidable besoin de changement de codes, voire de « transgression », à droite comme à gauche. Mais tout le monde n'est pas capable d'une telle impudeur : quand il s'y est risqué, en déclarant, en octobre 2010, au magazine *Gala* : « Valérie est la femme de ma vie », il a choqué des milliers de Françaises. Certes, Ségolène Royal avait exhibé leur conflit conjugal au soir des législatives 2007 en lâchant : « J'ai demandé à François d'aller vivre sa vie sentimentale

1. Le 14 mai 2011, Dominique Strauss-Kahn, alors directeur du Fonds monétaire international à Washington et largement favori, pour la gauche, dans la course à la future présidentielle française, était inculpé aux États-Unis pour le viol d'une femme de ménage du Sofitel de New York.

ailleurs. » Quelques semaines plus tard, sur le divan rouge de Michel Drucker, elle en rajoutait. Mais c'était la réaction d'une femme abandonnée. Hollande, lui, a effacé d'une phrase la mère de ses quatre enfants. Il esquive ma question sur ce sujet sensible, bien plus à l'aise pour analyser les « qualités essentielles » de Mitterrand : « Une volonté : conquérir le pouvoir ; une stratégie : le rassemblement de la gauche ; une vision de l'Europe politique. Sans compter son exceptionnelle intelligence politique. »

C'est en méditant son exemple qu'il s'est préparé à devenir son « successeur », celui que Lionel Jospin n'a pas su être. En se répétant aussi la repartie cinglante, un soir de débat télévisé, de l'écrivain Denis Tillinac : « Vous parlez aux militants socialistes du Parti socialiste, mais vous ne savez pas parler aux Français de la France ! »

Depuis, Hollande s'applique à parler du « grand pays ».

« Le phénomène de l'incarnation »

Nous voici à Bergerac. Devant une centaine de solides militants, le président socialiste de la région Aquitaine, Alain Rousset, venu tout exprès de Bordeaux, évoque « un nid de choses malfaisantes » – les affaires – qui rendent « encore plus nécessaire un homme comme François, pour sa rigueur financière et pour sa rigueur morale ». L'assistance opine gravement. Ce n'est pas gai. Hollande détend l'atmosphère : « Rendez-vous compte de tout ce qui nous attend ! La dette record, le trou de la Sécu, et quoi encore ! Alors, pourquoi venir au pouvoir ? », lance-t-il sous les rires. Puis il se fait grave : « Il n'y a pas d'élection présidentielle sans vision. Souvent, c'est un récit de notre histoire. Nous sommes les héritiers d'une grande histoire... La France est une grande nation... »

Nous reprenons la route, en direction de la foire agricole. « Votre histoire, au fond, lui dis-je, c'est celle d'un jeune homme tombé amoureux d'une femme – la France – qui ne le regarde pas. Trente ans plus tard, leurs chemins se croisent à nouveau. Et elle lui trouve enfin du charme. Mais lui découvre alors qu'elle est vieille, édentée, et toute fripée sous sa robe usée ! » Il rit. J'insiste : « Vous n'avez pas peur ? » Il sourit sans répondre.

La voiture pénètre dans l'enceinte où l'attendent les langoureuses blondes d'Aquitaine et les taureaux de plus d'une tonne et demie, Émir, Éros et Champion. Les pieds dans la paille et la bouse, il va flatter leur croupe monumentale et commenter leurs attributs.

« Vous voyez, conclut-il en ouvrant sa portière : dans une campagne présidentielle, il faut abandonner tout sens du ridicule, comme Ségolène Royal. Martine Aubry, elle, s'est adressée à des catégories : elle n'a pas compris ce phénomène de l'incarnation. »

2

Comment entrer dans le costume de Mitterrand ?

Au nom de la France d'en bas

Janvier 2012
Le Bourget : « Mon adversaire, le monde de la finance ! »

D'où vient cette incapacité de François Hollande en campagne à « fendre l'armure » pour créer l'émotion ? « Mais, Christine, me répond Aquilino Morelle, c'est parce qu'il a peur ! »

Petit homme brun au front haut et à la lippe dédaigneuse, Aquilino, le brillant élève issu d'une famille ouvrière espagnole, n'a pas seulement fait des études de médecine, il est passé par l'ENA. Remarqué par Pierre Moscovici, il est devenu la plume de Lionel Jospin. Après la défaite de celui-ci, il a réintégré l'Inspection générale des Affaires sociales. Mais la politique lui manquait. Il s'est engagé auprès d'Arnaud Montebourg, l'insolent député de Saône-et-Loire. Celui-ci s'étant rallié à François Hollande après s'être classé troisième aux primaires socialistes d'octobre 2011, Aquilino est devenu, à trente-huit ans, le conseiller et la plume du futur président socialiste. Il lui a enseigné qu'une image vaut un long développement et lui a fait lire quelques écrits et discours politiques de Victor Hugo. Il m'en offre d'ailleurs un recueil en format de poche. Je note quelques maximes d'une grande sagesse : « La France est une nation conquérante. Quand elle ne fait pas de conquête par l'épée, elle veut en faire par l'esprit» ou : «La misère mène le peuple à la révolution. Et la révolution l'y ramène...»

Mais ce qui m'émeut particulièrement, c'est le magnifique discours du député Hugo bouleversé par les «misérables» découverts dans les caves de Lille lors de l'enquête menée avec sa commission parlementaire : «J'y distinguais dans l'obscurité un être vivant. C'était une petite fille qui gisait là, toute tremblante de fièvre, presque nue, à peine couverte d'un haillon de laine; par les trous de la paillasse sur laquelle elle était couchée, la paille sortait. Elle était pourrie. À côté du lit, près de l'enfant malade, un grand tas de cendres exhalait une odeur repoussante. C'est de la cendre de tourbe, que ces malheureuses familles ramassent et vendent pour vivre... Messieurs, six créatures humaines, deux femmes et quatre enfants, vivent là !»

Je retrouverai les accents de ce fameux plaidoyer de 1851 en faveur de la création de l'ancêtre de la Sécurité sociale dans la bouche de François Hollande, lors de son discours de lancement de campagne, le 22 janvier 2012 au Bourget.

«Je suis venu vous parler de la France qui souffre, commence-t-il... Je vais vous confier un secret que j'ai gardé depuis longtemps : j'aime les gens !»

On se souviendra surtout de son plus beau morceau d'éloquence, celui qui va transporter littéralement ses 20000 partisans et lui donner enfin le sentiment d'être aimé du peuple :

«Mon véritable adversaire, il n'a pas de nom, pas de visage, pas de parti. Et pourtant, il gouverne. C'est le monde de la finance [...] les banques sauvées par les États mangent la main qui les a nourries.» C'est le moment de charger le «candidat de la finance», Nicolas Sarkozy :

«Commencé par une virevolte, ce quinquennat finit dans la tourmente. Inauguré par des cadeaux fiscaux, il se termine par des hausses d'impôts !... Tout s'est dégradé !»

Alors, le tribun cite Shakespeare : «Ils ont échoué parce qu'ils n'ont pas commencé par le rêve !» Il enchaîne aussitôt par un couplet digne de *Ruy Blas* : «Le rêve français, c'est la démocratie, plus forte que l'argent et que les religions ! Le rêve français, c'est notre histoire, notre projet qui nous rassemble ! C'est une France de la justice où l'argent est remis à sa place : celle de serviteur et non de maître ! »

Puis, dans un élan final, le candidat, porté et comme transfiguré par la grande houle des « Fran-çois ! Fran-çois ! Fran-çois-pré-si-dent ! », martèle, la voix poussée dans les aigus : « La France n'est pas un problème, la France est la solution ! Le changement, c'est maintenant ! La justice, la République, c'est maintenant ! Dans trois mois, nous ferons gagner la gauche ! »

Par moments, on croit reconnaître, dans ces envolées quasi mystiques, l'empreinte de Ségolène Royal. Mais son nom n'est pas prononcé. Dans le déroulé de l'histoire du Parti socialiste, il est question de Blum et des congés payés de 1936, de Mitterrand et de la retraite à soixante ans et même de Jospin, le Premier ministre des 35 heures. Mais pas une fois, Hollande n'évoque la candidate socialiste qui a rassemblé 17 millions de Français en 2007. Dans ce grand moment de liesse, cet oubli volontaire a la violence d'un assassinat politique.

« Avez-vous peur de Valérie ? »

Le surlendemain, la rédaction de *Marianne* a convié à déjeuner au Tong Yen – un restaurant chinois proche de l'Élysée et fréquenté par le monde politique, la presse et l'univers de la mode – le candidat socialiste et son directeur de la communication, Manuel Valls. Tandis que ce dernier répond à d'innombrables appels sur deux téléphones mobiles à la fois, sans même prendre le temps de s'asseoir à table pour grignoter un bol de riz, François Hollande, tout épanoui par son succès, fait honneur aux rouleaux de printemps et aux crevettes sautées et répond, volubile, aux questions de mes confrères. Je l'interroge alors sur la « censure » dont a été l'objet, au Bourget, Ségolène Royal. Il fait d'abord mine de ne pas comprendre.

« Oui, dis-je, le silence sur sa campagne, l'amnésie totale de sa candidature... pas un mot sur les millions de Français qui ont voté pour elle ! Vous aviez peur ?

— Peur de vous ? me dit-il, riant à moitié.

— Non, peur d'elle – de Valérie ? »

Il rougit sans répondre.

Le sacrifice de Ségolène Royal

Printemps 2007
Le coup de force de Valérie Trierweiler

Rennes, 3 avril 2012. Il y a des binious, des drapeaux bretons, des drapeaux tricolores et une foule énorme, ce soir-là, au Parc des expositions de Rennes. Une foule joyeuse de dix mille sympathisants socialistes, parmi lesquels beaucoup de femmes, est venue assister à la grande cérémonie de retrouvailles de François Hollande et Ségolène Royal. C'est l'un des derniers grands meetings avant le premier tour de la présidentielle qui aura lieu le 22 avril et la première fois, depuis cinq ans, qu'ils vont se retrouver ensemble sur une scène. Hollande est tendu : il se souvient sans doute du meeting de Jospin – dix ans, déjà ! – au même endroit, et du jet de ketchup, comme un mauvais présage. Ce soir-là, il avait compris que la présidentielle était perdue pour le candidat de la gauche. Mais maintenant, ce qu'il craint le plus, c'est la réaction de sa compagne Valérie Trierweiler : elle n'acceptera pas qu'il rende un hommage trop appuyé à Ségolène et que la salle fasse un triomphe à celle-ci ; encore moins qu'il lui serre la main sous les acclamations. Ségolène, elle, saura se contrôler : depuis l'« omission » du meeting du Bourget, qui suscita sa colère, Hollande lui a présenté des excuses et a réussi à la calmer. Elle jouera le jeu comme elle sait le faire, avec panache, d'autant que leur fils Thomas sera présent dans la salle. Et puis, dans la capitale bretonne, elle est assurée de remporter un beau succès : 60 % des électeurs rennais votèrent pour elle en 2007.

Manuel Valls, lui, est tendu : durant tout le parcours du TGV Paris-Rennes, les journalistes, au lieu de s'enquérir de la teneur du discours de François Hollande, n'ont cessé de poser des questions sur les relations du candidat socialiste avec son ex-compagne, puis sur les rapports entre les deux femmes. Comment peut-on ramener un enjeu aussi important que l'élection présidentielle à des affaires de vie privée? Mais tout est «sous contrôle» : à peine son discours achevé, Ségolène Royal descendra de l'estrade pour regagner sa place au premier rang, à côté de Laurent Fabius, afin de laisser le candidat apparaître seul, dans toute sa gloire.

Ségolène chassée comme une mouche importune

Mais le spectacle ne va pas se dérouler comme prévu. J'y assiste loin des rangs réservés aux journalistes, au milieu du public – un choix que je fais souvent, afin de mieux sentir les réactions populaires. Quand Ségolène arrive, après le dernier couplet, très entraînant, de l'orchestre breton chantant et dansant en culottes bouffantes : «Hé! Sarko ne re-viendra pas! Vive-la-li-berté!», elle est radieuse dans sa veste bleu roi. Son discours est sans cesse interrompu par des applaudissements : «Le changement a besoin de vous tous... François Hollande est le seul qui peut l'emporter à gauche... Je suis particulièrement heureuse de délivrer ce message là où la mer rejoint le ciel...» Et quand elle ajoute, avec émotion : «On me demande : "Comment faites-vous pour faire campagne?" Je réponds qu'il n'y a pas de façon plus noble de faire l'Histoire que d'aider celui qui est en situation de l'emporter!» Mes voisines, des enseignantes, sont transportées : «Quelle noblesse! Quel courage, cette femme!»

Il se passe alors quelque chose d'étrange. Le candidat, apparu au fond de la salle, met un temps infini à remonter vers la tribune. Il serre des mains à droite, à gauche tout au long de son chemin. Mais les visages des «barons» comme le député-maire de Nantes, Jean-Marc Ayrault, affichent de la nervosité, et même une réelle inquiétude. Enfin le voici sur scène. Ségolène

Royal, qui s'était retirée, reparaît un instant derrière lui, déclenchant une nouvelle vague d'acclamations. « François » se retourne vers elle mais ne lui tend pas la main : il fait le geste de la congédier ! Comme on chasserait une mouche importune ! Mes voisines et moi sommes choquées : « Comment il la traite ! Après ce qu'elle vient de faire pour lui ! »

Hollande parle à son tour de la mer et de la Bretagne. Il ouvre les bras : « Merci à tous les élus bretons héritiers d'une longue histoire, la même que celle de toute la gauche ! » Il poursuit : « Ségolène Royal est là aussi, comme un symbole de l'unité qui a tant manqué en 2007... » Le public applaudit.

« Mais pourquoi n'est-elle pas là ? demandent mes voisines. Pourquoi ne se lève-t-elle pas, maintenant qu'il la salue enfin ? »

Valérie : « N'embrasse pas Ségolène ! »

Nous ne découvrirons qu'en sortant ce qui s'est réellement passé : Valérie Trierweiler, qui avait attendu dans une loge le moment de paraître en star devant les caméras, a soudain fait irruption au pied de la tribune, précédée d'une meute de photographes et de cameramen. Avant de gagner sa place, elle s'est arrêtée devant Ségolène et s'est penchée vers elle avec un sourire provocant, toutes dents découvertes, en lui tendant la main comme on fait une aumône. Sur les images du film, Ségolène paraît surprise et gênée. Elle a un mouvement de recul, le bras gauche contre son ventre comme pour se protéger, le bras droit à peine déployé, juste assez pour que la main de sa rivale lui effleure deux doigts.

Pourquoi n'a-t-elle pas refusé ce simulacre de poignée de main ? Pourquoi Ségolène la combattante n'a-t-elle pas giflé l'instigatrice de ce guet-apens ? À l'évidence, parce qu'elle a été totalement prise au dépourvu. Mais aussi, parce que la fille du colonel Royal connaît les bonnes manières. Elle mesure, particulièrement sur cette terre « ségoliste », la responsabilité qui pèse sur ses épaules. Elle qui vient de clamer l'importance de l'union pour gagner ne voudrait pas être à l'origine d'un nouvel « incident de Rennes ». Et puis la *princesse du Poitou* pense déjà aux étapes suivantes : être élue députée de La Rochelle, devenir présidente de l'Assemblée nationale et – pourquoi pas –, après avoir acquis au *perchoir* la stature de rassembleuse qui lui manquait, se présenter à nouveau à la présidentielle en 2017 et être élue ! Sa propre fille cadette, Flora, a confié au magazine *Gala* qu'elle rêvait de ce scénario. « Après papa, maman à l'Élysée... »

En se laissant manipuler ainsi par cette femme qui n'a aucune éducation et aucun sens de l'honneur, estime Ségolène Royal, François Hollande se déconsidère aux yeux de l'électorat féminin et même de ses propres lieutenants. Car ce n'est pas le seul incident causé par « la Trierweiler ». Il y a un mois, le futur ministre de l'Éducation nationale, plus tard candidat surprise à la présidentielle de 2017, Vincent Peillon, me racontait comment, en pleine réunion de travail du candidat à son QG, Valérie avait fait irruption comme une furie : « Il y en a qui sont mal garés ! Qu'ils aillent déplacer leur voiture ! » Tout le monde a regardé Hollande, qui baissait le nez. Conclusion de Peillon : « Le problème de Hollande, c'est Valérie. »

6 mai 2012
« Embrasse-moi sur la bouche »

Chaque étape de l'arrivée au pouvoir va confirmer ce nouvel adage. À Tulle, où François Hollande apprend en fin d'après-midi, le dimanche 6 mai, sa victoire incontestable avec 51,9 % des suffrages, Valérie Trierweiler a organisé la cérémonie : le nouveau président prononce un discours où l'on retrouve les promesses du « moi, président » scandé quatre jours plus tôt lors de son débat télévisé avec son adversaire. Il demande à être jugé « sur deux engagements majeurs : la justice et la jeunesse », promet d'accomplir « le rêve français » et clame à la face de l'univers : « Le 6 mai doit être une grande date pour notre pays, un nouveau départ pour l'Europe, une espérance pour le monde ! »

Aussitôt, sa compagne le rejoint sur l'estrade dressée place de la Cathédrale, tandis que des accordéonistes jouent sur son ordre *La Vie en rose*.

Mais à minuit, quand le couple, revenu en avion de Brive, arrive, escorté par des motards, place de la Bastille, la situation échappe à la future « première dame ». Porté par l'enthousiasme de la foule, l'heureux élu se met à embrasser tout le monde, y compris Ségolène Royal. Furieuse, Valérie lui ordonne alors : « Embrasse-moi sur la bouche ! » Et François Hollande de s'exécuter. Les caméras, braquées sur les lèvres de sa compagne, retransmettent à des millions de téléspectateurs l'incroyable scène qui signifie : « Moi, président, aux ordres... »

3

De Charybde en Scylla

La guerre des dames

Printemps 2012
Un président simple pour la France d'en bas

Le 17 mai se tient le premier Conseil des ministres. Massés dans la cour de l'Élysée, les photographes voient descendre de leurs voitures noires dix-sept hommes et dix-sept femmes : Manuel Valls, ministre de l'Intérieur, Christiane Taubira, de la Justice, Arnaud Montebourg, chargé du Redressement productif, Cécile Duflot, du Logement... La promesse de parité est tenue. Celle du changement de style et de train de vie, aussi. Quelques heures avant, le président « normal » est allé serrer les mains de tout le personnel du palais, des cuisines du sous-sol jusqu'aux mansardes où s'activent discrètement conseillers et secrétaires. Quel changement, après l'ère Sarkozy ! On songe au « passage de l'ombre à la lumière » célébré par Jack Lang lorsque l'empereur François Mitterrand succéda en ces lieux au roi Valéry Giscard d'Estaing. Installé au premier étage, dans la pièce d'angle naguère occupée par le plus jeune président de la Vᵉ République (les successeurs de Giscard, à commencer par Mitterrand, ont préféré le vaste bureau du général de Gaulle), Aquilino Morelle me confie sa surprise : non seulement son prédécesseur, Henri Guaino, la plume de Nicolas Sarkozy, percevait un salaire à ses yeux exorbitant, mais en plus il appelait les secrétaires par leur prénom alors qu'elles devaient l'appeler monsieur. « Elles ont été tout étonnées quand je leur ai dit : "Appelez-moi Aquilino." »

Une des premières mesures annoncées au Conseil par le nouveau Premier ministre Jean-Marc Ayrault est la baisse de 30 % du salaire des ministres mais aussi de celui du chef de l'État. Suivront l'augmentation de 25 % de l'allocation de rentrée scolaire, le retour partiel par décret de la retraite à soixante ans et la hausse symbolique du SMIC.

D'un ton solennel, le président socialiste rappelle qu'on attend de chacun « l'exemplarité dans les comportements, le sens de la rigueur, du devoir et de l'honneur ». Il précise, à l'intention des bavards habitués aux interminables débats du PS et des Verts : « Aucune expression publique d'une opinion divergente, quelle qu'en soit la forme, ne saura être acceptée. »

C'est un bon début. À l'occasion de sa première réunion européenne à Bruxelles, le président joint l'acte à la parole et prend le train. Cela amuse les humoristes, mais l'on salue cet effort d'« exemplarité », qui doit aller de pair avec une réduction des dépenses de l'Élysée.

Premiers couacs

Hélas ! Pourquoi faut-il que le message présidentiel soit immédiatement brouillé ? À peine sorti du Conseil des ministres, le ministre de l'Éducation nationale, Vincent Peillon, annonce le retour de la semaine de cinq jours à l'école dès la prochaine rentrée, sans avoir entamé la moindre concertation avec les associations de parents et les syndicats d'enseignants. Quelques jours plus tard, la ministre du Logement, Cécile Duflot, se prononce en faveur de la dépénalisation du cannabis, alors que le président s'est élevé contre. Puis, la ministre de la Culture, Aurélie Filippetti, lance l'idée de taxer les ordinateurs, et la ministre de l'Environnement, Nicole Bricq, annonce – sans prévenir le chef du gouvernement Jean-Marc Ayrault – la suspension de tous les permis de forages exploratoires d'hydrocarbures au large de la Guyane. Elle sera très rapidement mutée à un autre poste. Mais, au contraire de son Premier ministre et de son ministre de l'Intérieur, Manuel Valls, qui enrage contre autant « d'amateurisme », François Hollande n'en fait pas un drame. Il m'avait dit six mois plus tôt : « Un quinquennat se joue dans les tout premiers mois. » En ce printemps d'état de grâce, où sa popularité s'élève encore à 61 %, il constate, très philosophe[1] : « Le premier gouvernement est un gouvernement où l'on tâtonne forcément. »

Valérie, « première dame » ou « première journaliste de France » ?

Un nouveau coup va venir de sa propre compagne. Les téléspectateurs ont encore en mémoire son impérieux « embrasse-moi sur la bouche » du soir du 6 mai place de la Bastille lorsque Valérie Trierweiler, défiant les codes, crée l'émoi, le 15 mai, à la cérémonie d'investiture au palais : elle s'avance au côté de son compagnon, désormais officiellement président de la République, pour serrer la main, elle aussi, à tous les dignitaires du régime stupéfaits. Pourtant, elle l'a clamé : elle ne veut pas qu'on l'appelle « première Dame ». Femme moderne, indépendante, elle préfère être « la première journaliste de France... » Le seul modèle auquel elle accepterait de se référer serait celui de Danielle Mitterrand, l'insoumise. S'il lui arrive de solliciter des avis, ce sont ceux de la philosophe Sylviane Agacinski-Jospin, dont le livre de souvenirs de Matignon, truffé de récits de rencontres avec des *beautiful people*, ne cite pas une seule fois des Françaises « ordinaires ». Bref, cette journaliste politique expérimentée n'a pas réfléchi à la fonction qu'elle souhaite pourtant

1. Gérard Davet et Fabrice Lhomme, *Un président ne devrait pas dire ça...*, Stock, 2016.

assumer en s'installant au rez-de-chaussée de l'Élysée, dans le bureau qui fut celui d'Anne-Aymone Giscard d'Estaing, de Bernadette Chirac et de Carla Bruni.

Le 1er décembre 2011, alors que François Hollande venait d'être désigné candidat du PS, j'avais adressé à sa compagne, via *Marianne*, une lettre ouverte. Je l'y mettais en garde contre « la sale habitude qu'ont les Français, depuis Marie-Antoinette, de s'en prendre à la femme du roi, quand ils veulent affaiblir ce dernier ou simplement l'éprouver ». « Vous allez être bizutée », annonçais-je. C'est le lot commun de toutes les "femmes de...". Je ne dis pas cela pour vous effrayer. Mais parce qu'il faut s'y préparer et ne pas prendre forcément pour vous les critiques dont vous serez l'objet. [...] Aucune autre, certes, n'a eu à subir l'effroyable épreuve infligée à Claude Pompidou avec "l'affaire Marković". Mais aucune n'a échappé aux critiques les plus féroces – ni la très discrète Yvonne de Gaulle, ni même Bernadette Chirac, aujourd'hui si populaire, naguère humiliée par "Les Guignols de l'info" – seule Carla Bruni, protégée par son statut d'artiste réputée de gauche, a été épargnée... »

Comment se cuirasser ? Et d'abord, comment « entrer dans le rôle » ? J'évoquais une conversation récente avec François Hollande : « Un candidat à l'Élysée, un président, me disait-il, doit s'inscrire dans l'Histoire de France. » C'est vrai aussi de sa femme, même si celle-ci n'occupe, en France, contrairement aux États-Unis, aucune fonction officielle. « Jadis, les rois de France étaient censés guérir les écrouelles. Les présidents de la République, observais-je, ont délégué cette fonction "compassionnelle" à leur épouse. Aucune n'y a manqué : Yvonne de Gaulle a créé une fondation pour les enfants handicapés, Claude Pompidou une fondation pour le bénévolat dans les hôpitaux, Anne-Aymone Giscard d'Estaing a œuvré pour l'enfance maltraitée, Bernadette Chirac a lancé l'opération "pièces jaunes", Carla Bruni a accepté la présidence d'une ONG qui soigne les jeunes mamans africaines atteintes du sida. Quant à Danielle Mitterrand, elle ne s'est pas contentée d'exaspérer la droite et une partie de la gauche en embrassant Fidel Castro. Pendant des décennies elle s'est battue, avec France Libertés, pour les opprimés du monde entier et pour l'accès de tous à l'eau potable.» Et je concluais : «Souvent sous les quolibets, toutes ces femmes ont été à l'écoute d'une France qui souffre. C'est ainsi qu'on les a aimées : parfois rebelles. Mais généreuses.»

Valérie Trierweiler traitera ces conseils par le mépris, en me répliquant par un tweet : «C'est une question de génération.»

Mon étonnement est donc grand, quelques mois plus tard à Angers, de la retrouver dans une institution caritative, en train d'éplucher des légumes, assise à une table ronde où ont pris place trois vieillards, deux personnes handicapées, des femmes démunies «sans dents» et quelques enfants ! Il est à peine midi, l'heure du déjeuner dans les maisons de retraite, et l'on va bientôt servir, dans des assiettes en plastique, sa julienne de légumes à peine cuite (la première dame est pressée, elle a d'autres rendez-vous «caritatifs»). Valérie raconte qu'elle prépare souvent elle-même ce genre de soupe à son compagnon, en prenant garde de n'y ajouter ni beurre ni crème car il veut rester mince... Soudain, levant les yeux, elle m'aperçoit au milieu du public de militants associatifs et de policiers en civil que le préfet a dépêchés en urgence dès qu'il a appris sa venue.

«Vous voyez, me dit-elle, que j'ai suivi vos conseils ?» Cela me fait sourire : «C'est vrai. Mais, je crains qu'il ne soit trop tard.»

Été 2007
Meurtres à La Rochelle

Les élections législatives auront lieu les 10 et 17 juin. Toute la France a les yeux tournés vers La Rochelle, où se présente Ségolène Royal. Pourquoi cette circonscription de Charente-Maritime, où elle n'a obtenu que 17 % des suffrages à la primaire socialiste ? La présidente du Poitou-Charentes aurait pu reprendre sa circonscription des Deux-Sèvres, laissée à sa suppléante Delphine Batho, puisque celle-ci est devenue ministre de l'Environnement. Mais La Rochelle, royaume des socialistes qui s'y réunissent chaque dernier week-end d'août pour leur université d'été, a été pour elle un lieu d'humiliation. Ce doit être le point de départ de sa reconquête. La Rochelle la belle, la fière, qui tint tête à Richelieu après la révocation de l'édit de Nantes et refusa de voir le drapeau nazi flotter à l'entrée du port, est un symbole de résistance.

C'est aussi la ville où « François » abrita ses amours avec « Valérie », dans l'appartement du jeune élu municipal Olivier Falorni. Professeur d'histoire dans un lycée professionnel, ce dernier a soutenu l'élu aux primaires. Or, Ségolène a obtenu du président de la République que la direction du Parti socialiste l'impose, elle, la championne de la « démocratie participative », sans consulter les militants locaux. De plus, puisque Falorni entend malgré tout se maintenir, le PS s'est prononcé pour l'exclusion du « félon » ! La candidate a refusé de voir qu'elle allait ainsi mobiliser contre elle plusieurs personnalités rochelaises de poids, en tête desquelles Jean-François Fountaine. Patron d'une grande PME exportatrice de catamarans, président de la Fédération nationale des industries nautiques et yachtman influent, Fountaine accueille au club nautique, pour les emmener pique-niquer au large, Lionel Jospin ou Jean Glavany. La « princesse du Poitou » n'a pas soupçonné non plus la redoutable manœuvre de son ennemi juré, Jean-Pierre Raffarin, le chef de file de la droite dans la région... un habitué, lui aussi, du catamaran de Fountaine. Après avoir fait investir comme candidate UMP une jeune et jolie fille d'ouvrier kabyle, Sally Chadjaa, qui n'a aucune chance de s'imposer en quelques mois, l'ancien Premier ministre va l'appeler, au soir du premier tour, à se retirer en incitant ses électeurs à se reporter sur le « dissident » socialiste, Falorni. « Ségolène Royal a cru marcher sur l'eau, me dit Dominique Bussereau, un proche de Raffarin, président du conseil général de Charente. Mais en refusant le vote des militants, elle s'est enfoncée. »

Comme dans une tragédie de Corneille, l'héroïne, n'écoutant que la voix de son orgueil, marche au supplice.

Au matin du premier tour, je l'accompagne à l'Oratoire où elle va voter. C'est dans cette chapelle désaffectée que Hollande avait entamé sa campagne des primaires, devant un public nombreux et fervent. Je ne redemande pas à Ségolène pourquoi elle a enfreint les règles de sa « démocratie participative », je connais la réponse : « Ne croyez-vous pas que, si Jospin avait voulu cette circonscription, il l'aurait obtenue de la même façon ? »

En la voyant arriver au volant de sa célèbre petite voiture électrique Heuliez, des électeurs de droite maugréent : « Mme Royal fait son cinéma. » D'autres, admirant son courage d'avoir fait « si noblement » campagne pour son ancien compagnon, la photographient avec leur portable et lui tendent un enfant à embrasser. Les cameramen se bousculent comme aux beaux jours.

Valérie a encore frappé

Mais le soir, le verdict tombe : elle engrange 32 % des suffrages seulement, ce qui est insuffisant face aux 28,9 % du dissident Falorni. Même en ajoutant les voix du Modem centriste et du Parti radical, la candidate officielle du PS ne parviendra pas à dépasser son rival, si les 19,4 % de suffrages de la droite se reportent sur lui. Devant les micros, Ségolène Royal se déclare « très heureuse de ce résultat » et appelle « le candidat dissident » à « venir à moi ». Elle insiste : « Je lui tends la main sans rancune. » Mais en secret, elle appelle le président de la République. Après tout ce qu'elle a fait pour lui, il lui doit un geste. Il accepte qu'elle se réclame de lui au second tour. Cela donnera, en haut et à droite des affiches où elle pose en veste rouge, une photo de François Hollande avec ce texte : « Dans cette circonscription de Charente-Maritime, Ségolène Royal est l'unique candidate de la majorité présidentielle qui peut se prévaloir de mon soutien et de mon appui. »

Le mardi 12 juin l'affiche est prête. Ce matin-là, la candidate, une écharpe de soie bleu Vierge Marie autour du cou, tient une conférence de presse sur une belle frégate amarrée dans le bassin des Chalutiers. Toute rancune oubliée, elle est encadrée de Martine Aubry et Cécile Duflot, venues spécialement de Paris par un TGV matinal lui apporter leur soutien. « La voix de Ségolène Royal, clame Aubry, compte plus que toute autre ! » Quelques minutes plus tard, « Martine », la première secrétaire du PS est appelée à descendre sur le quai pour répondre aux questions de France 3. Lorsqu'elle revient, elle entraîne ses « copines » vers le restaurant des Grands Yachts. À table, elle se livre à un numéro d'imitation désopilant, digne des « Guignols » qui jouent tous les soirs sur Canal+ le couple Hollande-Trierweiler. Ségolène rit à gorge déployée pour masquer ses larmes. Elle sait que la bataille est perdue. À 11 h 58, l'AFP a diffusé ce tweet de Valérie Trierweiler : « Courage à Olivier Falorni, qui n'a pas démérité, qui se bat aux côtés des Rochelais depuis tant d'années dans un engagement désintéressé. » Les Rochelais ne supporteront pas cette nouvelle cacophonie. Françoise Degois, fidèle conseillère ségoléniste, s'est chargée de lui apprendre la nouvelle : « Le ciel, me dit-elle, nous est tombé sur la tête ! »

Un suicide politique

Été 2012
Des vacances trop pépères

À l'Élysée aussi, le ciel est tombé sur la tête du président. Dès qu'il a pris connaissance de la dépêche AFP, il a appelé son vieil ami Jean-Pierre Jouyet, revenu en grâce (il avait été écarté après avoir accepté de Nicolas Sarkozy un poste de secrétaire d'État chargé des Affaires européennes). Jouyet arrive aussitôt. Il a d'abord cru à un canular. Vérification faite, il s'écrie : «Tu t'en sépares!» Comme tous les proches de Hollande, il sent monter le danger Trierweiler. Il n'aurait pas fallu la laisser s'installer à l'Élysée. Mais Hollande veut croire que les Français oublieront cet incident très vite.

Dans cinq jours, le dimanche 17 juin, le second tour des législatives sera une claque pour la droite et un succès sans précédent pour la majorité présidentielle : avec 331 sièges de députés – dont Falorni, bientôt réhabilité –, elle va emporter la majorité absolue à l'Assemblée nationale! Et puis, les vacances approchent...

En août, le «président normal» séjourne au fort de Brégançon avec Valérie. Il espère donner l'impression de l'apaisement tant désiré. Les Français avaient aimé Chirac en short et socquettes noires, ils devraient adorer Hollande en polo sans marque et pantalon de toile trop lâche, pas repassé, comme en portent les campeurs à la rencontre desquels le couple présidentiel se rend sur la plage populaire de Cabasson. Mais non, ils n'apprécient pas ce laisser-aller. Ils reprochent au nouveau président de ne pas travailler assez, alors que la situation du pays s'aggrave.

Seule, peut-être, Ségolène Royal, à peine relevée de sa terrible chute de La Rochelle, reprend espoir. « François, me confie-t-elle non sans satisfaction, s'est affranchi. » Désormais, il ne craint plus de venir déjeuner ou dîner chez elle avec les enfants, qui ont pris tous les quatre le parti de leur mère.

Automne 2012
« Mon adversaire, l'irrespect »

À la rentrée, la barre des trois millions de chômeurs est franchie. Le gouvernement se déchire sur l'avenir de la firme Peugeot, qui annonce 8 000 suppressions d'emplois : Montebourg dénonce « la responsabilité de la famille Peugeot » et accuse de « dissimulations » le PDG, qui a repoussé cette annonce dramatique de quelques mois à la demande de Nicolas Sarkozy. Le ministre du Redressement productif brandit la menace d'une nationalisation, tandis que le Premier ministre Jean-Marc Ayrault négocie, avec l'appui de Hollande, un compromis.

La TVA sociale votée sous Sarkozy devait entrer en application en octobre pour taxer les produits d'importation. Son annulation contraint le gouvernement à trouver ailleurs les dix milliards d'euros escomptés. Comment, sinon en pratiquant des hausses d'impôts ou en créant des impôts supplémentaires ?

Un climat de dérision s'installe. « Qu'est-ce qui s'est engagé dans les premiers mois de la présidence ? s'interroge Hollande devant mes confrères du *Monde*[1]. C'est quand même un irrespect : irrespect du résultat, irrespect du Premier ministre, irrespect de la légitimité du pouvoir, irrespect de la personne du président... »

Tout en louvoyant pour éviter les récifs, le chef de l'État tente pourtant d'indiquer un cap au navire France.

1. Gérard Davet et Fabrice Lhomme, *Un président ne devrait pas dire ça..., op. cit.*

Lors de sa première conférence de presse présidentielle à l'Élysée, le 13 novembre 2012, il insiste sur la « compétitivité de nos entreprises », en citant à quatre reprises l'ex PDG d'EADS (Airbus) Louis Gallois. Nommé au printemps Commissaire général à l'investissement, ce grand patron, unanimement respecté pour sa compétence, sa probité et sa simplicité (il a refusé stock-options et autres parachutes dorés et reversé une part de son salaire de PDG à des associations humanitaires) vient de lui remettre un rapport pour « un choc de compétitivité ». Soixante quatorze pages d'observations et de préconisations, à commencer par une baisse des charges sociales des entreprises. Hollande envisagerait-il d'appeler Gallois à Matignon en remplacement d'Ayrault ? Va-t-il s'engager résolument dans la voie sociale-démocrate ? Je l'interroge : « Une personnalité expérimentée de la société civile ne ferait-elle pas mieux que des ministres inexpérimentés ? »

Il me répond par une boutade :

« C'est déjà assez difficile pour les politiques ! »

Adieu, Florange ! Adieu, « l'alliage » hollandais !

Déjà, couve le drame qui va faire éclater son gouvernement et sa majorité : Florange. Hollande, candidat, avait promis de sauver l'aciérie lorraine. Le groupe Mittal est maintenant décidé à la fermer. Mais le ministre du Redressement productif, Arnaud Montebourg, se bat comme un lion. Il a trouvé un repreneur, monté un projet de nationalisation provisoire.

« Si on continue comme ça, prévient-il, faussement rigolard le 28 novembre dans le bureau du Président, on va tous finir en string panthère dans les jardins de l'Élysée[1] ! »

Mais le 1er décembre, le Premier ministre Jean-Marc Ayrault le désavoue publiquement sur TF1 : Florange, c'est fini. Devant

1. Valérie Astruc et Elsa Freyssinet, *Florange, la tragédie de la gauche*, Plon, 2015.

Hollande, Montebourg, trahi, explose : « C'est le troisième homme de la primaire qui te parle ! »[1]

Alors, le président de la République, conciliant à sa façon : « Ce qu'on a réussi aux primaires, c'est d'avoir agrégé des sensibilités différentes. Il faut que cet alliage continue... »

Il le sait bien, pourtant, depuis le premier jour : cet « alliage » hollandais ne pourra pas tenir.

« J'ai pas eu de bol ! »

En moins de six mois, cependant, le chômage dont il avait promis « d'inverser la courbe d'ici un an » a grimpé jusqu'au taux de 9,5 % de la population active en France métropolitaine. La cote de popularité du président, elle, est tombée à 41 %.

Comme si les Français avaient renoncé à croire en sa capacité de lutter contre le chômage. Comme si chacun des messages présidentiels était voué à être brouillé par le suivant. Comme si François Hollande lui-même, profondément atteint par son impopularité, quoi qu'on dise de sa capacité d'indifférence et de son apparente jovialité, ne faisait qu'abîmer, à chaque pas et de façon quasi suicidaire, son image personnelle. « J'ai pas eu de bol ! », s'exclamera-t-il devant l'un des journalistes qui recueillent, jour après jour, ses confidences. Aucun président, pourtant, n'a bénéficié à la fois d'une baisse historique du prix du pétrole et de taux d'intérêts bancaires quasi négatifs. Que l'on songe à Giscard affrontant trois chocs pétroliers, à Sarkozy, face à une crise financière mondiale... Aucun président n'aura gâché à ce point les chances qui lui ont été données.

---

1. Aux primaires de la gauche en octobre 2011, Montebourg avait obtenu 17,19 % des voix. Son ralliement à Hollande (arrivé en tête avec 39,17 %) permit à celui-ci de l'emporter sur Martine Aubry (30,42 %) et d'être désigné candidat des socialistes et radicaux de gauche.

Automne 2013
Leonarda ridiculise le président français

En octobre 2013, alors que le chômage touche 3,3 millions de Français et que François Hollande s'interroge sur la date à laquelle il lui faudra remplacer Jean-Marc Ayrault – avant ou après les élections municipales du printemps 2014, qui s'annoncent désastreuses –, une famille de Roms, en séjour illégal sur le territoire français, est arrêtée et expulsée vers son pays présumé d'origine, le Kosovo. Le cas de leur fille, Leonarda, élève dans un collège André Malraux, suscite immédiatement une immense émotion. La police aurait interpellé l'adolescente en présence de ses camarades et l'aurait obligée à descendre de l'autocar qui les transportait dans le cadre d'une sortie scolaire. L'information est inexacte : Leonarda a été emmenée à l'abri des regards pour rejoindre les siens. Mais de belles âmes – particulièrement chez les Verts et les frondeurs socialistes qui détestent le ministre de l'Intérieur Manuel Valls – s'indignent aussitôt, en parlant de rafle et de déportation. Très ennuyé, François Hollande intervient à la télévision le 18 octobre, pour rendre ce jugement de Salomon : Leonarda pourra revenir, si elle le demande, mais seule. Or, cette proposition est illégale : le président de la République ne peut pas décider de séparer une mineure de ses parents. D'ailleurs, Leonarda s'en moque : interrogée au Kosovo par une télévision française, elle décline l'invitation présidentielle et annonce son intention de revenir en France plus tard, avec sa famille. Quand elle voudra.

Valls enrage. Hollande est ridicule. Cette fois, ce n'est pas seulement la presse française, mais toute la presse européenne qui s'empare de l'affaire pour pointer son indécision, ses contradictions et finalement son impuissance.

Hiver 2013-2014
Le scandale du scooter : la vie privée sur la place publique

Le comble sera atteint trois mois plus tard, le 10 janvier 2014, avec la photo publiée en couverture du magazine people *Closer* : le président de la République française, casqué, traverse à scooter comme un adolescent inconscient, le quartier de l'Élysée, de la place Beauvau et de la rue de Miromesnil (où l'ex-président Sarkozy a son bureau) afin de rejoindre son amoureuse, la jeune actrice Julie Gayet. Quoi de mieux pour faire exploser Valérie Trierweiler, dite «la grenade dégoupillée»? Celle-ci, refusant une séparation d'un commun accord, Hollande se voit contraint de publier, le 25 janvier 2014, ce communiqué aussi honteux que maladroit : «Je fais savoir que j'ai mis fin à la vie commune que je partageais avec Valérie Trierweiler.»

Auparavant, à l'occasion d'une conférence de presse sous très haute tension à l'Élysée, le 14 janvier, il a écarté les questions sur ses escapades en scooter et sa liaison avec la jeune actrice d'un péremptoire : «Les affaires privées se traitent en privé !»

Mais comment ne le voit-il pas ? Moins de deux ans après son élection, l'exposition de sa vie privée et ses confidences à des journalistes, avec lesquels il a passé un temps précieux qu'il n'accorde ni à ses ministres ni au peuple français, ne vont plus cesser de polluer son action : au point de le conduire pratiquement, comme disent les commentateurs américains et britanniques, à son propre *impeachment.*

Printemps 2014
La malédiction des deux ans

Tout est en place, désormais, pour que la tragédie s'accomplisse. Le 31 décembre 2013, lors de la présentation de ses vœux aux Français, à la télévision, le président de la République se félicite d'avoir choisi d'intervenir au Mali, en Syrie et en Centrafrique. Voilà pour le portrait du chef des armées parti en guerre contre Daech, dont il est si fier. En politique intérieure, sa ligne est moins claire. Tant de priorités se sont présentées à la fois ! L'École, le Pacte de responsabilité pour les entreprises – « Moins de charges et plus d'embauches » –, la transition énergétique, la réduction des dépenses publiques, le mariage pour tous... « La crise s'est révélée plus longue et plus profonde, explique-t-il [...], les résultats seront forcément longs à apparaître » mais « le modèle français n'est pas négociable ». La France n'a-t-elle pas « tous les atouts ? » Le chef de l'État cite alors en vrac : « Le cœur artificiel, le numérique, la culture. »

Trois mois plus tard, les Français lui envoient leur réponse : aux élections municipales des 23 et 30 mars, la gauche perd 121 villes de plus de 15 000 habitants. Paris, où Anne Hidalgo succède à Bertrand Delanoë, reste à gauche, comme Lyon, où Gérard Collomb a mis sagement ses pas dans ceux de Raymond Barre. Mais le Front national gagne huit villes, dont Béziers et Fréjus. La droite gagne Amiens, Caen, Reims, Toulouse, Tours, Valence et même Limoges, détenue par la gauche depuis 1912 – Limoges, la capitale de la région du Président.

Aquilino Morelle le décrit[1] effondré dans son fauteuil : « Limoges ? Ah non, pas Limoges... »

Hollande va devoir revenir devant les micros avec une nouvelle litanie :

« Vous avez exprimé votre mécontentement et votre déception. J'ai entendu votre message :

— Pas assez de changement, et donc, trop de lenteur.

— Pas assez d'emplois, et donc, trop de chômage.

— Pas assez de justice, et donc, trop d'impôts. »

Pour remplacer Jean-Marc Ayrault, le Premier ministre jugé trop fade, Hollande tergiverse. Il lui faudra dix jours pour inscrire à la main, dans le blanc laissé par ses conseillers dans son projet de discours, le nom de son ministre de l'Intérieur,

1. Aquilino Morelle, *L'Abdication*, Grasset, 2017.

Manuel Valls. Celui-ci a cinquante-deux ans, mais il paraît plus jeune. Il est beau et déterminé. Mais il déplaît aux Verts (qui quittent le gouvernement derrière Cécile Duflot) ainsi qu'à « l'icône » de la gauche, Christiane Taubira, ministre de la Justice, et à la maire de Lille, Martine Aubry, marraine des députés socialistes « frondeurs ». Malgré tout, il séduit 58 % des Françaises et des Français. Il devrait, espère Hollande dont la cote est tombée, en moins de deux ans, à 18 % – un record ! – l'aider à remonter la pente.

Or c'est le contraire qui se produit : le président de la République entraîne le Premier ministre dans sa chute. Avant qu'il ne fasse entrer au gouvernement (en août 2014) son protégé, Emmanuel Macron, le jeune banquier de trente-six ans qui remplace Montebourg l'insolent à l'Économie et a le don d'exaspérer Valls. Avant que le gouvernement et la majorité ne se fracturent. Avant même que le coup de grâce ne soit donné, en septembre 2014, par la parution du livre choc de Valérie Trierweiler, *Merci pour ce moment*[1], l'image présidentielle est abîmée. Le chômage, dont Hollande promettait en septembre 2012 « l'inversion de la courbe », bondit : en juin 2014, 2 609 000 chômeurs indemnisés sont recensés. Si l'on y ajoute les non-indemnisés, le total s'élève à 5 087 400 chômeurs.

Le pressentiment de Rennes

Quelques mois après « l'affaire Trierweiler », je suis invitée à l'Élysée à l'occasion de la remise des insignes de commandeur de la Légion d'honneur à mon ami Jacques Julliard. À ma surprise le président, très aimable, vient vers moi et me déclare : « Je me souviens très bien de notre première rencontre : c'était à un meeting de Lionel Jospin, à Rennes. »

Pourquoi cette scène, qui remonte à quatorze ans, lui revient-elle avec tant de précision ? Sans doute parce qu'il y a repensé

1. Les Arènes, 2014.

souvent. Ce soir de printemps 2002, il avait compris, avant l'accablante défaite du 21 avril, que le candidat Lionel Jospin ne serait jamais le successeur de François Mitterrand. Lui, Hollande, aspirait à le devenir. Mais il se demandait si, au fond, Mitterrand lui-même n'avait pas échoué : la croissance continue du chômage sous son double mandat avait érodé son image, autant que les révélations sur son passé. Et quand sa popularité avait recommencé à grandir, quelques mois après son départ de l'Élysée, l'ancien chef d'État socialiste était sur le point de mourir...

Moins de trois mois avant une renonciation qui allait entrer dans l'histoire comme à une « abdication », François Hollande le pressentait : toute vie de président est une tragédie.

Conclusion

Lettre au futur président

Au moment d'atteindre votre but, vous mesurez, l'ampleur des crises que vous allez devoir affronter. Tous vos prédécesseurs en ont traversé : crise financière, crise migratoire, révolutions et dictatures à nos portes, guerres au Proche-Orient, attentats sur notre territoire... Elles n'étaient pas toujours prévisibles. Mais cela n'explique pas tous ces échecs. De même le tempérament du peuple français, trop individualiste et inconstant, n'explique-t-il pas tous les retournements ni tous les aveuglements. Trop longtemps, vos prédécesseurs ont voulu ignorer la montée des communautarismes et la contagion du djihadisme. Comme si notre «modèle français» devait intégrer, tout naturellement, un nombre grandissant de familles et d'hommes seuls venus de mondes si différents. Comme si des adolescents marginalisés dès l'école allaient soudain ressentir la fierté d'être français.

La responsabilité des cinq derniers présidents est lourde.

Trop de promesses, trop de narcissisme

Ils n'auraient pas dû faire des promesses contradictoires, impossibles à tenir : François Mitterrand se faisait fort d'éteindre le chômage en faisant flamber les dépenses sociales ; Jacques Chirac se vantait de renoncer au contrôle des dépenses de santé. Après quelques mois de pouvoir, les démagogues étaient contraints de reculer. Que de temps perdu pour la France, et que d'espérances brisées ! C'est ainsi que la confiance dans la parole du politique s'est effritée.

Ils n'auraient pas dû, par passion narcissique de leur image, se griser, comme Nicolas Sarkozy, de déclarations télévisées, mises en scène grandioses et couvertures de magazines, sans veiller de près à la réalisation effective de leurs annonces.

Ils n'auraient pas dû, enfin, par souci de paraître « modernes » ou simplement par désir d'être populaires, oublier, comme l'a fait François Hollande, le précepte gaullien sur l'autorité « qui ne va pas sans prestige[1] » et abaisser la fonction présidentielle en multipliant les confidences et en exposant leur vie privée.

L'union de la majorité, comme le lait sur le feu

Dès le soir de votre entrée à l'Élysée, vous allez songer à votre réélection. Chassez cette tentation ! Pas une minute ne doit être perdue pour redresser le pays. Pour cela, vous devrez gagner l'adhésion du peuple par une patiente pédagogie. Mais aussi veiller à l'union de votre majorité comme on surveille le lait sur le feu. Oubliez vos rancunes et vos ressentiments personnels ! En méprisant son Premier ministre Chirac, Valéry Giscard d'Estaing s'est aliéné une grande majorité du parti gaulliste ; en nommant par seul souci de son image des ministres socialistes aux dépens de ses fidèles, Sarkozy a suscité des ressentiments qui ont fini par le perdre : l'ouverture, ce n'est pas le mépris des siens.

1. Charles de Gaulle : « L'autorité ne va pas sans prestige, ni le prestige, sans éloignement », *Le Fil de l'épée*, 1932.

La femme de César

L'« affaire Penelope » n'est pas une première. N'oubliez jamais que « la femme de César ne doit pas être soupçonnée ». N'oubliez pas cette constante de notre histoire de France depuis Marie-Antoinette : lorsqu'on veut affaiblir le roi, on s'en prend à la reine. Toutes les épouses et compagnes de présidents ou futurs présidents ont eu à subir des critiques et des attaques. Souvenez-vous de l'affaire Marković qui salit Claude Pompidou alors que son mari s'apprête à déclarer sa candidature à la succession du président de Gaulle.

À son tour, la nouvelle Première Dame subira un bizutage. Elle peut choisir, bien sûr, en femme moderne, d'exercer sa profession en toute indépendance et de ne pas se montrer – ni au Palais ni en voyage officiel. Cela n'empêchera pas – la « transparence » le veut ainsi – que l'on cherche à savoir ce qu'elle fait et ce qu'elle dit ... et que l'on s'interroge sur la cohérence entre son comportement et votre propre discours. Elle peut juger démodées les actions caritatives des sept femmes de présidents qui l'ont précédée, mais l'on attendra d'elle des preuves de son amour pour le peuple français.

La leçon de Victor Hugo et le petit compteur de De Gaulle

Soyez, vous aussi, exemplaire par votre mode de vie simple et rigoureux. Inspirez-vous du fondateur de la Ve République, Charles de Gaulle, qui fit installer à l'Élysée un compteur électrique afin de mesurer et payer sa consommation familiale. Relisez aussi Victor Hugo, qui dépeignait ainsi (*Choses vues*), loin de « Napoléon le petit », un président selon ses vœux :

« Habit noir, pas de décorations [...]. Vit modeste et fier. Entre pauvre (à l'Élysée), en sort pauvre. Dit Monsieur au roi d'Angleterre et à l'empereur d'Autriche. Hors de France, l'égal de tous les souverains. En France, l'égal de tous les citoyens. »

En citant ce portrait austère, je songe à Pierre Mendès-France, Raymond Barre, Michel Rocard et Alain Juppé : eux ne furent pas élus car ils parlaient un langage de vérité.

Serait-il donc impossible de le tenir aux Français ?

À quoi bon les faire rêver, si c'est pour avouer demain avoir « sous-estimé les difficultés » et pour accuser votre prédécesseur d'avoir « laissé les caisses vides » ?

Le but du voyage

Je veux croire que vous ne le ferez pas. Après tant d'expériences cuisantes, notre pays est mûr pour entendre la vérité. À condition que le chef qu'il aura choisi aime profondément son peuple, dans sa diversité. À condition aussi que vous soyez capable de lui expliquer, inlassablement mais sans mépris, le but du voyage et les moyens d'y parvenir.

Enfin, n'oubliez jamais ce qui fonde l'identité française – ce qui a fait de la Révolution, disait Malraux, « la fille de la chrétienté » : une profonde aspiration à la justice.

Remerciements

C'est Isabelle Spaak, alors rédactrice en chef au *Parisien-Aujourd'hui magazine*, qui, après avoir publié en juillet-août 2014 ma série de grands portraits des présidents amoureux, me suggéra « Vous avez tant d'autres souvenirs de *vos* présidents à raconter ! Pourquoi ne pas en faire un livre ? »

Qu'elle soit remerciée de m'avoir encouragée à poursuivre ce projet.

Mes remerciements vont aussi à mon éditrice Dorothée Cunéo, qui a accueilli cette idée avec enthousiasme, ainsi qu'à Cécile Boyer-Runge, PDG de Robert Laffont, qui nous a fait confiance.

Je souhaite enfin exprimer ma gratitude au président du Sénat, Gérard Larcher, qui m'a permis une fois de plus d'avoir accès à des archives inestimables, ainsi qu'à toute l'équipe de la prestigieuse Bibliothèque du Palais du Luxembourg, qui les a mises à ma disposition.

Bibliographie

Sur Valéry Giscard d'Estaing

Valéry Giscard d'Estaing, *Deux Français sur trois*, Flammarion, 1984
—, *Le Pouvoir et la Vie, L'Affrontement*, Cie 12, 1994
—, *Le Passage* (roman), Robert Laffont, 1994
—, *Entretiens* avec Agathe Fourgnaud, Flammarion, 2001
Jean Bothorel, *Un si jeune Président*, Grasset, 1995
Raymond- François Le Bris, *Une modernisation interrompue, Regard sur le septennat de Valéry Giscard d'Estaing*, France Empirc, 2013
Michèle Cotta, *Cahier secrets de la Ve République*, tome II, 1977-1986, Fayard, 2008
Alain Duhamel, *Une histoire personnelle de la Ve République*, Plon, 2014
Catherine Nay, *Le Dauphin et le Régent*, Grasset, 1994
Georges Valance, *VGE, Une vie*, Flammarion, 2011

Sur François Mitterrand

François Mitterrand, *La paille et le grain*, Flammarion, 1974
—, *Politique*, Fayard, 1977
—, *L'abeille et l'architecte*, Flammarion, 1978
—, *Politique 2*, Fayard, 1981
Laure Adler, *François Mitterrand, journées particulières*, Flammarion, 2015

Raphaëlle Bacqué, *Le dernier mort de Mitterrand*, Grasset, 2011
Christophe Barbier, *Les derniers jours de François Mitterrand*, Grasset, 1998
Georges-Marc Benhamou, «*Dites-leur que je ne suis pas le diable*», Plon, 2016
Pierre Favier, Michel Martin-Roland, *La décennie Mitterrand, 1 les Ruptures*, Seuil, 1990
Franz-Olivier Giesbert, *François Mitterrand, une vie*, Seuil, 1993
Pierre Péan, *Une jeunesse française*, Fayard, 1994
Éric Roussel, *François Mitterrand, de l'intime au politique*, Robert Laffont, 2015

Sur Jacques Chirac

Bernadette Chirac (avec Patrick de Carolis), *Conversation*, Plon, 2001
Jacques Chirac, *La France pour tous*, NiL Éditions, 1994
—, *Chaque pas doit être un but, Mémoires*,*, NiL, 2009
—, *Le temps présidentiel*, Mémoires, **, NiL, 2011
Philippe Bas, *Avec Chirac*, l'Archipel, 2012
Bernard Billaud, *D'un Chirac l'autre*, Éditions de Fallois, 2005
Jean-Louis Debré, *Le Monde de Chirac*, Tallandier, 2015
Bruno Dive, *Le dernier Chirac*, préface de François Hollande, Éditions Jacob-Duvernet, 2011
Franz-Olivier Giesbert, *La tragédie du Président*, Flammarion, 2006
Beatrice Gurrey, *Les Chirac, les secrets du clan*, Robert Laffont, 2015
Catherine Nay, *Le Dauphin et le Régent*, Grasset, 1994

Sur Nicolas Sarkozy

Nicolas Sarkozy, *Libre*, Robert Laffont, 2001
—, *Témoignage*, XO Éditions, 2006
—, *Tout pour la France*, Plon, 2016
Cécilia Attias, *Une envie de vérité*, Flammarion, 2013

Alain Auffray, *Les loups et les chiens, la droite sous Sarkozy,* Éditions du Moment, 2011

Roselyne Bachelot-Narquin, *Le combat est une fête*, Robert Laffont, 2006

Bruno Le Maire, *Jours de pouvoir*, Gallimard, 2013

Catherine Nay, *L'impétueux*, Grasset, 2012

Yasmina Reza, *L'aube, le soir ou la nuit*, Flammarion, 2007

Maxime Tandonnet, *Au cœur d'un volcan, Carnets de l'Élysée,* 2007-2012, Flammarion, 2014

Sur François Hollande

François Hollande, *Devoirs de vérité, Dialogue avec Edwy Plenel*, Stock, 2006

—, *Droit d'inventaires, Entretiens avec Pierre Favier,* Seuil, 2009

Antonin André et Karim Rissouli, *Conversations privées avec le président*, Albin Michel, 2016

Valérie Astruc et Elsa Freyssinet, *Florange, la tragédie de la gauche*, Plon, 2013

Michèle Cotta, *Comment en est-on arrivé là ? Histoire d'un chaos politique*, Robert Laffont, 2016

Gérard Davet et Fabrice Lhomme, *Un président ne devrait pas dire ça*, Stock, 2016

Alain Duhamel, *Les prétendants 2007*, Plon, 2005

Françoise Fressoz, *Le stage est fini*, Albin Michel, 2015

Marie-Ève Malouines et Carl Meeus, *La Madone et le Culbuto*, Fayard, 2006

Aquilino Morelle, *L'abdication*, Grasset, 2017

Serge Raffy, *François Hollande, itinéraire secret*, Fayard, 2011

David Revault d'Allonnes, *Les guerres du président*, Seuil, 2015

Ségolène Royal, *Femme debout*, Denoël, 2009

Christiane Taubira, *Paroles de liberté*, Flammarion, 2014

Valérie Trierweiler (avec le photographe Stéphane Ruet), *400 jours dans les coulisses d'une victoire*, Cherche Midi, 2012

Valérie Trierweiler, *Merci pour ce moment*, Les Arènes, 2014

Table

La photocomposition de cet ouvrage
a été réalisée par
GRAPHIC HAINAUT
30, rue Pierre Mathieu
59410 Anzin

Imprimé en France par CPI
en février 2017

Dépôt légal : mars 2017
N° d'édition : 55891/01 – N° d'impression : 3021303
Imprimé en France